AF339273

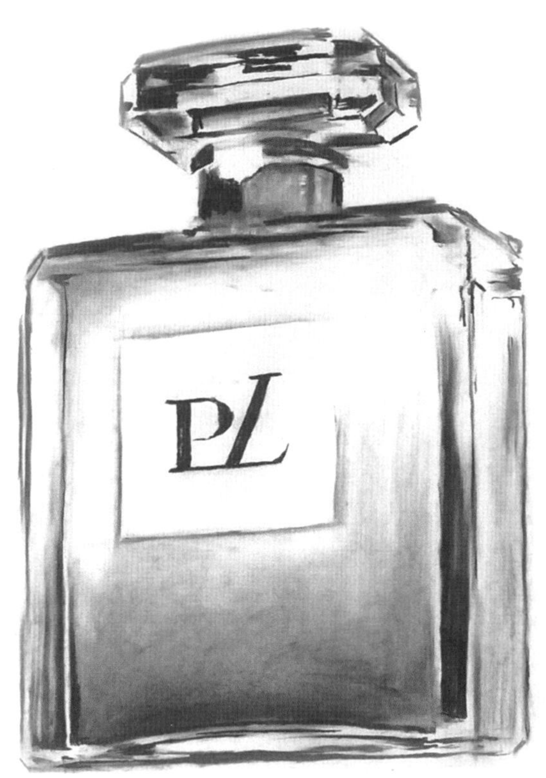
pL

Paradiso *Lussemburgo*

Filip Markiewicz

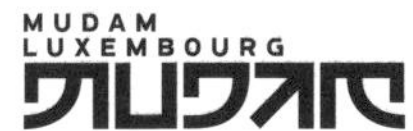
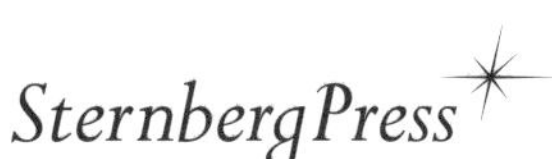

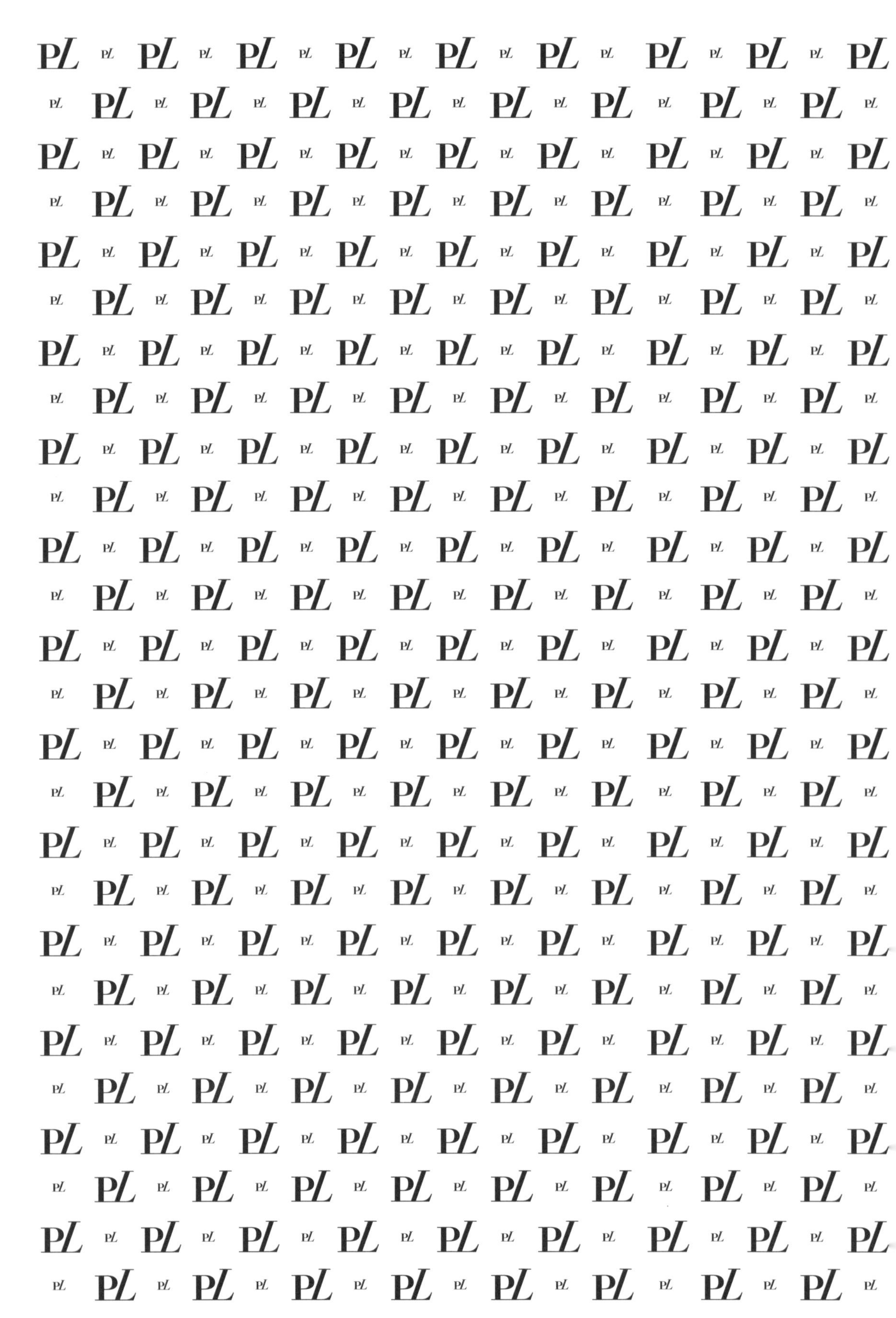

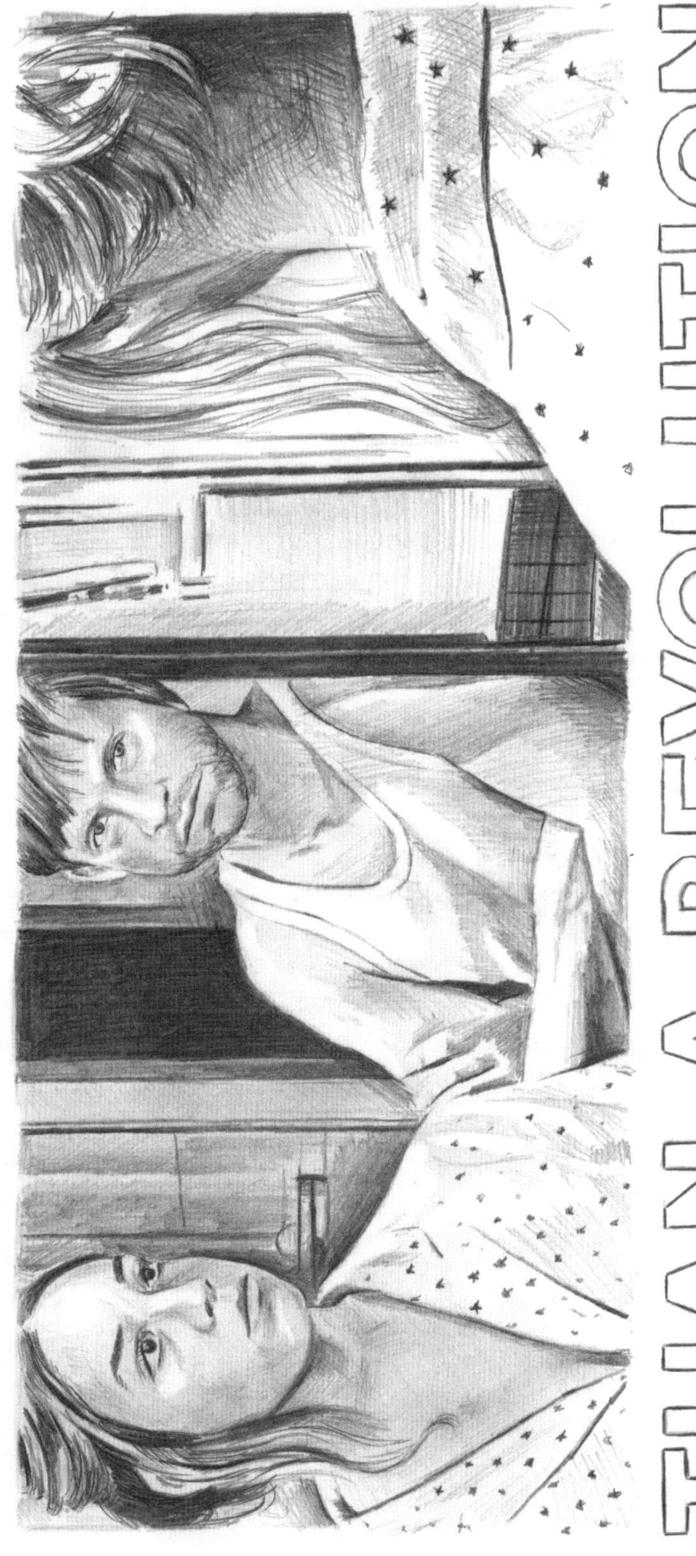

SILENCE IS LOUDER
THAN A REVOLUTION

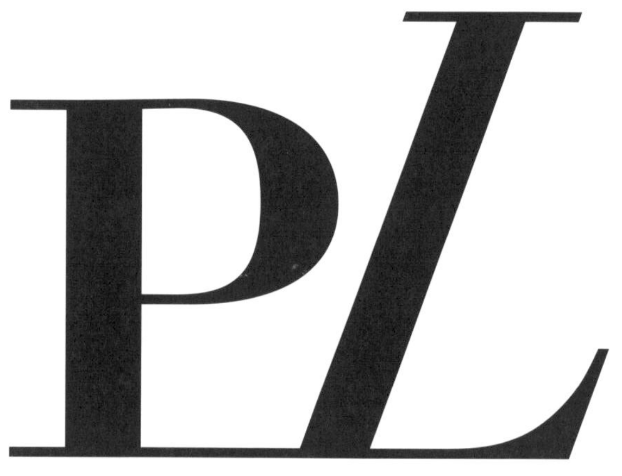

Paradiso Lussemburgo

FOREWORD

Maggy Nagel
Minister of Culture | Ministre de la Culture
Luxembourg

Luxembourg has been a regular participant in the Venice Biennale since 1988. Despite a rather modest presence, it has gained a certain reputation amongst art professionals and the international public thanks to the quality and relevance of the work presented by all the artists chosen to represent the country. The site of the Luxembourg Pavilion for the Biennale of Art as well as for the Biennale of Architecture since 1999, the famous Ca' del Duca, has been showcasing the country's most promising creative minds, whose remarkable works open up new perspectives on the world that surrounds us.

"Paradiso Lussemburgo" by Filip Markiewicz is no exception to the rule. This expansive installation, which was inspired by the unique cultural, social, and economic context of the Grand Duchy, proposes a complex reading of contemporary realities while testifying to the originality and vitality of the local art scene through the numerous collaborations it involves.

I would like to thank all those who have contributed to this project and wish Filip Markiewicz and Paul Ardenne as the curator the success they deserve.

Notre pays participe régulièrement à la Biennale de Venise depuis 1988. Malgré sa présence plutôt modeste, il a réussi à se forger une renommée certaine auprès des professionnels de l'art et du public international, et ce grâce à la qualité et à la pertinence des propositions artistiques de tout un chacun des artistes sélectionnés. Depuis 1999, la célèbre Ca' del Duca, devenue aussi bien le pavillon luxembourgeois pour la Biennale d'art visuel que pour celle d'architecture, accueille les plus prometteurs de nos créateurs qui parviennent toujours à nous étonner et à nous faire voir le monde un peu autrement.

Il en va de même cette année avec le projet « Paradiso Lussemburgo » de Filip Markiewicz. Inspirée du contexte unique – culturel, social et économique – du Grand-Duché, sa vaste installation nous invite à une lecture complexe des réalités contemporaines et, à travers les multiples collaborations qu'il engage, témoigne de l'originalité et de la vitalité de la scène artistique luxembourgeoise.

J'aimerais vivement remercier tous ceux et toutes celles qui ont contribué à réaliser ce projet et je souhaite au commissaire Paul Ardenne et à l'artiste Filip Markiewicz tout le succès qu'ils méritent.

Marie-Claude Beaud
Director | Directeur Nouveau Musée National de Monaco

Hajime! [Start fighting]

Taking part in the Venice Biennale is like stepping into the ring for a fight or, if I were to choose an image closer to Filip Markiewicz's passion, getting on stage for a rock concert and facing the public.

Reading the conversation between Markiewicz and Paul Ardenne, the curator of the Luxembourg Pavilion, I cannot help but think that the artist's proposition, "Paradiso Lussemburgo," is a—possibly unintentional—metaphor for what can happen to an artist after Venice. Because although taking part is a unique experience, as it gives the artist the opportunity to exhibit in a truly exceptional context, it is also a double-edged sword, as the whole art world looks on, analyses, dissects and judges one's work.

Presumably, this is why Markiewicz warns us at the entrance of the pavilion with a neon work quoting Oscar Wilde: "The world is a stage but the play is badly cast."

The Ca' del Duca, which has hosted the Luxembourg Pavilion for many years now, is overlooking the Canal Grande—not the Giardini and their "founding" pavilions. Speaking from my experience as the curator of two Luxembourgish contributions, by Doris Drescher and Su-Mei Tse respectively, I know this situation to be an asset. Indeed, the artists benefit from genuine mental and visual autonomy—something of which visitors get a keen sense as they discover the various spaces.

Hajime! [Combattez]

Participer à la Biennale de Venise, c'est comme monter sur un ring pour se battre ou pour être plus près de la passion de Filip Markiewicz, c'est se retrouver sur scène pour un concert de rock face au public.

À la lecture de l'entretien de Filip Markiewicz par Paul Ardenne commissaire du pavillon luxembourgeois, on a l'impression que la proposition « Paradiso Lussemburgo » est une métaphore peut-être involontaire de ce qui peut arriver a un artiste après Venise, car si participer à la Biennale est une chance unique, ce possible offert ainsi a un artiste de pouvoir exposer dans ce contexte est a double tranchant, car il sait que tous les yeux du monde de l'art vont regarder, analyser, disséquer et porter un jugement sur son œuvre. D'ailleurs, Filip Markiewicz nous prévient par un néon, qui reprend une citation d'Oscar Wilde, dès l'entrée du pavillon : « *The world is a stage but the play is badly cast* » (Le monde est une scène mais le casting est raté).

La Ca' del Duca ou le Luxembourg a établi depuis de nombreuses années son pavillon est située sur le Canal Grande et non pas dans les Giardini avec tous les pavillons « fondateurs », cette situation pour l'avoir vécue deux fois en tant que commissaire avec Doris Drescher et Su-Mei Tse, tourne plutôt à l'avantage des artistes qui jouissent ainsi d'une autonomie réelle, mentale et visuelle et le public, en arpentant les différents espaces, le ressent particulièrement.

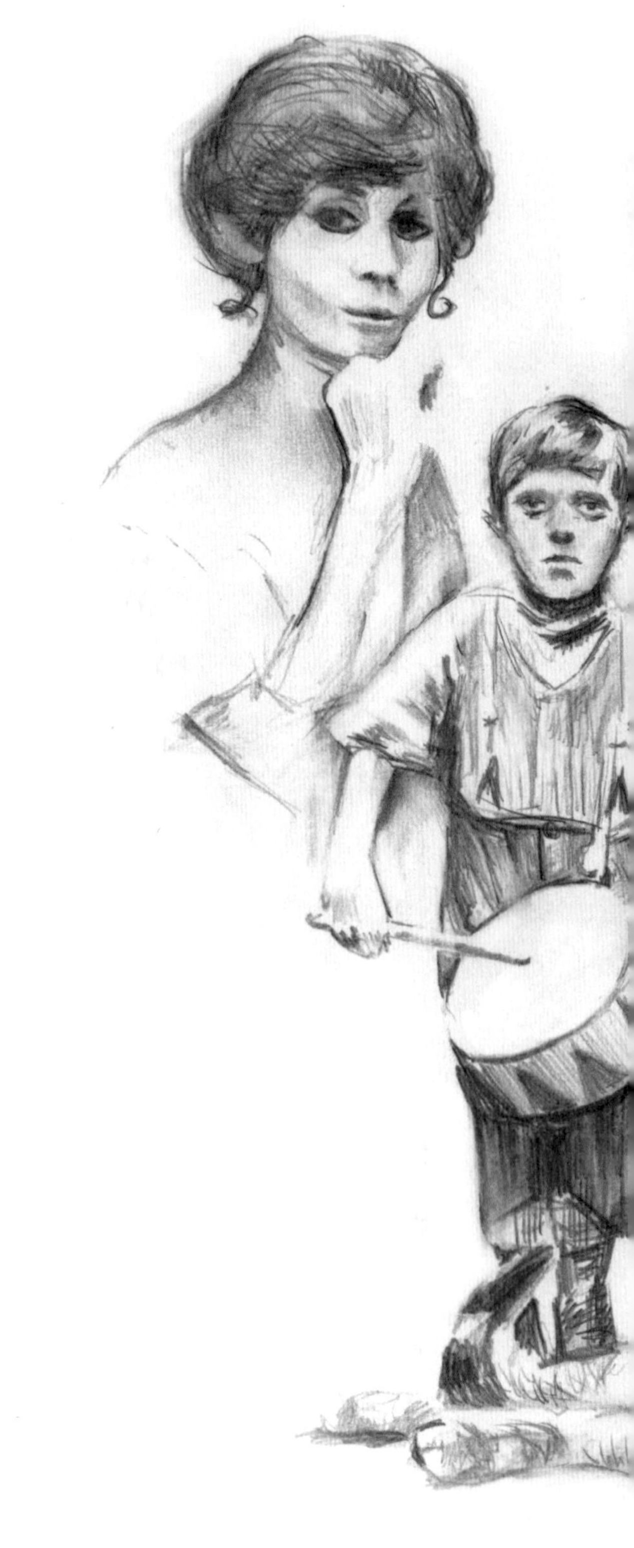

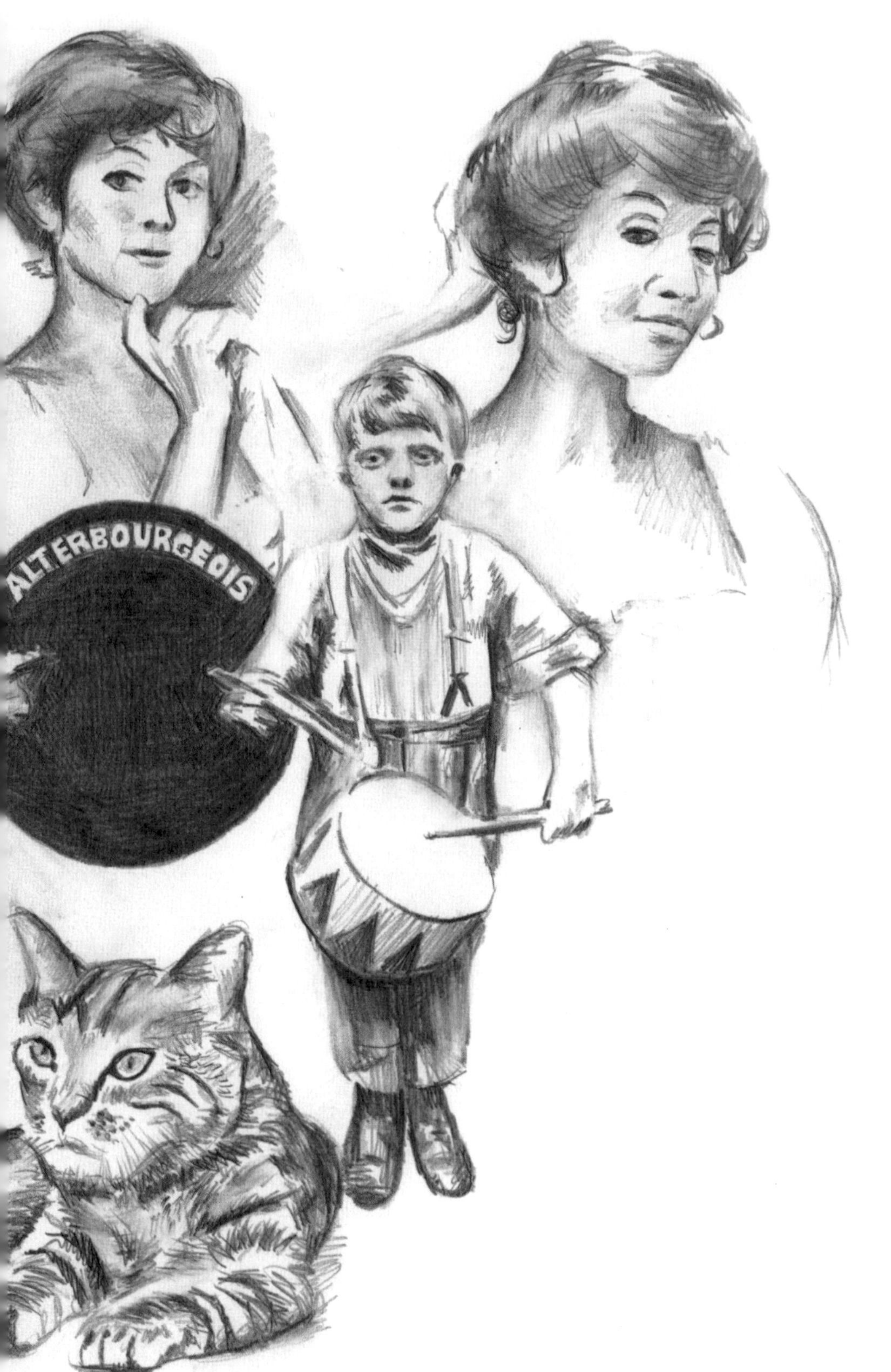
ALTERBOURGEOIS

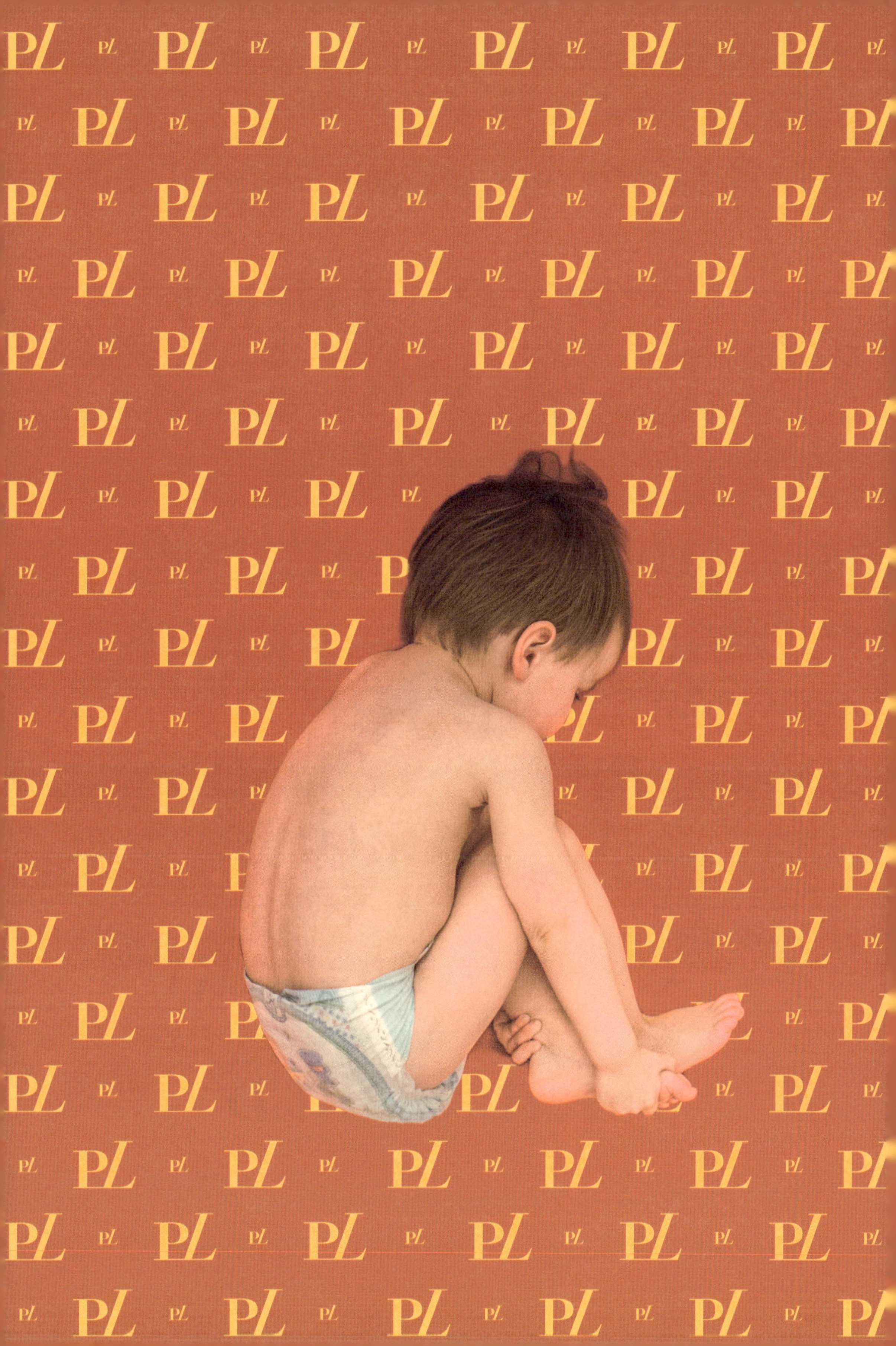

"Paradiso Lussemburgo" by Filip Markiewicz: From Luxembourg to the Present Time via Europe, Poland, Contemporary Human, The World

PAUL ARDENNE

Everything you always wanted to know
about Luxembourg but were afraid to ask or
never bothered to find out by yourself?
Step in, stranger, visitor, passerby!
"Paradiso Lussemburgo" will disclose everything.
Rest assured that nothing will remain secret!

From the outset, "Paradiso Lussemburgo," the work presented by Filip Markiewicz as part of the 56th International Art Exhibition, la Biennale di Venezia, can be defined as a "total work of art," a genuine *Gesamtkunstwerk*, in the great Wagnerian tradition of an expanded form of art that uses all means at its disposal. A total work of art, indeed, judging solely by the morphological hypertrophy of this eccentric offering. An installation devoted to the artist's own country, Luxembourg (where he was born in 1980 to Polish immigrant parents), "Paradiso Lussemburgo" occupies the whole of the Ca' del Duca, the Grand Duchy's national pavilion on Venetian shores, to the point of spilling out, as a banner on the portico of the courtyard suggests. The rooms in the pavilion have been treated to a particular kind of "filling" — understood in the sense of a "designated function," as each of them serves a specific purpose, similarly to individual storage rooms in shops, public administrations, or archives. As a result, the pavilion of the Grand Duchy is not used in quite the same way than pavilions generally are during a biennale, namely, as exhibition spaces. This allows it to generate the equivalent of an "augmented reality" and become a matricial symbolic space.

THOU SHALT NEVER FORGET THE GRAND DUCHY

What is it that connects Markiewicz and Luxembourg? Luxembourg is the place where Markiewicz, a visual artist, performer, musician (a guitarist playing "hard" rock), and citizen at home in Europe and the world, saw the light of day thirty-five years ago, where he grew up and studied, although he eventually set off to Strasbourg, France, where he completed his graduate studies in art, and soon afterwards to Hamburg, Germany, where he settled with his family. Geographical remoteness, for that matter, did not alienate him from his cultural roots. Most of his works gravitate around the Grand Duchy, and the smallest of the Benelux states is often the main point of contention in his works and performances, whether sibylline or berating in tone. *Grande-Duchesse Charlotte (JFK)* (2010): this pencil drawing of Luxembourg's "First Lady" hangs above John F. Kennedy's disillusioned observation that, "We would like to live as we once lived, but history will not permit it." *Stay Behind* (2013): in these twenty-nine storyboard-type drawings—the last of which shows a happy end of sorts, with the princely couple in ceremonial garb smiling and waving to the crowd—the artist examines one of the most outlandish criminal cases the country has witnessed since the end of the Cold War. Baptized *Bommeleeër*, it refers to a series of coordinated bomb attacks between 1984 and 1986, which were initially attributed to the far left, but appear in fact to have been orchestrated by members of the police working hand in hand with the CIA.

Luxembourg on my mind? Undeniably. With "Paradiso Lussemburgo," Markiewicz perpetuates the saga seamlessly and according to his own logic. Here too, his intention is polemical rather than nostalgic. The Grand Duchy (its existence, its life) again kindles the artist's obsession with finding our blind spot, unraveling that which lies beneath the glossy surface, exposing the stain in our morality. What better archeological substrate for this undertaking than the Grand Duchy, a small, quiet principality protected by its outdated political system and obvious sclerosis? Not quite; rather, a country at the forefront of progress and integration in today's world.

VISIT MY PARADISE

Let us penetrate into the pavilion. Upon entering we are greeted by a neon warning: "The world is a stage but the play is badly cast." Markiewicz makes this Shakespearian statement, attributed to Oscar Wilde, the mental epigraph of his installation. We should therefore be prepared for theatricality, play, and singular actors, but harbor no illusions of eminence, grandeur, or perfection.

Arguably, "Paradiso Lussemburgo" (Luxembourg Paradise), could resonate with the happy inflections of Dante Alighieri's *Paradise*—a "paradise" which, in this instance, should be interpreted as the highest achievable goal. The country's slightly oddball provincial status, too, could well conjure moist memories of a world that disappeared with the advent of modernity, as in the film *Cinema Paradiso* by the Tornatore brothers. Yet the fact remains that reality is well and truly there—not evenly clad in leaves from the venerable Oak at Hersberg, and surely less marvelous, impeccable, or glorious. We did not need to learn the uncomfortable truths brought to light by the LuxLeaks investigation, which exposed the Grand Duchy's rather liberal and bold interpretation of EU tax rules, to get confirmation of this. The world is an arena; life, a struggle to survive; and the good, so often the splendid tree that hides a forest of muddy trunks and branches.

"WE WANT EVERYTHING IN ORDER NOT TO DIE OF THE TRUTH."

To exist means to hold out, as any Luxembourger will tell you—or, for that matter, anyone in this tough and fiercely competitive world.

So let us step inside. A long red carpet lured you in from the street, into the palace's narrow vestibule. Drawings and slogans on the walls to either side of the line of travel set the general mood—scenes from the country's political life, remarks on the hesitations of the contemporary world. You could say that the first gallery deals with "connection": How is Luxembourg connected to all that surrounds it, from Europe to the world via the artist? There are several architectural models—the Cathedral, the European Parliament, both in Luxembourg City, the Stalinist architecture of the Palace of Culture and Science in Warsaw—the city where Markiewicz hails from by descent. On one of the walls hangs a poster with an image of a couple marveling at a bottle of perfume labeled "PL," for "Paradiso Lussemburgo," alongside the statement, "We want everything in order not to die of the truth," inspired by Nietzsche's famous expression of solace, "We have art in order not to die of the truth." Another wall carries a map of Europe with the mention *"Nature morte"* (Still Life, or, literally, Dead Nature) written across. A bit further afield, a large modified banknote of "zoo euros" speaks of lies, social protest, vanity. And finally, a podium with a microphone invites visitors to sing karaoke.

Where are we? In Luxembourg, sure, but more exactly in what the artist's head makes, casts, or mixes of it—a head busy thinking up arguments to counter anything too idyllic the mention of the Grand Duchy might conjure. The second gallery space, in which the artist's films, including a politico-philosophical road movie, are screened, confronts us with a perambulating protagonist who questions the meaning of life and the contemporary world. The third room immerses us into the world of Luxembourg's forests, but does so less reassuringly than expected as it is coupled with images of global poverty. It offers a space to debate the question of Speech, with a capital S, that is—free speech as the medium that allows us to denounce inequality, the violence of human relationships and, sometimes, of cowardly silence? At any rate, the words "Violent Silence" appear in gold leaf on a drawing showing the Mullerthal forest gatecrashed by the destitute figure of a third-world peasant farmer.

This mental construction, which might well be fed and supported by the artist's guilty conscience—as an enlarged banknote of one hundred Luxembourgish francs with the added mention "Sorry" seems to suggest—is uncompromisingly developed in the subsequent gallery spaces. In one of them, a startling concentration of models, drawings, images, texts (poems by Michel Rodange, who was born in Waldbillig), objects, and unexpected materials (a heap of coal to remind visitors that Luxembourg, like Poland, once had a mining industry) offers visitors an inventory of everything that has made Luxembourg what it is, and continues to do so, including banking business (*Financial Table*) and monkey business (the *Affär Bommeleeër* again). Another gallery space, right before the exit, is plunged in half-darkness and accommodates a dance floor where visitors can shake a leg to appropriate tunes ("Money" by Pink Floyd, for example)—cheekiness and irony intended.

GENETICS OF A POLITICAL STATE

Visiting the Luxembourg Pavilion "revamped" by Markiewicz is a physical experience that could be likened to walking into a chamber of curiosities: going from one discovery to the next, visitors also *learn* things. They are likely to experience the effect of concatenations as the artist likes to associate different ideas. Inventory à la Prévert and encyclopedic selection.

With "Paradiso Lussemburgo," Markiewicz establishes nothing less than the karyotype of the Grand Duchy of Luxembourg. That is to say, its precise identity card — not merely detailed (historic references abound), but also genetic (the origins of the Luxembourgish world, its "genes"). To which avail? To take himself and others on a "journey to the end of an identity"—that of a State in the center of Europe, small in size and of modest importance in relation to its population, but which, since the beginning of European integration in the 1950s (ECSC, Treaty of Rome, Common Market), has nonetheless become a key element in the economic organization of the European community, if not more. The Grand Duchy, a genuine paradise rich with quality of life, tranquil landscapes, and a peaceful social and political climate (and plain rich, in effect, in terms of GDP per capita), is well and truly, beyond the postcard image, one of the most active financial partners in the "world-economy," one of the great international financial centers — and, as such, also an accomplice of countless global operations aiming to increase the power of few at the expense of many. Far from earning it unmitigated respect and prestige, this position, on the contrary, jeopardizes its remarkable competence in portfolio management, investment, and tax optimization. True, in a world of economic suffering it may seem disloyal, if not sinful, to make a living from managing other people's money. But then, to paraphrase Clausewitz, is economy not the continuation of war by other means?

Markiewicz's crude and uncompromising approach of the country's reality aims beyond mere documentation. It is also a kind of intimate introspection that takes place on the backdrop of a love-hate relationship ("I Love You. Nor Do I"). Born in the Grand Duchy, coming of age in its very liberal atmosphere (in the noble sense of the word), the artist inoculated himself with a staunch democratic conscience, with tolerance, and with the humanist mindset that also flows deep within Luxembourg's *genius loci*. Not to forget this other cardinal fact, namely, freedom of thought and expression, which resonates in "Paradiso Lussemburgo" as the possibility given to spectators to express themselves and share their points of view. The worst is not the surest, and hell always shares the odd characteristic with paradise.

BUT STILL?

The multifaceted installation "Paradiso Lussemburgo" is a summary of Markiewicz's professional development. In its own way, based entirely on accumulation and classification, it compiles a decade of practice during which the artist assigned himself the vital double mission of giving lucid testimony (the world exists) punctuated by his personal life (it's in this and no other world that I exist). Art, in this instance, draws on reality, returns to it urgently, bounces off it; its imaginary, too, is realistic, and identity, chiefly the artist's, is a recurring question. To create means not only to live, or even to live and resist, according to Deleuze's injunction, but above all to *experience oneself living* and to "make do." Context first, including myself.

The artist's inspiration, therefore, can only come from the world "as such" ("reality"), and such as Markiewicz himself above all experiences and experiments it. The world "as such," in other words, grasped at the human level by a young artist propelled into the unpredictable destiny of European culture in the early 2000s. The rise of political extremism, the haunting resurgence of totalitarianism, cultural contamination by the disease of entertainment, tensions between ethnic and religious communities, racial self-segregation… The society in which the young Markiewicz grew up did not necessarily live up to the promises of the European construction, the fall of the Berlin Wall, and the disappearance of the Soviet Union (1989–1991). It is hardly surprising, therefore, that when the artist started out, he instinctively produced works or performances related to personal issues that were those of any young European who did not want his life, nor the civilization in which this life unfolded, to be wasted by mediocrity or savagery. The attention to European history, the question of immigration, the concern over the rise of rightwing extremism, the sub-cultural invasion by US TV shows (*Breaking Bad*), the perpetuation of "stoner" cultures, rock music, film and its icons…—all this, in a coherent hodgepodge, is seasonable, and therefore logically feeds into this work, which indexes the world in all its breadth, variations, and breathing. Rather than universal, the artist's message is singular-universal: it is a point of view—if only one that is widely shared because it is that of a whole generation.

From the outset, Markiewicz's drawings, paintings, performances, films, etc., function like booster shots. Accumulation is their underlying rule, with reality itself unfolding through multiple entry points. A statement written in white letters on a black background, an altered banknote, a rock record sleeve, a more or less recent news photograph, the portrait of a music or film star, the ponderings of a modern-day young Werther… Reality thus "milled," with its internal coherences and disparities (Marilyn Manson and Vladimir Putin, Pablo Picasso and Islamic State, Nazi death camps, global warming, ecological distress…), is not merely offered in return as a "spectacle," an absurd and unsavory proposition that spectators are asked to turn into something meaningful and palatable. Rather, of the world as it is directly experienced at the beginning of the twenty-first century, on the backdrop of consumerism, a loss of conventional values, and its consequence, semantic confusion, the reality presented to us by Markiewicz expresses the struggle to simply see *clearly*.

DISCOURSE OF A METHOD

Filip Markiewicz is a politically engaged contemporary artist. What does this mean? No longer the henchman or "fellow traveler" of tyrannical ideologies, the member of a political party repeating slogans on demand and toeing the party line, but an artist at once responsible (it concerns me) and individualistic (it concerns me even more as it concerns me first of all). This double inclination to observe and question the world outside and inside is clearly at the heart of "Paradiso Lussemburgo" (which brings me back to my main subject). The Luxembourg conjured up and evoked by the artist concerns the historic and contemporary Grand Duchy, its

THE BODY
OF AN INDIVIDUAL
BATTERED BY THE
ILL WIND OF HISTORY
WRITTEN
IN BLOOD LETTERS,
WHO IS NO LONGER AN
ACTOR BUT MERELY
A HELPLESS BYSTANDER
TO A GROTESQUE
COMEDY.

existence and culture, to the same extent than the familial, intimate, and psychological relationship he entertains with it.

This vast thematic diorama borrows several scenic characteristics of an earlier work by the artist, staged at Neumünster Abbey in Luxembourg in 2012, which already contained many hints of Markiewicz's Method ("MM"). In this place of meditation and prayer—which at the outset of the contemporary age was converted successively into a prison, a gendarmerie station, a military clinic, and again a prison, the site of much suffering, before eventually being redeveloped into an art center in 2004—Markiewicz presented "Silentio Delicti," a work whose complex and sprawling arrangement anticipated and foreshadowed "Paradiso Lussemburgo." It revolved around the persistent silence of individuals and nations in dealing with historical traumata, and the sometimes guilty inconsistencies of memory. For Markiewicz, "Silentio Delicti," which was tellingly dedicated to his partner Inga and his son Theodor and involved other members of his family, already played the role of a private mirror, in terms of identity as well as history and ethics—much like "Paradiso Lussemburgo."

Like "Paradiso Lussemburgo," it also offered several material, visual, and acoustic entry points—large drawings posted outside, an installation in the courtyard of the Abbey, a performance, a concert, the ubiquitous presence of "emergency crosses," beginning with the Red Cross…—and showed the dark memory of the twentieth century in a way a young contemporary European might legitimately see it. The recent past of the continent remembered here, summoned in turns by Stalinism, Nazism

…I'M GOING TO "SPEAK"— IN THIS CASE, LITERALLY, APPEARING IN MY OWN WORK AS WITNESS, JUDGE, PROSECUTOR, TROUBADOUR.

and its exterminating fury, or the Srebrenica mass graves, is one of deadly ideologies—whether right- or leftwing, secular or religiously inspired—and the body, man thrust into a destiny which, in this case, exceeds him on all levels. Far from the accomplished man imagined by the humanists, far from the responsible citizen modeled by the Enlightenment, far from the lofty New Man fantasized by the modernists and glorified by various totalitarianisms, the "body" Markiewicz addresses and probes in "Silentio Delicti" is that of a lost, mistreated, abused, defeated being. The body of an individual battered by the ill wind of history written in blood letters, who is no longer an actor but merely a helpless bystander to a grotesque comedy—the very comedy of destructive *Macht*, of "might" understood as the expression of willpower, albeit ultimately elusive, and as the apex of manageable force, albeit quickly eluding control, regulation, or wisdom, to the detriment of a human being that might aspire to sober Arcadian happiness, non-destructive and respectful of others.

Punctuated by the words *Arbeit* (work), *Macht* (might), and *Freiheit* (freedom), the three words intertwining to form *Arbeit macht frei* (Work makes free), the sentence that greeted Nazi deportees at the entrance of the Auschwitz-Birkenau Concentration Camp (today Oświęcim in Poland), "Silentio Delicti" presented a curious black theater, a kind of interiorized theater of cruelty that must surely be put down to a personal obsession. But are we necessarily guilty for not speaking up when the situation commands for shared evils to be made public? Well, me, Filip Markiewicz, the great "haunted one" of "Silentio Delicti," I'm going to "speak"—in this case, literally, appearing in my own work as witness, judge, prosecutor, troubadour. And involving members of my family, who are just as concerned as me (if not more, to be fair) by the numbing weight of history: grandfather, who lived in Poland in the communist era, filmed singing a Russian hymn to the glory of the great unified homeland of the Slavic peoples, his image projected onto a wall of the former abbey next to his portrait in drawing; a large drawing of the artist's very young son placarded on the wall. As if to animate the parable and support the "talking" artist in his task, this vast metaphorical fresco brings together those who have been and those who have arrived. Those who have been? Meaning those who maybe did not *say* enough, did not sufficiently denounce the anomaly that politics represents as soon as it is in the hand of barbarians. Those who arrive? Meaning those we hope will be shrewdly and uncompromisingly loquacious when the time comes, future tribunes of human justice, proclaimed spokespeople at the service of general rather than partisan interests. They are the links in a genetic chain the artist assembles in the mad hope that the cowardly strategic oblivion of atrocities will eventually make way for the choir of the voices of wisdom, respect, and reason.

I AM SEARCHING FOR MYSELF AND SEARCHING FOR HUMANITY

At each stage of its development, Markiewicz's work can be defined by its rejection of gratuitousness. Is it characterized by proliferation? This is easily justified, as reality has a thousand layers. Is it dominated by theatricality as a "way of making"? Then it is to help the symbols and meanings get across.

The refusal of artifice, of style for its own sake—characteristics of the artist, and his signature—here becomes a program in its own right. It does so in the name of necessity, a superlative Necessity with a capital N, which could be described as both therapeutic and ethical. Through his works, Markiewicz documents our reality without deluding himself about the frontal or insidious barbarism that characterizes it; he speaks to us about an experienced world that is in no way idyllic, that distinguishes itself as much by its questionable seductions as by its irregularity, imperfection, hypocrisy, violence, inequality, and irrepressible taste for subterfuge. To create while reminding us of this, to create in order to remind us, by making the artist a witness, means to act as a revealing agent, a whistleblower, a healer. It means positing the principle of a potential therapy, a desirable improvement, an amendment. The ethic disposition of Markiewicz's work, both directly speaking and *sub specie aeternitatis*, grounds in this tendency never to let go of the prey for its shadow, not to leave the spectator in peace, mainly because the first spectator of this work is the artist himself.

"Paradiso Lussemburgo" as well as "Silentio Delicti" can be interpreted as the equivalent of a psychoanalysis. The artist lies down on the couch and, in disorder and confusion, digs up everything that comes to his mind when thinking about Luxembourg: the *Roman de Renart* revisited by Michel Rodange and the stuffed hunting trophies of his childhood; the beer he liked to drink on warm summer nights, getting intoxicated with his friends at the feet of the Gëlle Fra monument; multicolor flags; the banks' discreet high-street fronts; the deep forests and parks; the elegant oval hypostyle building of the Philharmonic planted by Christian de Portzamparc on the Kirchberg plateau; the muffled sound of catastrophic news from faraway countries, held at bay by the air-conditioned comfort that suffuses the country; the ubiquitous howling of powerful six- and eight-cylinder engines… Yet this psychoanalysis by itself would fall short of the artist's intentions, as it would be too egotistical and selfish. More to the point, it asks to be extended into an authentic "act of faith," an auto-da-fé that lets the artist become a prophet of our time. Poetry shall be efficient or it shall disappear.

POETRY SHALL BE EFFICIENT OR IT SHALL DISAPPEAR.

"Act of faith"? In January 2012 Markiewicz created the Committee for the Technology of Depoliticization of the Body. Pettifoggery? Surely not. The artist, who leads the organization, provided it with a manifesto he claims to have been inspired by John Lennon, the author of the immortal ballad "Imagine." This text, divided into nine apothegms, forms a wish—namely, that man should be freed from both his ancient and modern conditioned behavior. No call for gratuitous hedonism, no mission to glorify man, simply an aspiration for a future that might spare mankind, and for mankind in this future to be freed from its genetic scourges, nationalism, dogmatism, voluntary slavery, gregariousness, and pride. "Imagine a human body that does not belong to any particular religion [...] Imagine a human body that does not feel superior to nature [...] Imagine a culture in which artistic creation supplies all human bodies with philosophical interrogations that can make life in society better." The Technology of Depoliticization of the Body, in Markiewicz's mind, is this new, indispensable knowledge, this "sapience" which, alone, can deliver us from contemporary evil and end alienation, the result of the oppressive construction of the political body that the authorities in place, as Foucault demonstrated so clearly, have never ceased to shape. A kind of domestication—but in reverse, progressing toward liberation.

LUXEMBOURG AS A METAPHOR

You could be forgiven to see "Paradiso Lussemburgo" chiefly and simply as a critique, an inventory partly crafted in vitriol. The Grand Duchy of Luxembourg? Ye who hopeth to find paradise on earth, abandon all hope! But no. Although he does not spare his "country," "nation," "motherland," "*Vaterland*," or "homeland," Markiewicz uses his assessment as an opportunity to clarify things. This work is a prerequisite. You need to know where you live and how you want to arrange your life, and therefore you need to know the place in which this life is rooted and from which it takes its meaning.

From this perspective, Markiewicz's "way of making" identifies him, if not as a maverick, then at least as a rather singular creative mind in the well-furnished landscape of contemporary artists. Why? Because of the great practical engagement generated by the very act of creation. We should see Markiewicz all at once—no less and in no hierarchical order—as an illustrator, a documentarist, a politician, a philosopher, a jester at the European court, a moralist, an investigator, and an archivist—as more, in any event, than an "artist" in the strict sense of the word *artista*, a worker whose expertise, as etymology tells us, lies in mastering the difficult art of representation. Seen under this light, "Paradiso Lussemburgo" is also reminiscent of a composition whose purpose, far beyond the form it takes and the statement it makes, is to become an expression of the mentality of an era.

"Paradiso Lussemburgo"? A diagnosis of our era seen as a whole, in light of its global mentality—a mentality for which today's Luxembourg, a frail state but simultaneously great power, is a far-reaching metaphor and perfect laboratory. While preserving the appearance of harmony, does it not accommodate the conjunction of peace and hostilities, ethics and trafficking, high ideals and lowly deeds, fraternal embraces and friendly backstabbing, outward success and intimate self-hatred, self-satisfaction and guilt? In other words, everything that constitutes the contemporary world, its use of power and its play with appearances, the marriage of the coveted Facade that shines and the sombre Cave where plots are hatched. Art as a "real allegory," to use Gustave Courbet's description of his *Artist's Studio*. Turning creation into not just a window onto the world, but a credible parable.

"Paradiso Lussemburgo," the parable—in all its breadth, meanings, and contradictions—of complexity, fragility, the shiny and pallid power of the Old World as seen from the Grand Duchy, its black and beautiful mirror. ●

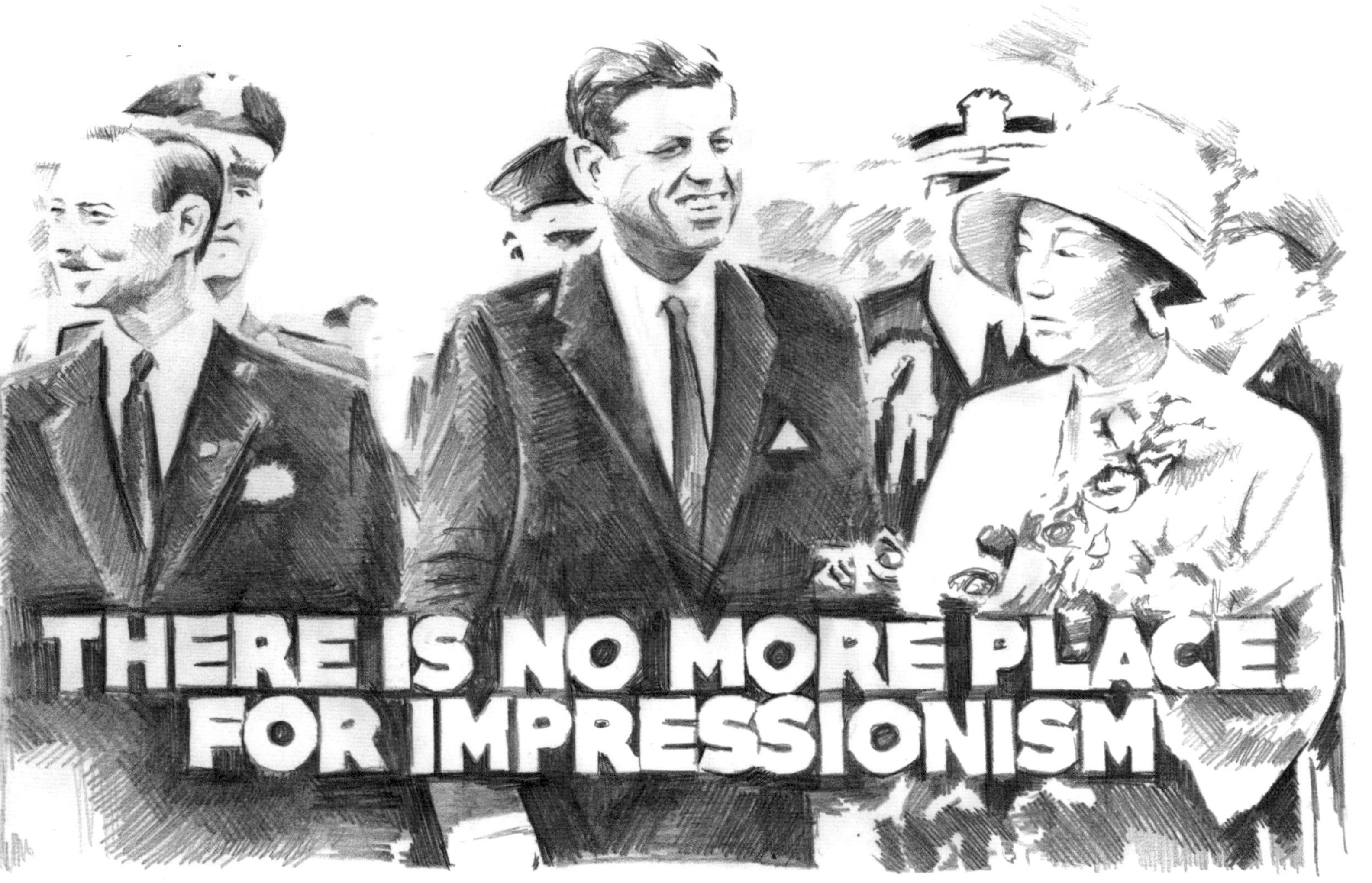

THERE IS NO MORE PLACE
FOR IMPRESSIONISM

« Paradiso Lussemburgo » de Filip Markiewicz
Du Luxembourg à notre époque en passant par l'Europe, la Pologne, l'humain contemporain, le monde

PAUL ARDENNE

Tout ce que vous avez toujours voulu savoir sur le Luxembourg sans oser le demander ou faute d'avoir pris le temps de vous informer ? Entrez visiteurs, passants et curieux. « Paradiso Lussemburgo » vous dit tout et ne vous cachera rien, promis !

On peut d'office définir « Paradiso Lussemburgo », que présente, dans le cadre de la 56ᵉ Biennale internationale d'art de Venise, Filip Markiewicz, comme une « œuvre d'art total », un authentique *Gesamtkunstwerk*, dans la grande tradition wagnérienne de la création à spectre élargi et faisant flèche de tout bois. « Œuvre d'art total » que « Paradiso Lussemburgo », en effet, au regard déjà de la morphologie hypertrophiée de cette création hors norme. Installation consacrée par l'artiste à son propre pays, le Luxembourg (Filip Markiewicz y naît en 1980, de parents immigrés venus de Pologne), « Paradiso Lussemburgo » emplit à ras bord la Ca' del Duca, palais où le Grand-Duché a établi son pavillon en terre vénète, et ce dès l'entrée, comme le suggère une bannière fixée sur le portique de la cour intérieure. Chacune des salles du pavillon, dans la foulée, fait l'objet d'un remplissage particulier, un terme, « remplissage », à entendre dans le sens d'« affectation » : l'un après l'autre, chaque espace segmenté du pavillon sert un propos spécifique à la manière des pièces de rangement spécialisées d'un magasin, d'un service administratif ou d'un dépôt d'archives. Résultat, le pavillon du Grand-Duché n'est pas utilisé comme l'est en général un pavillon lors d'une biennale, à titre d'espace d'exposition. Tout en générant l'équivalent d'une « réalité augmentée », il s'élève cette fois au rang d'espace symbolique matriciel.

Le Grand-Duché jamais Tu n'oublieras

Filip Markiewicz et le Luxembourg ? L'artiste, qui est à la fois plasticien, performer, musicien – lui-même, guitariste, joue du rock « dur » –, citoyen décontracté de l'Union européenne et du monde, y a vu le jour voici trente-cinq ans, et il y a grandi et étudié, quoi qu'il ait à la fin pris le large – Strasbourg, en France, pour parfaire sa formation supérieure en art ; Hambourg, en Allemagne, où il s'établit bientôt avec sa famille. Cette mise à distance géographique, au demeurant, ne l'éloigne pas culturellement de ses origines. La plupart des créations de l'artiste s'aimantent ainsi au Grand-Duché, et c'est à répétition qu'elles s'attachent à faire du plus petit État du Benelux l'argument premier de propositions plastiques ou de performances. De manière sibylline ou fouettarde, en l'occurrence. *Grande-Duchesse Charlotte (JFK)* (2010) : ce portrait, dessiné au crayon, de la Première dame luxembourgeoise surmonte une sentence désabusée du président John Kennedy, *« We would like to live as we once lived, but history will not permit it »*. *Stay Behind* (2013) : en vingt-neuf dessins de type story-board – dont le dernier, en forme de happy end, représente le couple princier, en habit de cérémonie, souriant et saluant la foule –, l'artiste revient sur une des plus rocambolesques « affaires » qu'ait connues le Luxembourg à la fin de la guerre froide, le *Bommeleeër*. Une série d'attentats à la bombe orchestrés entre 1984 et 1986, attribués à l'extrême gauche mais en réalité supervisés par des policiers en cheville avec la CIA.

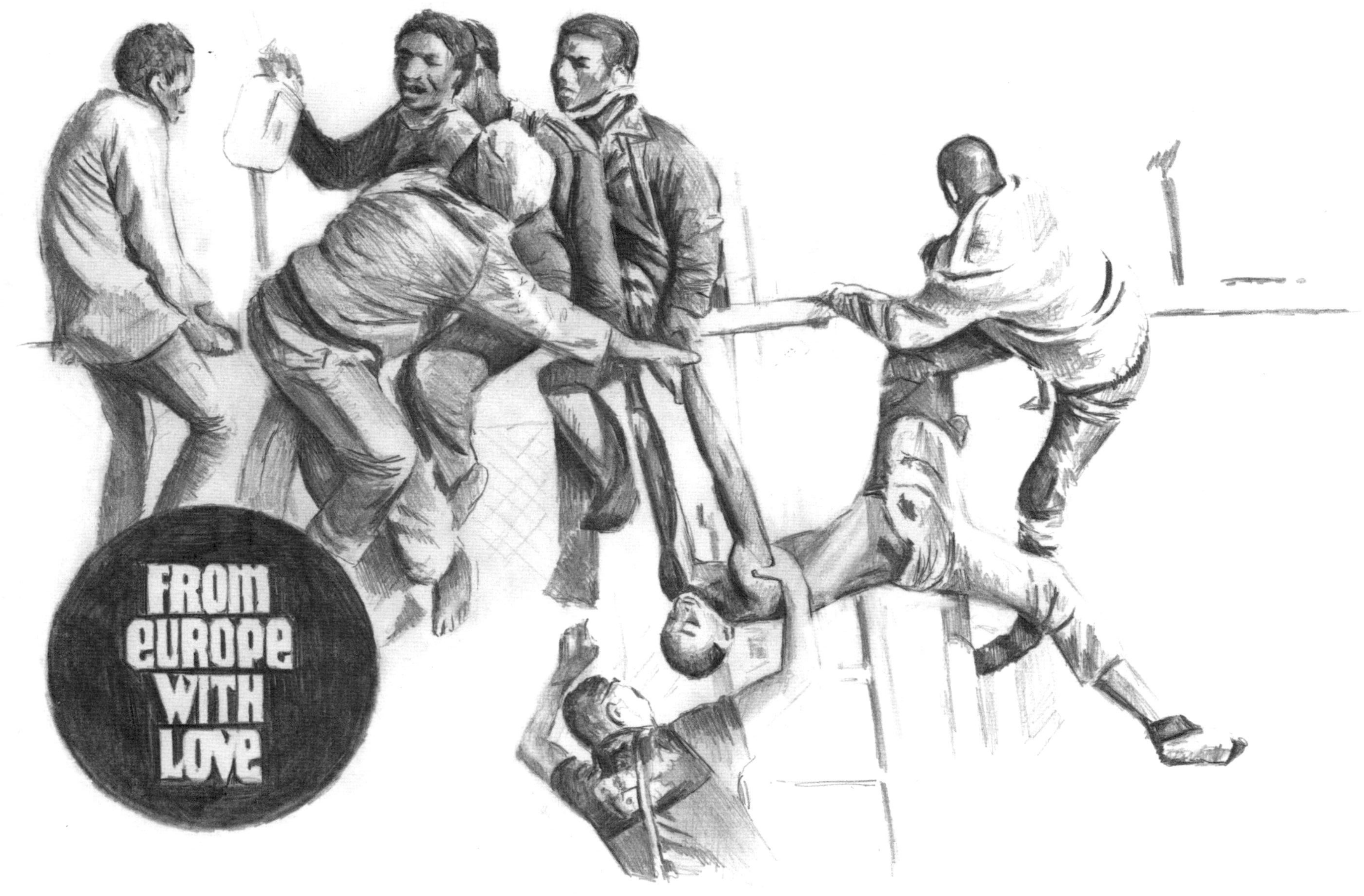

FROM
EUROPE
WITH
LOVE

« NOUS VOULONS TOUT, AFIN DE NE PAS MOURIR DE LA VÉRITÉ »

Luxembourg on my mind ? Aucune contestation possible. Filip Markiewicz, avec « Paradiso Lussemburgo », continue la saga, sans interruption et selon sa logique propre. L'intention, de nouveau, est polémique plus que nostalgique. Le Grand-Duché (son être, sa vie), pour l'occasion, vient fourbir cette fois encore l'obsession de l'artiste : traquer le caché dans le visible, l'occulté dans ce qui brille, l'interlope dans le moral. Quel meilleur substrat archéologique, à cette fin, que celui offert par le Grand-Duché ? Une petite principauté calme à l'abri de son vieux système politique et de ses apparentes scléroses ? Plus sûrement, un État à la pointe du développement et de l'intégration dans le monde d'aujourd'hui.

Visite mon Paradis

Pénétrons dans l'espace du pavillon. Une installation néon, d'entrée, nous prévient : « *The world is a stage but the play is badly cast* » (Le monde est une scène mais le casting est raté). De cette formule shakespearienne attribuée à Oscar Wilde, Filip Markiewicz fait l'exergue mental de sa proposition. Attendons-nous à du théâtre, à du jeu, à de singuliers acteurs mais sans trop se nourrir d'illusion en terme d'éminence, de grandeur ou de perfection.

Le « Paradis luxembourgeois », le « Paradiso Lussemburgo », sans doute, pourrait avoir les accents heureux du *Paradis* de Dante Alighieri, un « paradis » à interpréter dans ce cas comme l'absolu à atteindre. Son statut provincial quelque peu décalé, aussi bien, pourrait rendre propice le souvenir humide d'un monde perdu avec la modernité, dans l'esprit du film *Cinema Paradiso* des frères Tornatore. Reste cependant que le réel est là, non uniment vêtu des feuilles du vénérable chêne de Hersberg, et moins merveilleux, impeccable ou glorieux, assurément. Inutile, pour le confirmer, d'avoir attendu l'automne 2014 et les révélations dérangeantes du Luxleaks, qui ont signalé de la part du Grand-Duché une interprétation fort libre et quelque peu audacieuse des règles de l'Union européenne en matière fiscale. Le monde est une arène, la vie un exercice de survie et le bien, si souvent, cet arbre resplendissant qui cache une forêt de troncs et de ramures boueux. Exister, c'est devoir tenir, le Luxembourgeois vous le confirmera comme quiconque en ce monde dur et tissé de concurrences redoutables.

Entrons. Un long tapis rouge, depuis la rue, vous a entraîné dans l'étroit vestibule du palais. Sur les murs, de part et d'autre de l'axe de déplacement, dessins et sentences mettent dans l'ambiance – scènes de la vie politique luxembourgeoise, réflexions sur les atermoiements du monde qui va. La première salle est celle, pourrait-on dire, de la « Liaison » : en quoi le Luxembourg se lie-t-il à tout ce qui l'entoure, depuis l'Europe jusqu'au monde en passant par l'artiste ? Quelques maquettes sont posées là, cathédrale de la ville de Luxembourg, Parlement européen, à Luxembourg encore, palais de la Culture de Varsovie de configuration stalinienne – Varsovie d'où vient, par filiation, Filip Markiewicz. Sur un mur, à un poster montrant un couple fasciné par une bouteille de parfum estampillée des initiales « PL », « Paradiso Lussemburgo », s'accole la formule « Nous voulons tout, afin de ne pas mourir de la vérité », une sentence inspirée de la fameuse formule consolatrice de Nietzsche, « Nous avons l'art pour ne pas mourir de la vérité. » Une carte de l'Europe, sur un autre mur, est barrée de la mention « Nature morte ». Un grand billet de banque modifié de « zoo euros », non loin, évoque les mensonges, la contestation sociale, la vanité. Enfin, un podium avec micro : on peut y chanter un karaoké.

Où est-on ? Au Luxembourg, oui, mais selon ce qu'en fait, ce qu'en moule et ce qu'en mixe la tête de l'artiste, une tête préoccupée de trouver des contrepoints à tout ce que pourrait avoir de trop idyllique l'évocation du Grand-Duché. La salle deux, où sont diffusés des films de l'artiste, dont un *road movie* philosophico-politique, nous met en face d'un personnage à la dérive s'interrogeant sur le sens de la vie et du présent. La salle trois nous plonge dans l'univers forestier

du Luxembourg, moins rassérénant qu'attendu
car connecté à des images de la misère du monde.
Un territoire pour débattre de la question de la
Parole avec majuscule, entendons : la parole
libre, ce vecteur qui permet de dire les inégalités,
la violence des rapports humains et, parfois,
du silence lâche ? *«Violent Silence»*, peut-on lire en
tout cas, en lettres couchées à la feuille d'or, sur
un dessin représentant la forêt de Mullerthal
où s'est incrustée la figure inattendue d'un paysan
miséreux du tiers-monde.

Ce parcours cérébral, que pourrait bien nourrir et
porter la mauvaise conscience de l'artiste – un
vieux billet de banque luxembourgeois agrandi de
cent francs a été barré de la mention *«Sorry»*
(Pardon) –, continue sans mollir dans les salles
suivantes. L'une, au visiteur, offre en un condensé
saisissant de maquettes, de dessins, d'images
de textes (des poèmes de Michel Rodange, originaire
de Waldbillig), d'objets divers, de matériaux
inattendus (un tas de charbon, pour se souvenir
que le Luxembourg, comme la Pologne, fut
naguère un producteur de houille) un inventaire
de tout ce qui a fait et fait le Luxembourg, affaires
bancaires (*Financial Table*) comme affaires troubles
(le *Bommeleeër*, encore). Une autre salle encore,
juste avant la sortie, est, elle, tissée de pénombre,
un *dancefloor* vous y offre l'occasion de danser
sur des musiques ou des chansons appropriées–
«Money», des Pink Floyd… – non sans malice
ou ironie.

Génétique
d'un État politique

La visite du pavillon luxembourgeois «relooké»
par Filip Markiewicz s'assimile physiquement
à celle d'un cabinet de curiosités : on passe d'une
découverte à une autre, on apprend, aussi,
dans une perspective pédagogique. Un effet de
concaténation peut jouer, l'artiste usant
volontiers de l'association d'idées. Inventaire
à la Prévert et sélection encyclopédique.

Filip Markiewicz, avec «Paradiso Lussemburgo»,
dresse rien moins que le caryotype du Grand-
Duché de Luxembourg. Comprendre : sa carte
d'identité précise, non seulement détaillée
(les références historiques au Grand-Duché y
abondent) mais aussi génétique (l'origine
du monde luxembourgeois, ses «gènes»). Dans
quel but ? S'offrir, offrir «le voyage au bout
d'une identité», celle d'un État situé au cœur de
l'Europe, petit par sa superficie et d'importance
certes mesurée au regard du nombre de ses
habitants, mais devenu néanmoins depuis la
création de l'actuelle Union européenne,
dans les années 1950 (CECA, traité de Rome,
intégration du Benelux dans le Marché commun),
un élément clé de l'organisation économique
de l'Europe communautaire, sinon plus encore.
Le Grand-Duché, véritable paradis riche de

*CRÉER, CE N'EST PAS SEULEMENT
VIVRE, VOIRE VIVRE ET RÉSISTER,
SELON LE PRÉCEPTE
DELEUZIEN – C'EST D'ABORD
SE VIVRE ET «FAIRE AVEC».
CONTEXTE D'ABORD, DONT MOI.*

sa qualité de vie, de la quiétude de ses paysages,
de la tranquillité de ses rapports sociopolitiques
(et riche tout court, au surplus, au regard de
son PIB par habitant), est bel et bien, au-delà de
la carte postale, un des partenaires financiers
les plus actifs de l'«économie-monde», une
des grandes places de la finance internationale –
le complice aussi, de ce fait, de maintes
opérations d'échelle planétaire visant à accroître
le pouvoir des uns au détriment de celui des
autres. Loin de toujours lui valoir respect
et prestige, cette position met au contraire à mal
ses redoutables compétences en matière de
gestion d'actifs tertiaires, de placements et de
défiscalisation. Il est vrai qu'il peut paraître
déloyal, voire inique, dans notre monde
qui souffre économiquement, de tirer son épingle
du jeu de la gestion avantageuse de l'argent
des «autres». L'économie, cette continuation de
la guerre par d'autres moyens, arguera-t-on
en paraphrasant Clausewitz.

L'approche à cru et sans concession de la réalité
luxembourgeoise, pour Filip Markiewicz,
entend pour autant s'élever au-dessus du seul
documentaire. Elle est aussi de l'ordre de
l'introspection intime, sur fond d'amour-haine
et de «Je t'aime moi non plus». Natif du Grand-
Duché, devenu mature dans son ambiance
très libérale (au sens noble du mot), l'artiste s'y est
inoculé une belle conscience démocrate, une
tolérance, cet esprit humaniste qui irrigue aussi
en profondeur le *genius loci* luxembourgeois.
Sans oublier cette autre donnée cardinale, celle
de la liberté de pensée et d'expression, dont
résonne dans «Paradiso Lussemburgo» la

possibilité laissée au spectateur de s'exprimer, de former des points de vue à partager. Le pire n'est pas toujours sûr, l'enfer partage toujours quelques qualités avec le paradis.

Mais encore ?

Dans le parcours de Filip Markiewicz, « Paradiso Lussemburgo », installation à géométrie variable, constitue une synthèse. Elle compile à sa manière propre, toute d'accumulation et de classement, une décennie de création ayant vu l'artiste s'assigner une mission essentielle et double : le témoignage lucide (le monde existe), la ponctuation vitale personnelle (c'est en ce monde et en nul autre que j'existe). L'art, pour l'occasion, se nourrit du réel, il y retourne instamment, il rebondit sur lui, l'imaginaire aussi y est réaliste et la question de l'identité s'y voit en permanence posée, celle de l'artiste avant toute autre. Créer, ce n'est pas seulement vivre, voire vivre et résister, selon le précepte deleuzien – c'est d'abord *se vivre* et « faire avec ». Contexte d'abord, dont moi.

La source d'inspiration de l'artiste ne peut dès lors qu'être le monde « tel quel » (la « réalité ») et tel que le vit et l'expérimente en premier lieu Filip

LA THÉÂTRALITÉ S'Y IMPOSE COMME UNE « MANIÈRE DE FAIRE » ? MAIS C'EST POUR MIEUX FAIRE PASSER SIGNES ET MESSAGES.

Markiewicz en personne. Un monde « tel quel », comprendre, saisi à hauteur d'homme par un jeune créateur projeté, au début des années 2000, dans l'incertain destin de la culture européenne. Poussée des extrêmes politiques, résurgence des vieux démons totalitaires, contamination par la sous-culture de l'*entertainment*, crispations identitaires et religieuses, replis communautaristes… L'Europe où grandit le jeune Markiewicz n'est pas d'office conforme à ce que promettaient construction communautaire et suites de la Chute du Mur et de la désoviétisation (1989-1991). Rien d'étonnant donc que se mettant à l'œuvre, l'artiste en vienne à générer instinctivement créations plastiques ou performances en rapport avec des thématiques personnelles rejoignant celles de tout jeune Européen soucieux de ne pas voir dilapidées dans la médiocrité ou la barbarie, et sa vie, et la civilisation où sa vie se développe. L'attention à l'histoire européenne, la question de l'immigration, l'inquiétude face à la montée de l'extrême droite, l'invasion sous-culturelle des séries télévisées US (*Breaking Bad*), la permanence des cultures de la « défonce », le rock, le cinéma et ses icônes… tout ceci, dans un vrac cohérent, est de saison et s'en vient nourrir en toute logique l'œuvre qui indexe le présent dans toute sa latitude, ses variations et sa respiration. Avant d'être universel, le propos de l'artiste est singulier-universel : il est un point de vue, serait-il l'expression d'un point de vue largement partagé parce que générationnel.

Dessins, peintures, performances, films… de Filip Markiewicz, sitôt l'artiste au travail, sont autant de piqûres de rappel. L'accumulation y est de règle, la réalité même se déployant à travers une multitude d'entrées. Une sentence reproduite blanc sur fond noir, un billet de banque trafiqué, une pochette de disque rock, une photo d'actualité récente ou moins récente, le portrait d'une star de la musique ou du cinéma, les interrogations d'un jeune Werther d'aujourd'hui… La réalité ainsi « moulinée », avec ses cohérences internes et ses grands écarts (on y croise Marilyn Manson et Vladimir Poutine, Pablo Picasso et l'État islamique, les camps de la mort nazis, le *global warming* et le désarroi écologique…), n'est pas seulement offerte en retour comme un « spectacle », comme une offre absurde et indigeste dont il faudrait à la fin faire quelque chose de sensé et de comestible. Telle que nous la présente Filip Markiewicz, la réalité exprime plutôt du monde, tel qu'il se donne à chaud en notre début de XXIe siècle sur fond de valorisation de la consommation et de perte des repères conventionnels, avec ces conséquences, l'errance sémantique, la difficulté à y voir simplement *clair*.

Discours d'une méthode

Filip Markiewicz est un artiste engagé
d'aujourd'hui. À savoir ? Non plus le nervi, le
«compagnon de route» d'idéologies tyranniques,
l'encarté allant reproduisant des slogans à la
demande, petit doigt sur la couture du pantalon
de l'uniforme de son parti, mais un créateur à la
fois responsable (cela me regarde) et individualiste
(cela me regarde d'autant plus que cela me
concerne au premier chef). Cette double inflexion
à regarder et cuisiner en dehors et en soi fait
clairement l'essence, revenons-y, de «Paradiso
Lussemburgo». Le Luxembourg que convoque et
évoque l'artiste, c'est autant le Grand-Duché
historique et contemporain, son être, sa culture,
que le rapport familial, intime et psychologique
qu'entretient avec lui Filip Markiewicz.

Ce vaste diorama thématique, en termes
scéniques, n'est pas sans emprunter certains
aspects de son dispositif à une réalisation
antérieure de l'artiste, ayant élu pour cadre,
celle-là, l'Abbaye de Neumünster au Luxembourg,
et prompte à nous éclairer déjà, elle aussi, sur
la «MM», la Méthode Markiewicz. Dans ce lieu
de recueillement et de prière changé à l'orée
de l'âge contemporain, successivement, en prison,
en caserne de gendarmerie, en dispensaire
militaire puis de nouveau en prison (1796–1985),
périmètre de souffrance, pour finir réhabilité
en centre d'art (en 2004), Filip Markiewicz
présente en 2012 «Silentio Delicti», une création
qui, par son dispositif complexe et proliférant,
annonce et préfigure «Paradiso Lussemburgo».
Son thème : le fréquent silence des individus
et des nations devant l'événement historique
traumatisant ; les intermittences parfois
coupables de la mémoire. Dédiée de manière
significative à la compagne et au fils de l'artiste,
Inga et Theodor, faisant de surcroît intervenir

d'autres membres de sa famille, «Silentio Delicti»
joue déjà pour Filip Markiewicz, à l'instar de
«Paradiso Lussemburgo», le rôle d'un miroir privé,
dans une perspective identitaire en plus d'être
historique et morale.

Multipliant comme le fait «Paradiso Lussemburgo»
les entrées plastiques, visuelles et sonores –
de grands dessins placardés en extérieur,
une installation à même la cour de l'abbaye,
une performance, un concert, l'omniprésence
de «croix de l'urgence», la Croix-Rouge au
premier chef... –, «Silentio Delicti» met en scène
la mémoire noire du XXᵉ siècle telle que peut
légitimement l'appréhender un jeune Européen
d'aujourd'hui. Tour à tour convoqué à travers
le stalinisme, le nazisme et sa fureur
exterminatrice, les charniers de Srebrenica, le
passé récent du continent européen remémoré
pour l'occasion est celui des convictions
meurtrières de l'idéologie – qu'elle soit de gauche
ou de droite, laïque ou d'inspiration religieuse –
plus celui du «corps», de l'humain projeté
dans un destin qui, dans ce cas, le dépasse de
toutes parts. Loin que le «corps» dont nous
entretient Filip Markiewicz dans «Silentio Delicti»
soit celui, rêvé par l'humanisme, de l'homme
accompli, loin qu'il soit celui du citoyen majeur
que modelèrent les Lumières, loin qu'il s'élève au
rang majeur de l'«homme nouveau» fantasmé
par les modernes et glorifié par les totalitarismes,
le «corps» mis sur la sellette est celui plutôt
d'un être perdu, malmené, abusé, dépassé.
Le corps d'un individu battu par le vent mauvais
d'une Histoire s'écrivant en lettres de sang,
et devenu, moins qu'un acteur, le spectateur
impuissant d'une comédie grotesque – la comédie
même de la *Macht* destructrice, de la «puissance»
comprise comme une expression de la volonté,
mais alors qui vous échappe, et comme l'apogée
de la force maîtrisable, mais alors dont la maîtrise
elle aussi échappe bientôt à tout contrôle, à
toute régulation, à toute sagesse, au grand dam
du respect dû à l'humain qui aspirerait au sobre
bonheur arcadien non destructeur et respectueux
d'autrui.

Ponctuée par les mots *Arbeit* (travail), *Macht* (puissance), *Freiheit* (liberté), ces trois mots dont le maillage sous forme de phrase, affichée, à l'entrée du camp d'extermination d'Auschwitz-Birkenau (actuellement Oświęcim, en Pologne), accueillait les déportés victimes du nazisme (*Arbeit macht frei*, Le travail c'est la liberté), « Silentio Delicti » offre en fait le spectacle d'un curieux théâtre noir, un théâtre de la cruauté qui se serait intériorisé, qui relève pour finir, sans conteste, de la hantise personnelle. Il est donc toujours coupable de se taire lorsque la situation commande que l'on rende publics de grands maux partagés ? Alors moi, Filip Markiewicz, le grand « hanté » de « Silentio Delicti », je vais « parler », et littéralement dans ce cas : intervenir au sein même de mon œuvre propre, comme figure témoin, comme juge, comme procureur à charge, comme troubadour. Non sans faire aussi intervenir dans mon installation des membres de ma famille, concernés tout comme moi (bien plus que moi peut-être, à dire vrai) par le poids anesthésiant de l'Histoire : le grand-père, qui a vécu en Pologne sous l'ère communiste, est filmé chantant un hymne russe à la gloire de la grande patrie unifiée des Slaves, et son image projetée sur un mur de l'ancienne abbaye à proximité de son grand portrait dessiné ; le tout jeune fils de l'artiste, lui aussi, est dessiné en grand et son visage, affiché. Se retrouvent pour la circonstance unis dans cette vaste fresque métaphorique, à toutes fins d'énergiser la parabole, de soutenir l'artiste « parleur » dans sa tâche, ceux qui furent et ceux qui arrivent. Ceux qui furent ? Comprendre, ceux qui n'ont peut-être pas assez *dit* – pas assez dénoncé l'anomalie que représente d'office le politique quand il est aux mains de barbares. Ceux qui arrivent ? Comprendre, ceux-là dont on espère qu'ils seront loquaces à bon escient et sans faillir sitôt qu'il conviendra de nouveau de l'être, futurs tribuns de la justice humaine, annoncés porteurs de voix au service de l'intérêt général et non pas partisan. Autant de maillons d'une chaîne génétique que l'artiste assemble dans cette espérance folle : à la fin, le lâche oubli tactique des turpitudes laissera place au chœur des voix de la sagesse, du respect et de la Raison.

Je me cherche et je cherche l'humanité

L'œuvre de Filip Markiewicz, en chacune de ses étapes, se définit par son refus de la gratuité. La prolifération la caractérise ? Celle-ci se justifie sans défaut : la réalité est un mille-feuille. La théâtralité s'y impose comme une « manière de faire » ? Mais c'est pour mieux faire passer signes et messages. Le refus de l'artificiel, le refus du style pour le style, caractéristiques de l'artiste, et sa signature, acquièrent ici la valeur de programme. Et ce, au nom d'une Nécessité avec un grand « N », superlative, que l'on va dire tout

à la fois thérapeutique et éthique. Filip Markiewicz, à travers ses créations, rend compte de notre réalité sans s'illusionner sur la barbarie frontale ou insidieuse qui la caractérise, il nous entretient d'un monde vécu qui n'a rien d'idyllique, que signalent ses séductions douteuses autant que son irrégularité, son imperfection, son hypocrisie, sa violence, son manque d'équité, son goût irrépressible des combinaisons tordues. Créer en le rappelant, créer de le rappeler, en élisant l'artiste témoin, c'est opérer comme révélateur, comme dénonciateur, comme guérisseur. C'est avancer le principe d'une possible thérapie, d'une amélioration souhaitable, d'un amendement. La disposition éthique de l'œuvre de Filip Markiewicz, immédiatement comme *sub specie aeternitatis*, réside dans cette inflexion à ne jamais lâcher la proie pour l'ombre, à ne pas laisser le spectateur en repos, pour cette raison d'abord : le premier spectateur de l'œuvre, c'est, ici, l'artiste en personne.

« Paradiso Lussemburgo », tout comme avant cette création vénitienne « Silentio Delicti », peut être interprétée comme l'équivalent d'une psychanalyse. L'artiste, sur le divan, s'allonge et extrait de lui, dans le désordre, au rythme d'une parole brouillonne, tout ce qui lui vient à l'esprit sur le Luxembourg. Le *Roman de Renart* revisité par Michel Rodange et les trophées de chasse taxidermisés de son enfance ; la bière qu'il boit sans soif les soirs d'été, avec ses copains au pied de la Gëlle Fra, jusqu'à l'éthylisme ; les drapeaux multicolores ; la devanture discrète des banques ; les forêts profondes et les parcs ; l'ovale hypostyle gracieux de la Philharmonie plantée par Christian de Portzamparc sur le plateau de Kirchberg ; le son feutré des nouvelles calamiteuses venues d'un ailleurs lointain, maintenu à distance par le confort climatisé du Luxembourg ; le feulement des puissantes automobiles à six et huit cylindres qui sillonnent en nombre le Grand-Duché… Cette psychanalyse, toutefois, elle ne saurait suffire, parce que trop égotiste, et par trop égoïste. Elle réclame en vérité de se prolonger dans un authentique « acte de foi », dans un autodafé qui va faire de l'artiste un prophète de notre temps. La poésie sera efficiente ou ne sera pas.

« Acte de foi » ? En janvier 2012, Filip Markiewicz crée le Comité pour la Technologie de Dépolitisation du Corps. Argutie ? Sûrement pas. L'artiste, qui anime cette structure, la dote d'un manifeste que lui inspire, écrit-il, le Beatle John Lennon, l'auteur de l'immortelle ballade « Imagine ». Ce texte structuré en neuf apophtegmes forme un vœu, celui de l'homme débarrassé de ses conditionnements anciens comme modernes. Pas d'appel à un hédonisme gratuit, pas de vocation à héroïser l'humain, juste cette aspiration, un futur ménageant l'humanité et une humanité, dans ce futur, délivrée de ses fléaux génétiques, nationalisme, dogmatisme, servitude consentie, grégarisme et orgueil. « Imagine le

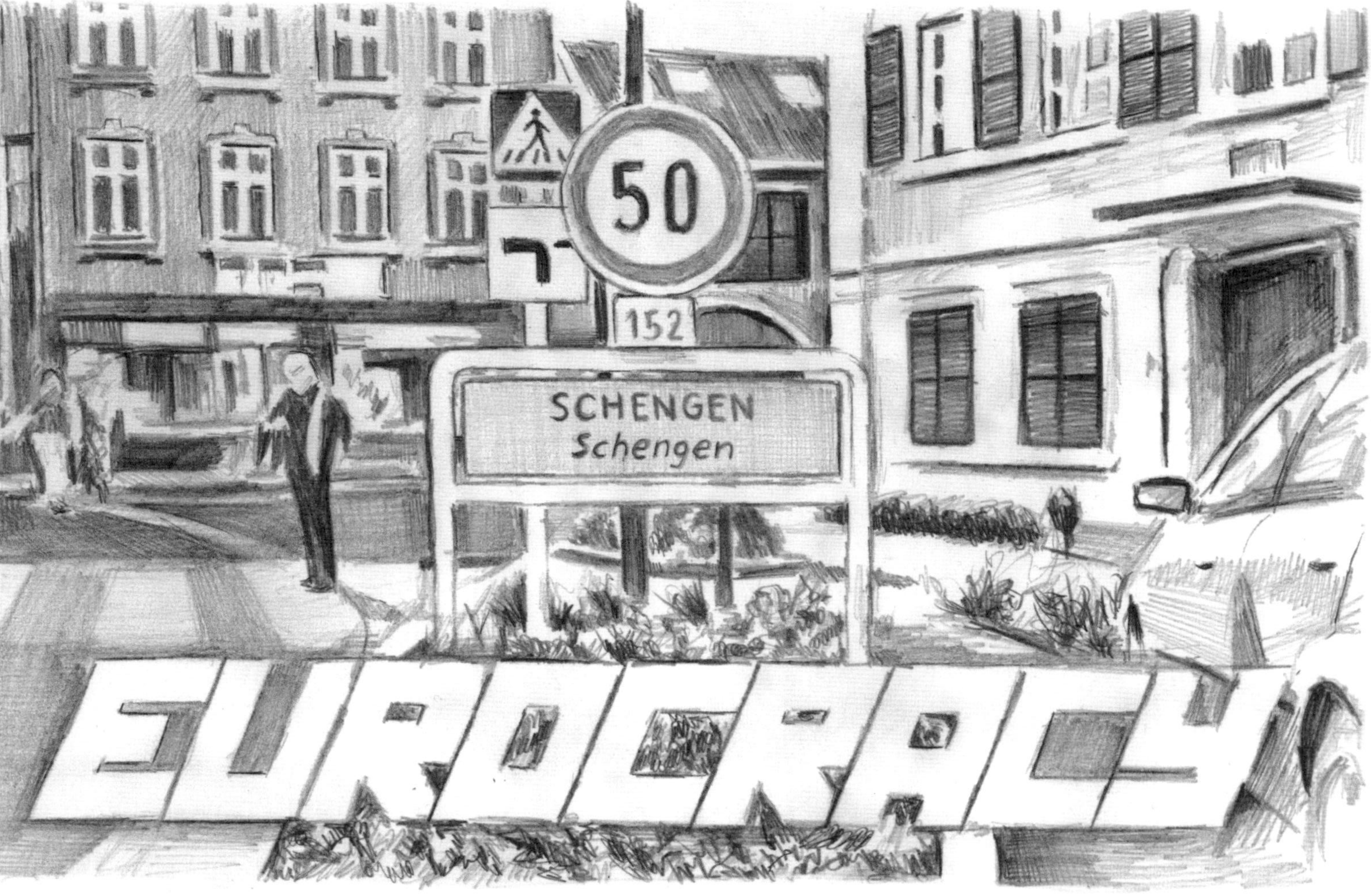

50
152
SCHENGEN
Schengen
EUROCRACY

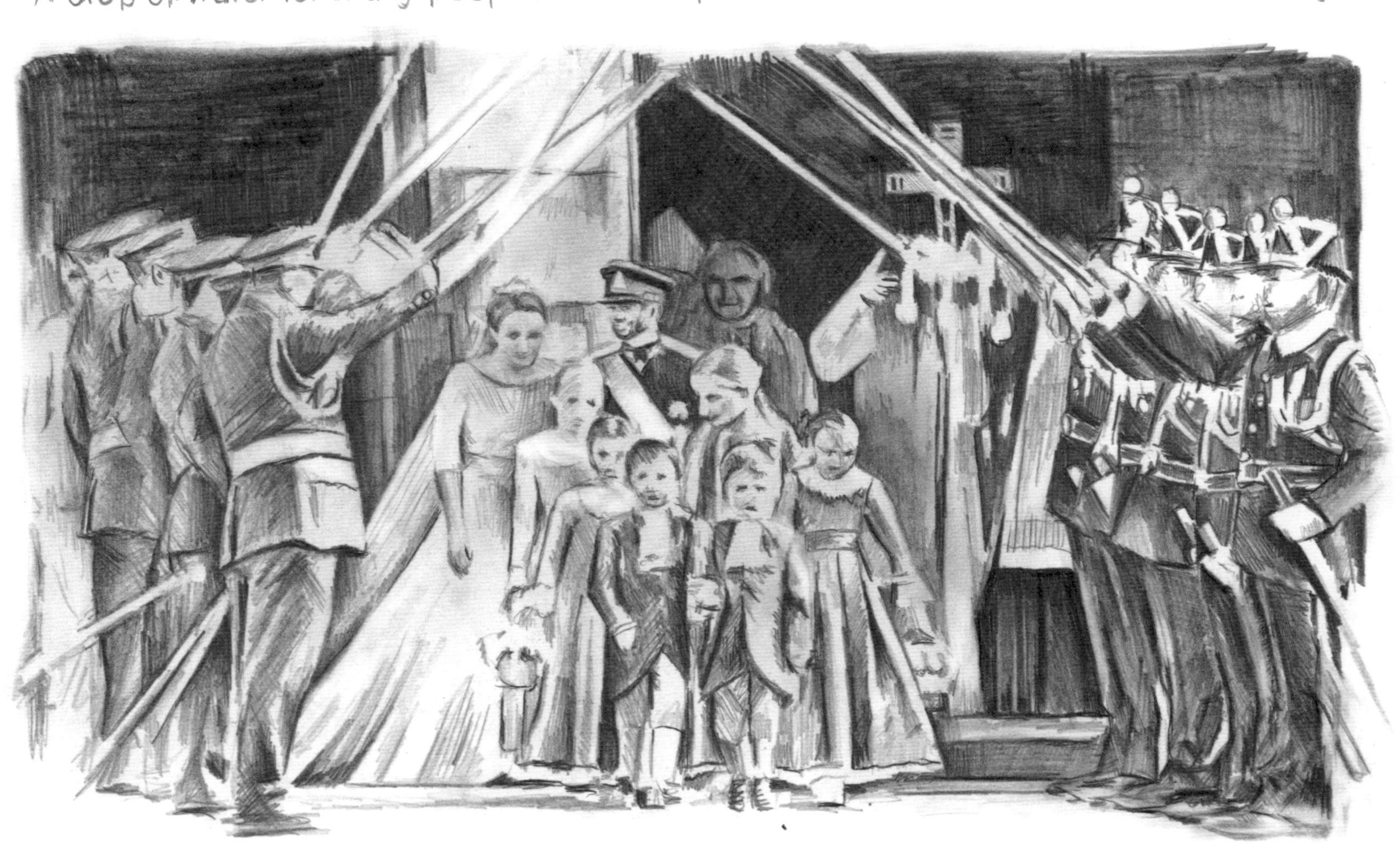

More than anything else, Luxembourg is a cross-section of Europe.
A drop of water for many people. But a drop can also be a tear. And tears are history.

corps humain n'appartenant à aucune religion particulière. » « Imagine le corps humain ne se sentant pas supérieur à la nature. » « Imagine une culture où toute la création artistique procurerait à tous les corps humains des interrogations philosophiques susceptibles d'améliorer la vie en société. » La Technologie de Dépolitisation du Corps, dans l'esprit de Filip Markiewicz, est ce nouveau savoir indispensable, cette « sapience » seule à même de pouvoir nous délivrer du mal contemporain, et d'en finir avec l'aliénation, résultat de cette construction oppressive du corps politique que les pouvoirs, comme l'a bien montré Michel Foucault, n'ont de cesse de façonner. Une domestication, mais à l'envers, marchant dans le sens de la libération.

Le Luxembourg comme métaphore

On peut, un peu vite, faire de « Paradiso Lussemburgo » une œuvre d'abord et tout bonnement critique, un état des lieux ouvragé, en certains de ses contenus, au vitriol. Le Grand-Duché de Luxembourg ? Voyageur qui espère trouver là le Paradis sur terre, abandonne toute espérance ! Mais non. Car Filip Markiewicz, quoi qu'il ne ménage guère son « pays », sa « nation », sa « patrie », son *Vaterland*, son « *homeland* », se sert de son bilan comme d'une opportunité de clarté. Ce travail est un préalable. Il faut savoir où l'on vit et comment si l'on veut arranger sa vie et, partant, le lieu où cette vie prend racine et sens.

Ainsi comprise, la « manière » propre à l'artiste le désigne, sinon comme un franc-tireur, du moins comme un créateur plutôt singulier dans le paysage fourni des plasticiens contemporains. Pourquoi cela ? Du fait du large investissement pratique généré par l'acte même de création. Tout à la fois, pas moins et sans hiérarchie,

voyons Filip Markiewicz comme un illustrateur, comme un documentariste, comme un politicien, comme un philosophe, comme un baladin du monde européen, comme un moraliste, comme un enquêteur, comme un archiviste. Plus qu'un « artiste » au sens strict, en tout état de cause – l'*artista*, ce travailleur, nous enseigne l'étymologie, dont la compétence réside dans le fait de maîtriser l'art difficile de la représentation. « Paradiso Lussemburgo », sous cette lumière, n'est pas sans faire penser à une composition dont la vocation, au-delà des formes produites, au-delà du propos tenu, viserait beaucoup plus et beaucoup plus loin – l'expression d'une mentalité d'époque.

« Paradiso Lussemburgo » ? Un diagnostic de l'époque appréhendée dans son tout, au regard de sa mentalité globale, une mentalité dont l'actuel Luxembourg, fragile État mais grande puissance d'un même tenant, est comme la métaphore prégnante, et un parfait laboratoire. Ici ne se conjoignent-ils pas, en un tout préservant l'harmonie de façade, paix et hostilités, morale et trafic, idées élevées et bassesses concrètes, petits meurtres entre amis et grandes accolades fraternelles, image de réussite et haine de soi, autosatisfaction et conscience malheureuse ? Tout ce qui fait le monde contemporain côté usages de pouvoir et jeu avec les apparences, le mariage de l'enviée Façade, qui brille, et de la sombre Cave, où l'on fomente. L'art comme « allégorie réelle », pour reprendre les termes de Gustave Courbet à propos de son *Atelier du peintre*. Faire de la création, mieux qu'une fenêtre ouverte sur le monde, une parabole crédible.

« Paradiso Lussemburgo », la parabole, dans toutes ses grandes largeurs, dans toutes ses acceptions et contradictions, de la complexité, de la fragilité, de la puissance scintillante et blafarde du Vieux monde vu depuis le Grand-Duché, son si noir et si joli miroir.●

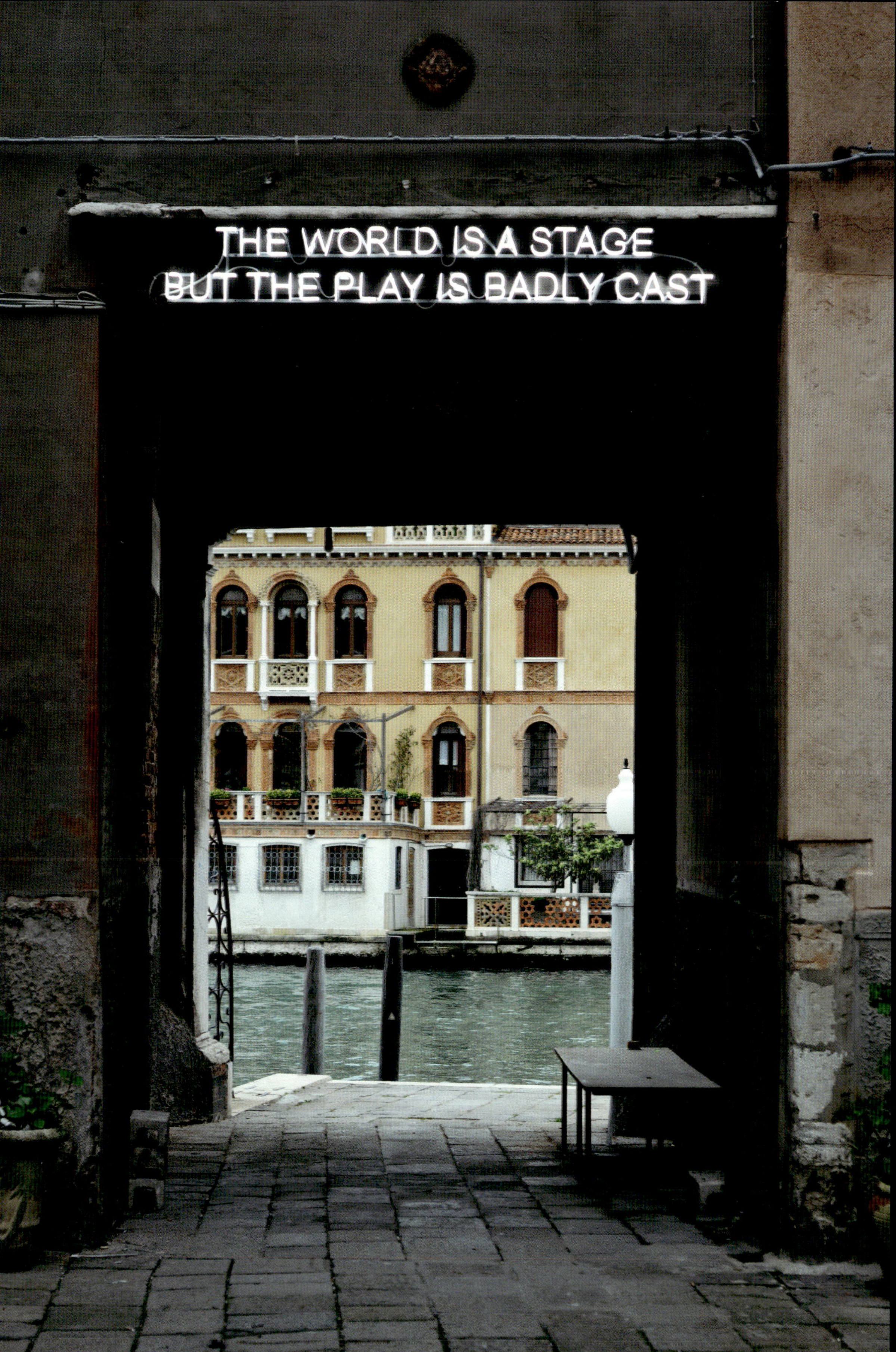

THE WORLD IS A STAGE
BUT THE PLAY IS BADLY CAST

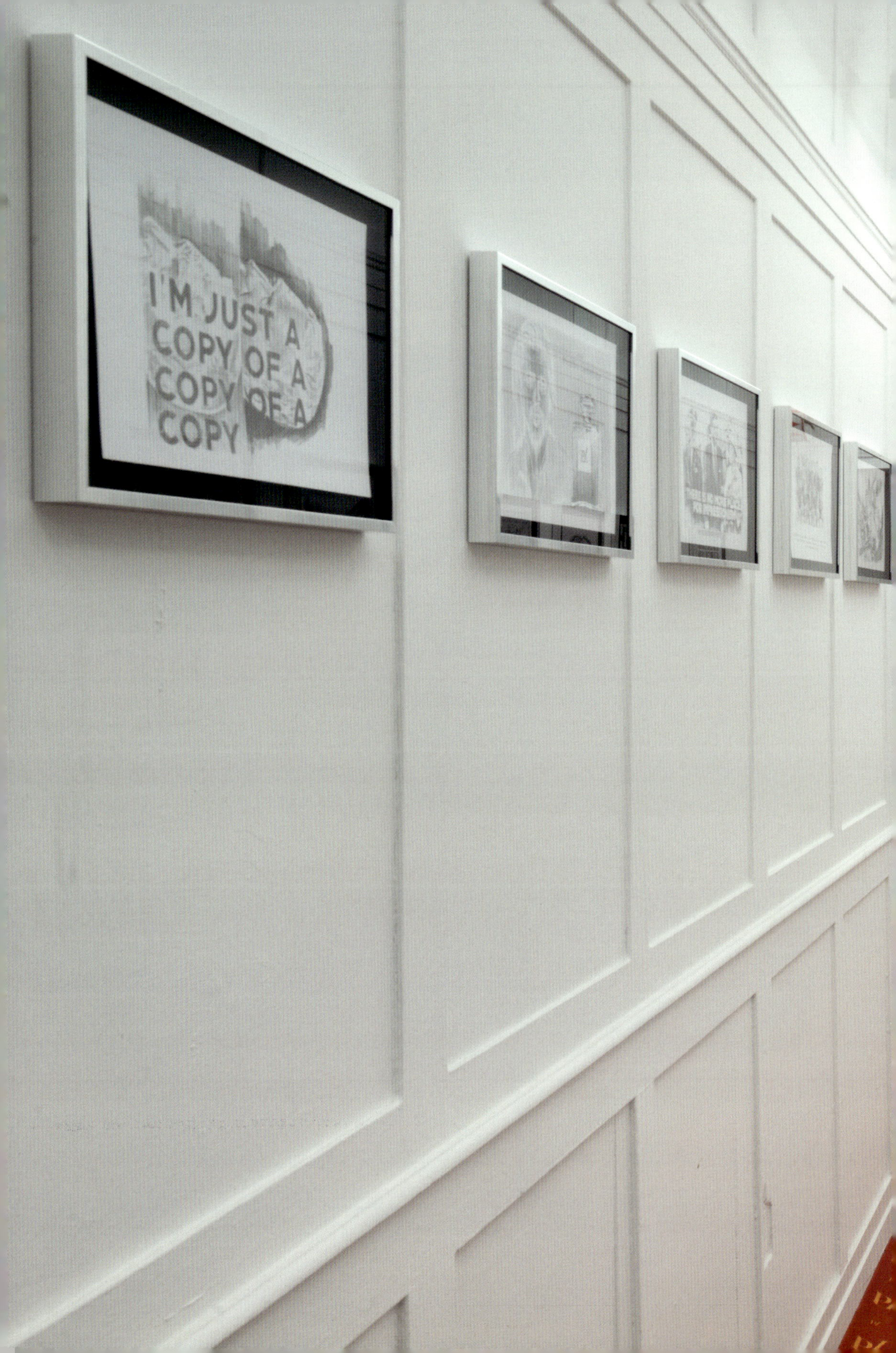
I'M JUST A
COPY OF A A
COPY OF A
COPY

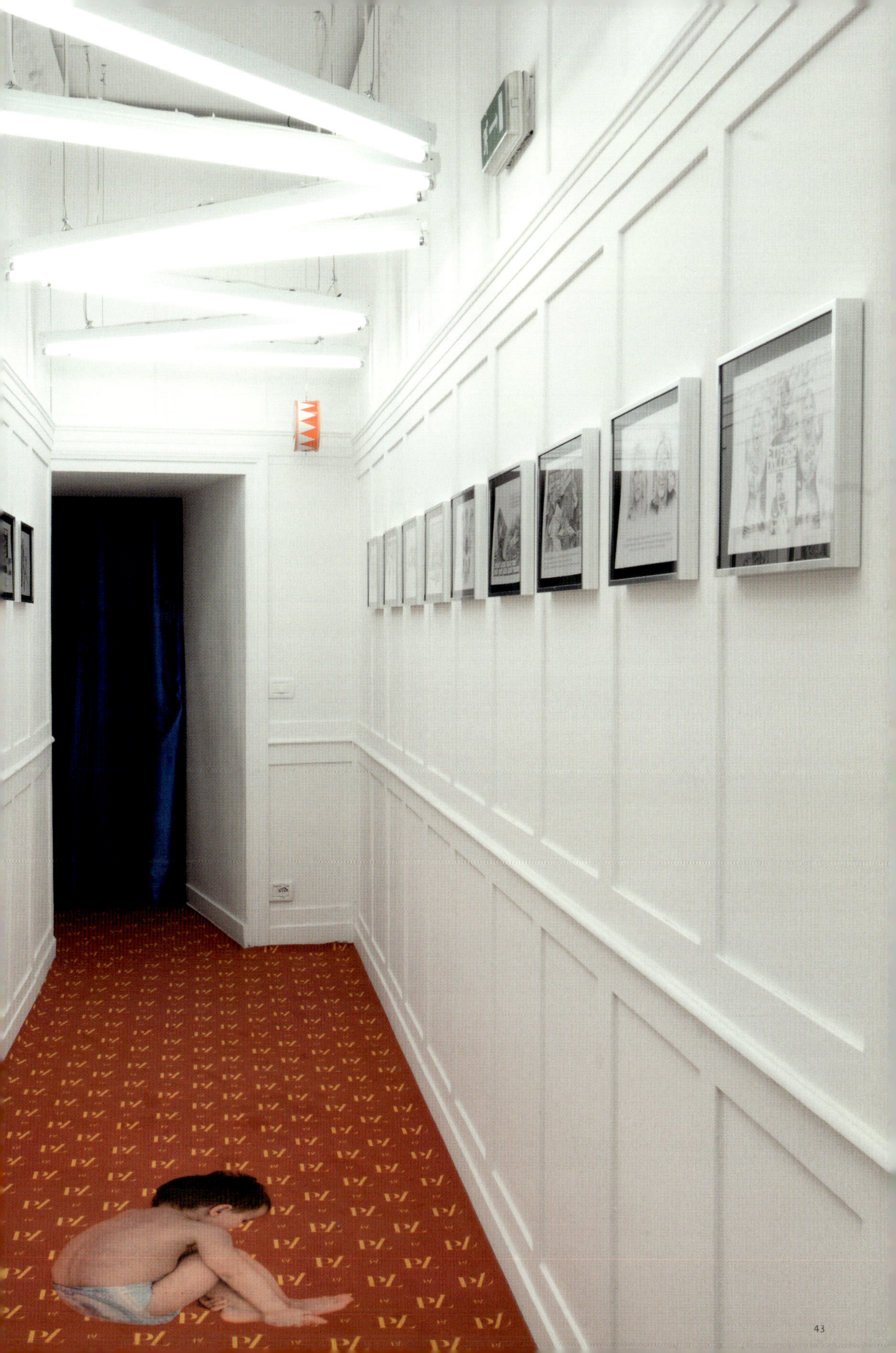

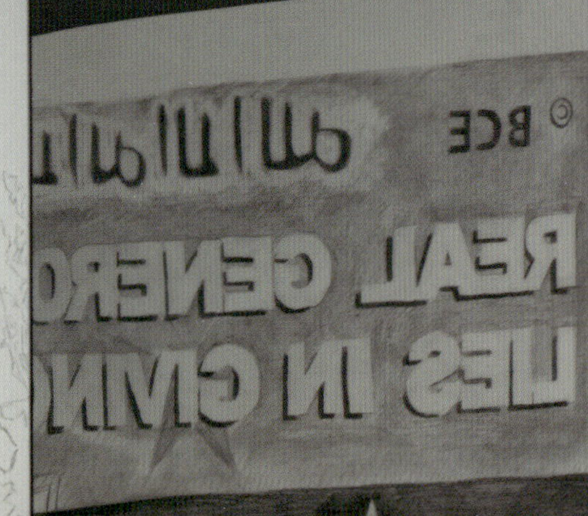
BCE ©
REAL GENERO
LIES IN GIVIN

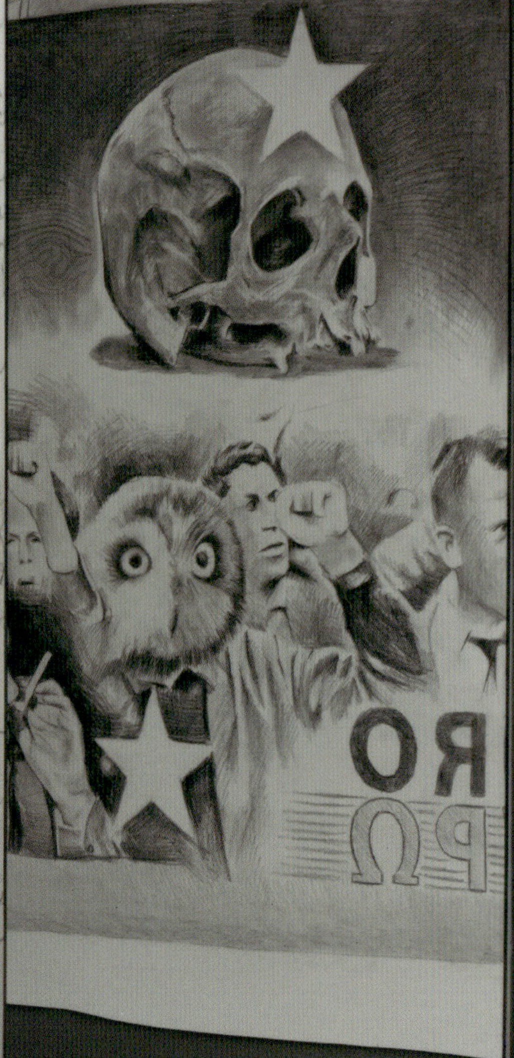
RO
PΩ

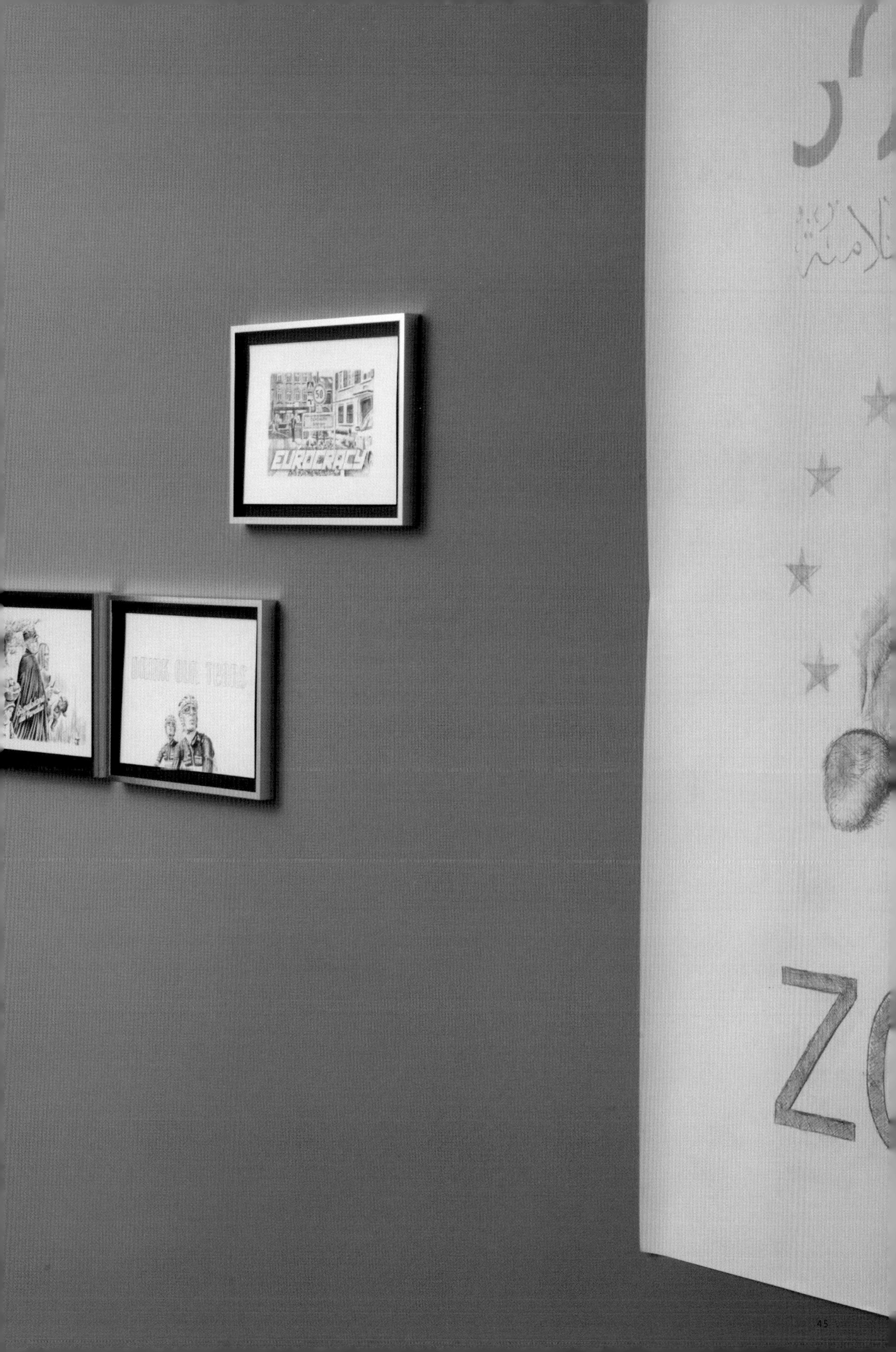
EUROCRACY

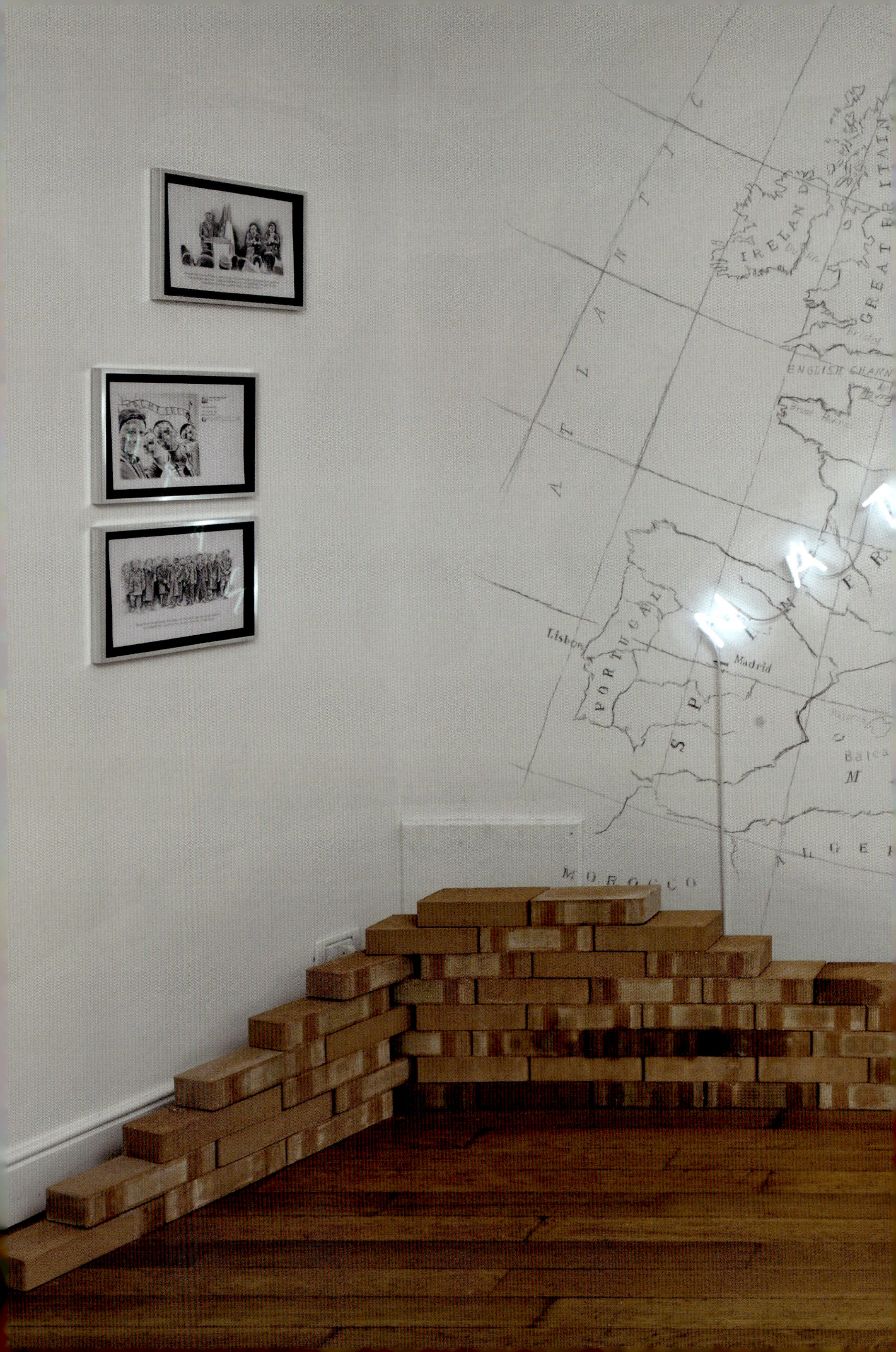
ATLANTIC
IRELAND
GREAT BRITAIN
Dublin
Bristol
ENGLISH CHANNEL
FRANCE
PORTUGAL
SPAIN
Lisbon
Madrid
Balea
M
MOROCCO
ALGER

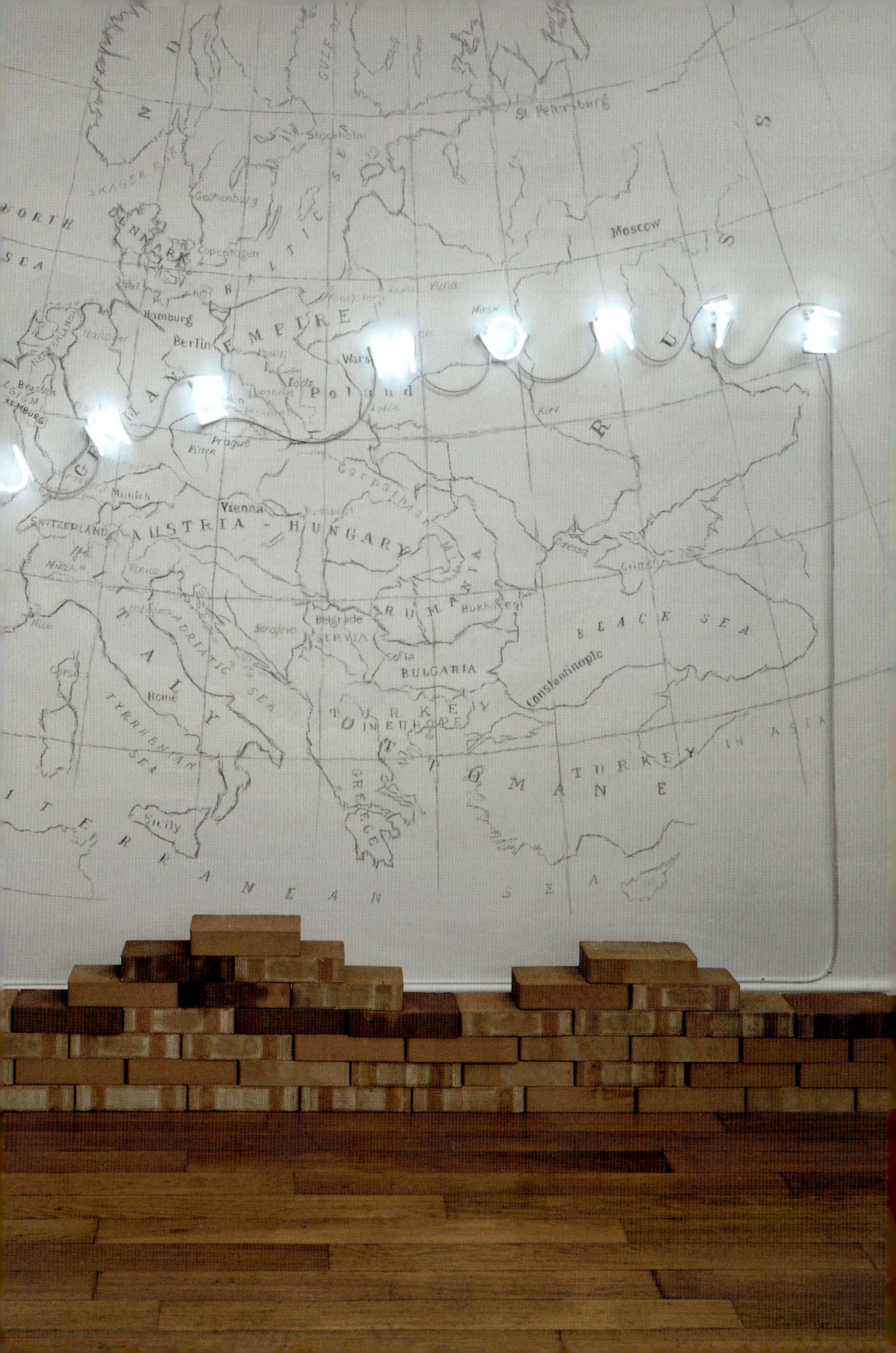

NORTH SEA
SKAGER RAK
DENMARK
Copenhagen
Gothenburg
Stockholm
St Petersburg
Moscow
BALTIC SEA
GULF OF
NETHERLANDS
Hanover
Hamburg
Berlin
GERMAN EMPIRE
Königsberg
Vilna
Minsk
Brussels
Posen
Warsaw
BELGIUM
LUXEMBURG
Dresden
Lodz
Poland
Breslau
Lublin
Kiev
Prague
Pilsen
Munich
Carpathian Mts
R U S S I A
SWITZERLAND
Vienna
AUSTRIA - HUNGARY
Milan
Venice
Budapest
Odessa
Crimea
Nice
I T A L Y
ADRIATIC SEA
Belgrade
R U M A N I A
Bucharest
BLACK SEA
Corsica
Serajevo
SERVIA
Sofia
BULGARIA
Rome
TYRRHENIAN SEA
T U R K E Y
IN EUROPE
Constantinople
T U R K E Y IN ASIA
GREECE
OTTOMAN E
Sicily
MEDITERRANEAN
SEA

THE GRAND ROUTE

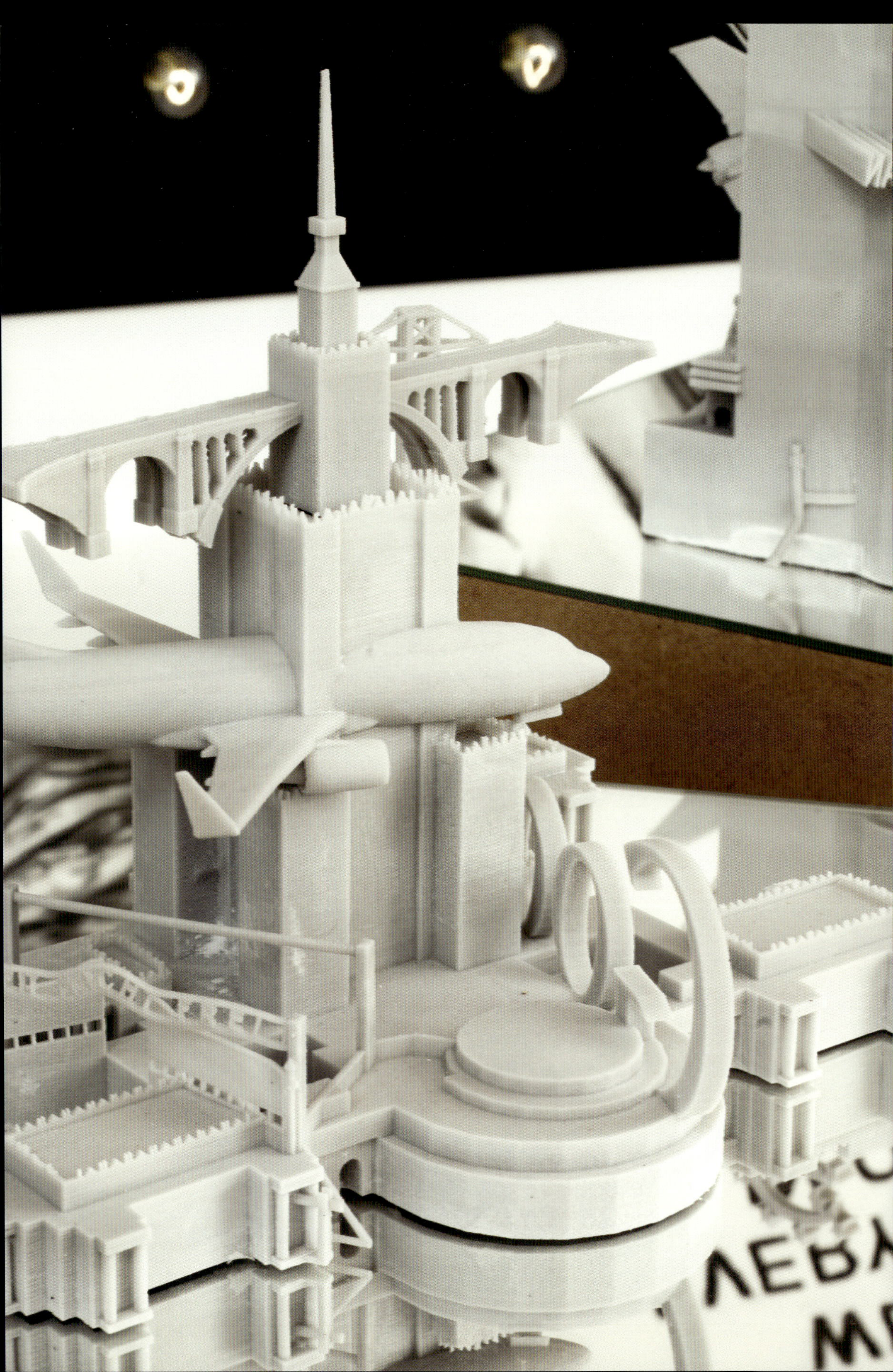

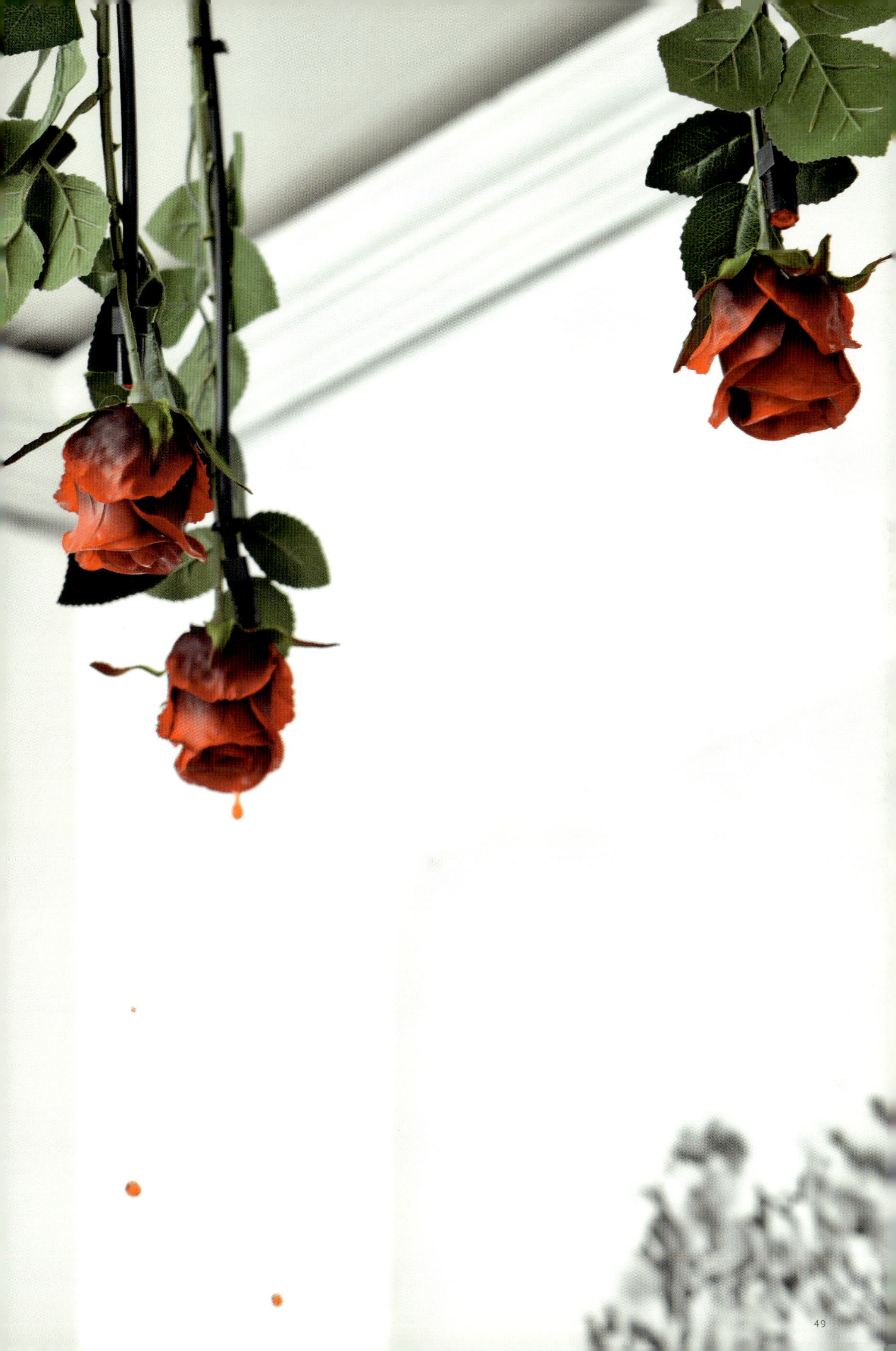

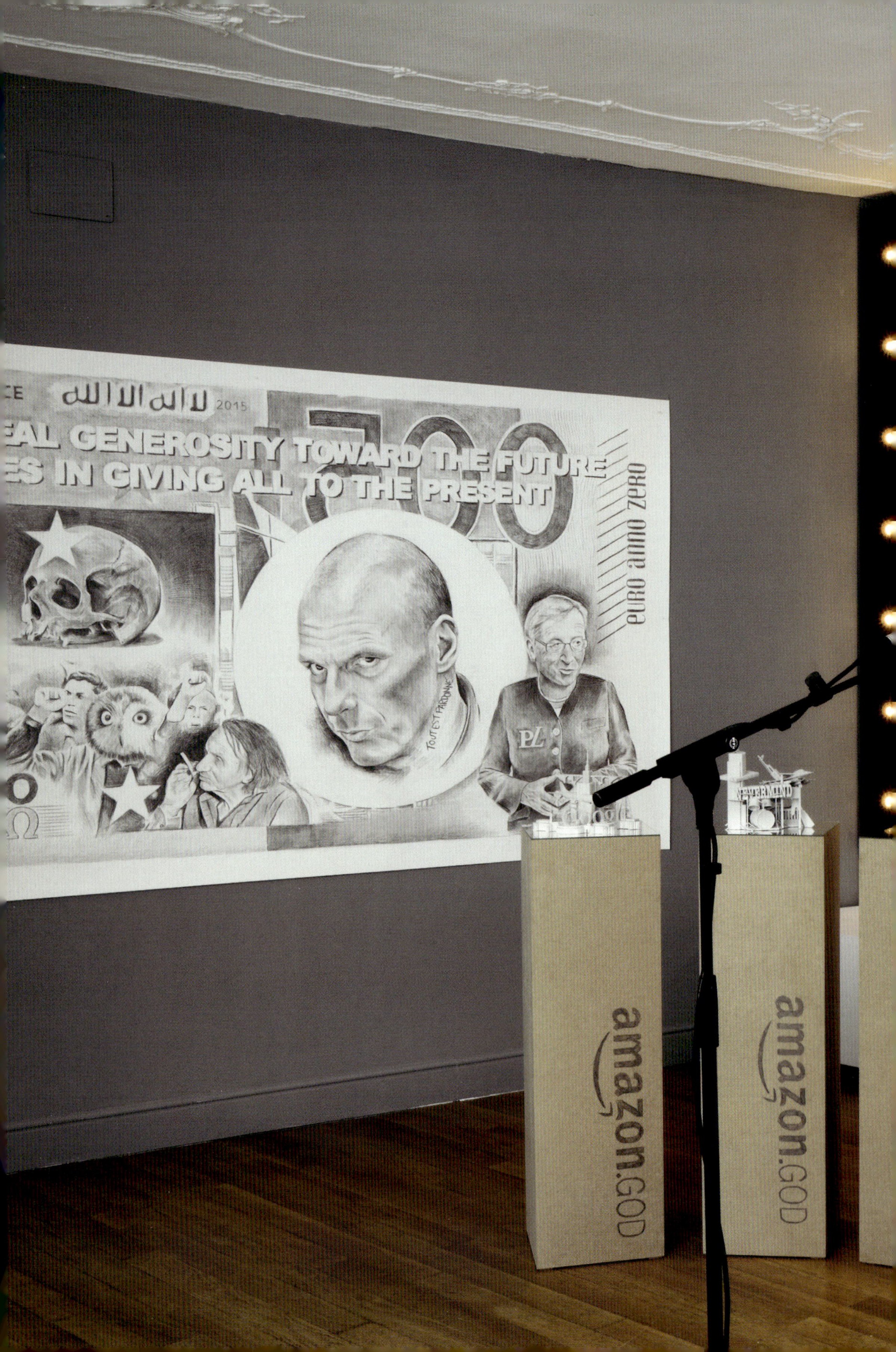

CE
2015
AL GENEROSITY TOWARD THE FUTURE
ES IN GIVING ALL TO THE PRESENT
EURO anno Zero
TOUT EST PARDONNE
PL
NEVERMIND
amazon.GOD
amazon.GOD

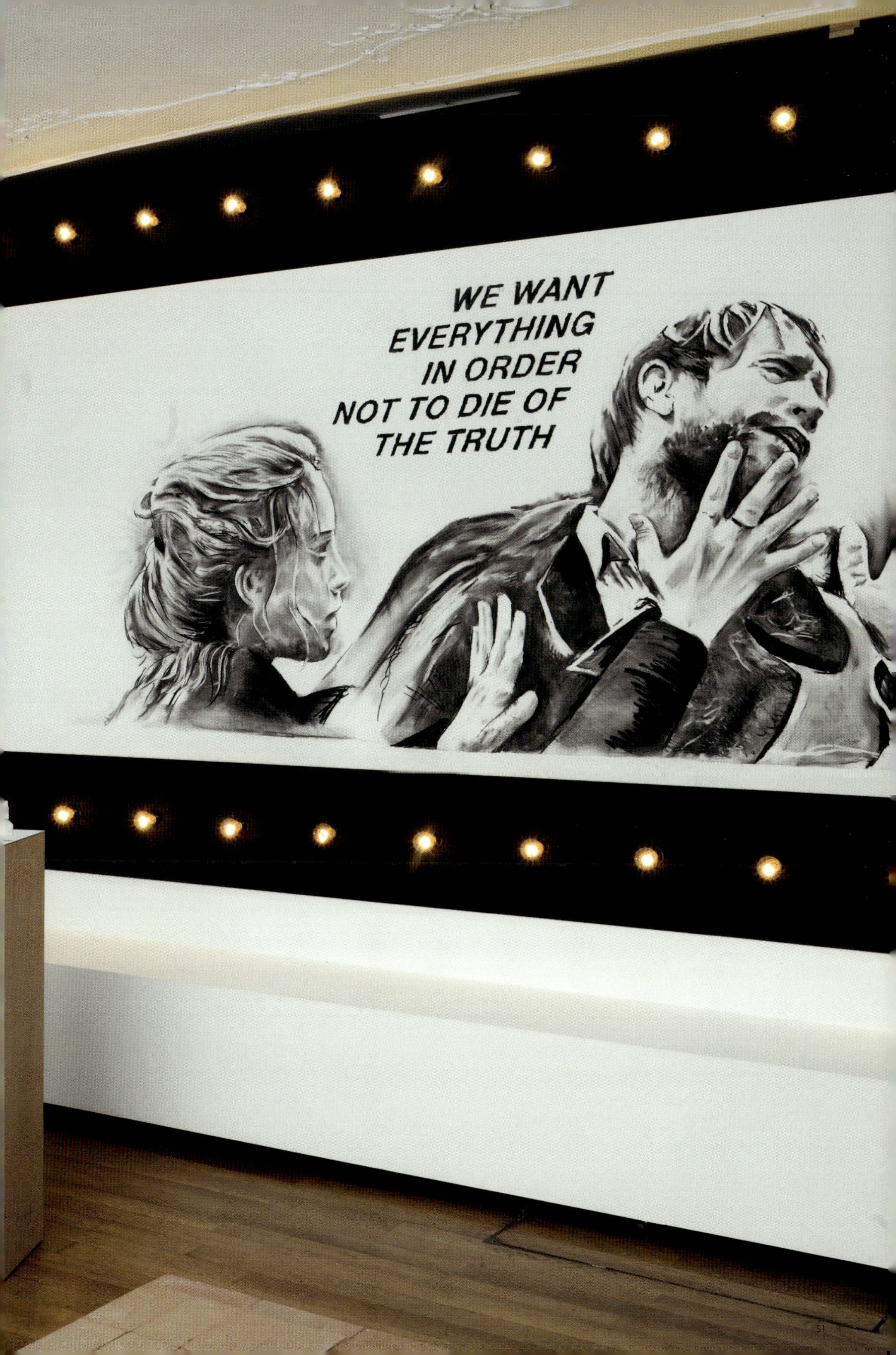
WE WANT
EVERYTHING
IN ORDER
NOT TO DIE OF
THE TRUTH

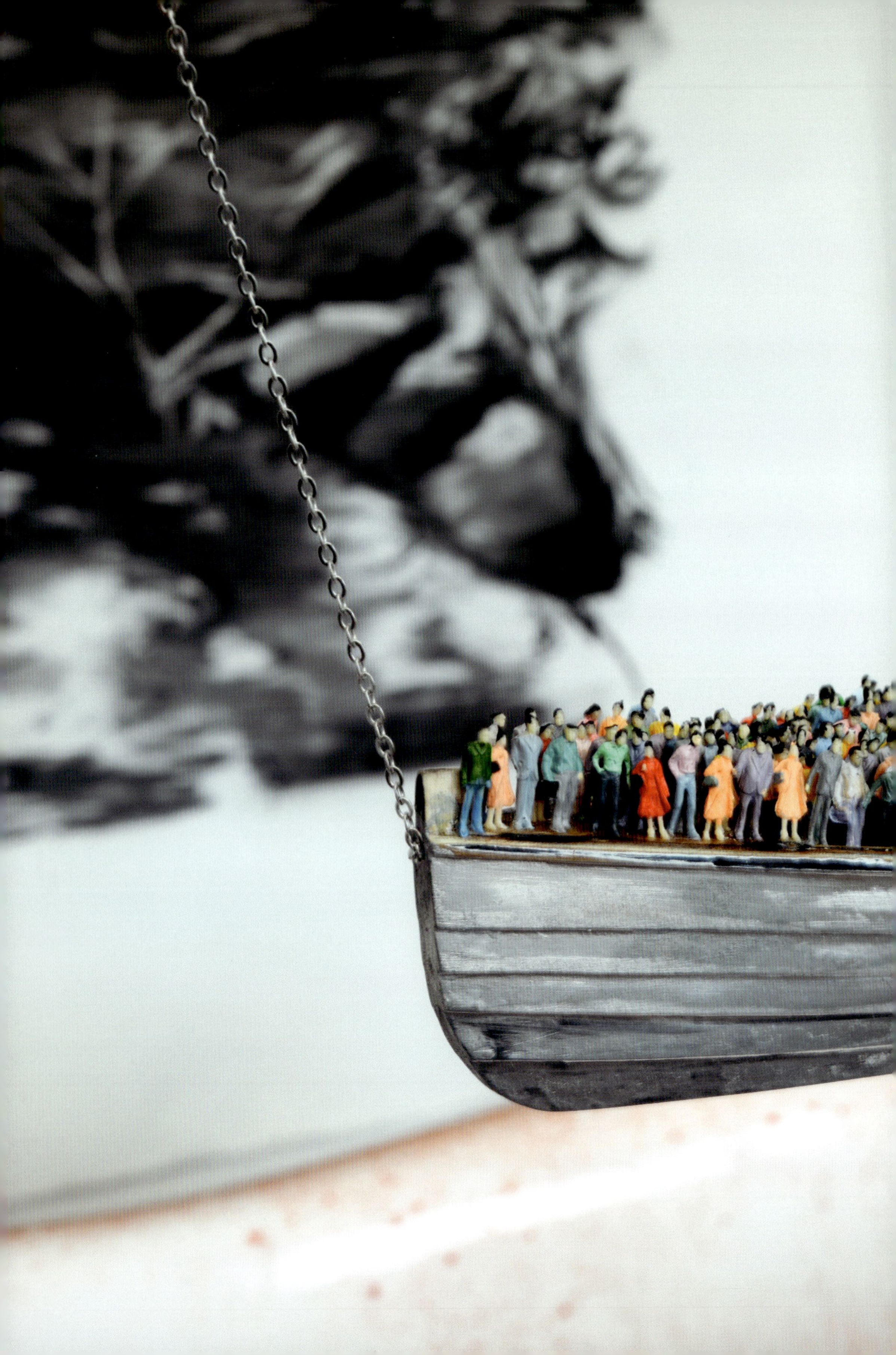

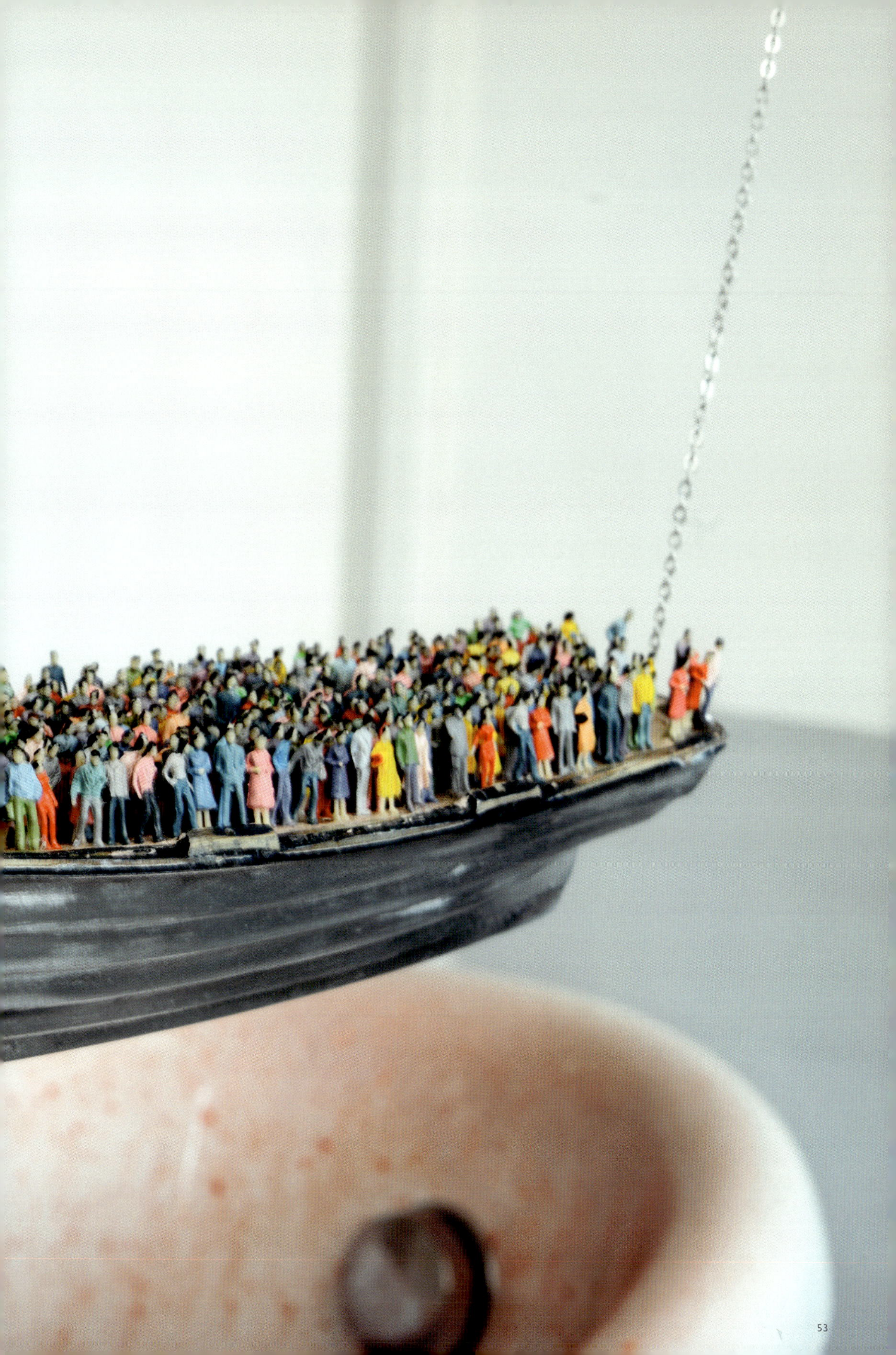

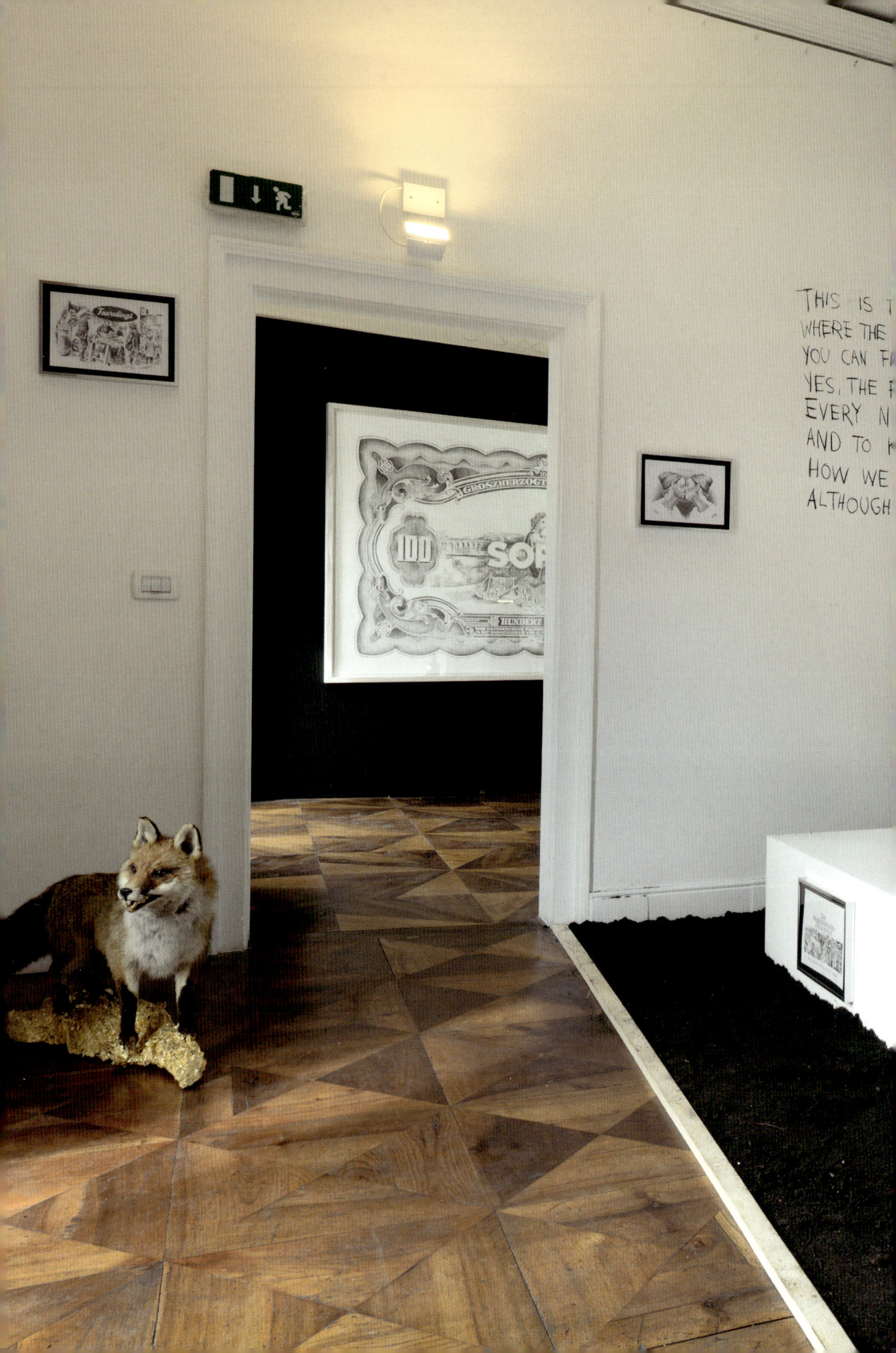

THIS IS T
WHERE THE
YOU CAN F
YES, THE
EVERY N
AND TO
HOW WE
ALTHOUGH

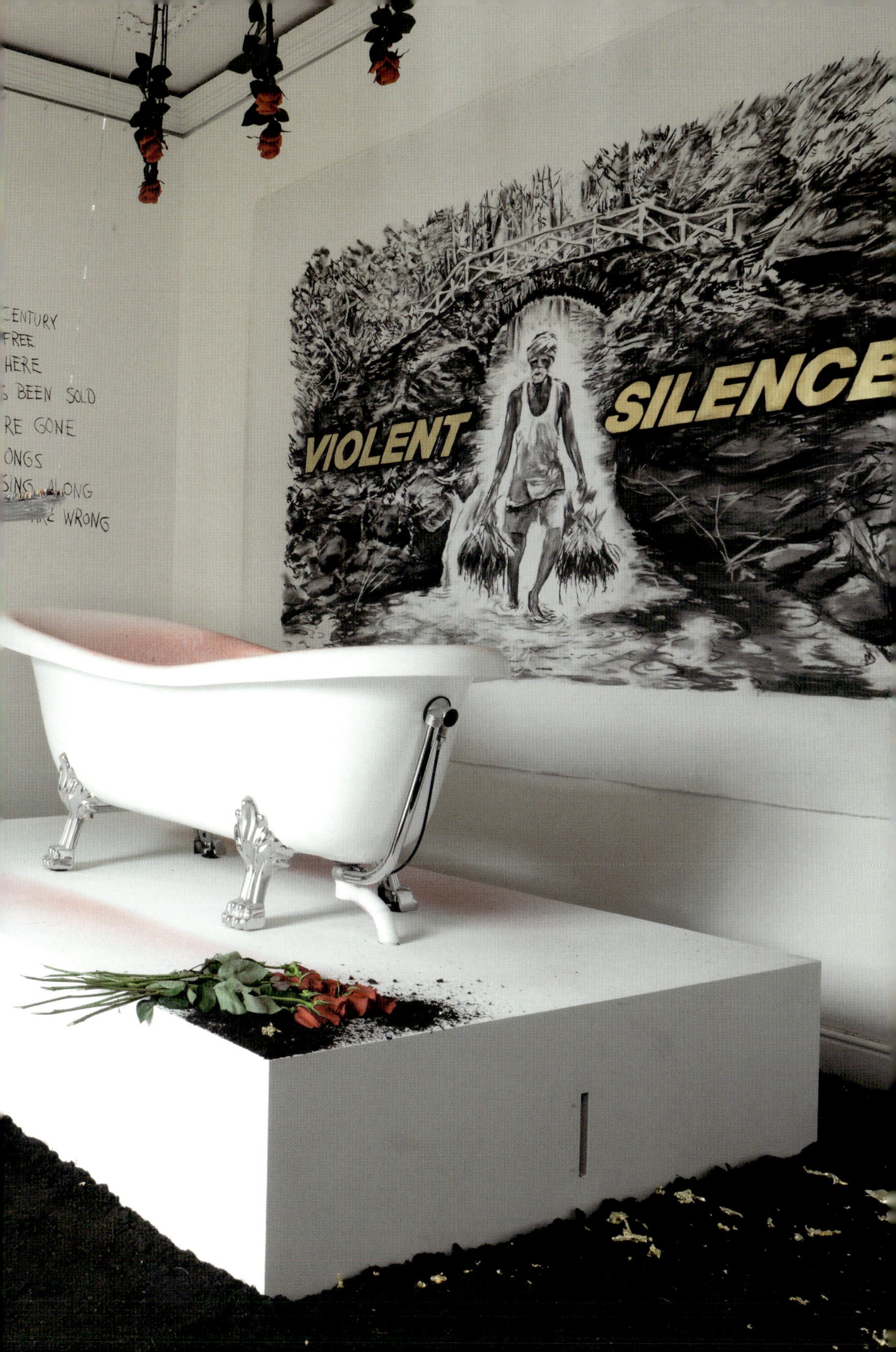
CENTURY
FREE
HERE
BEEN SOLD
RE GONE
ONGS
SING ALONG
RE WRONG
VIOLENT
SILENCE

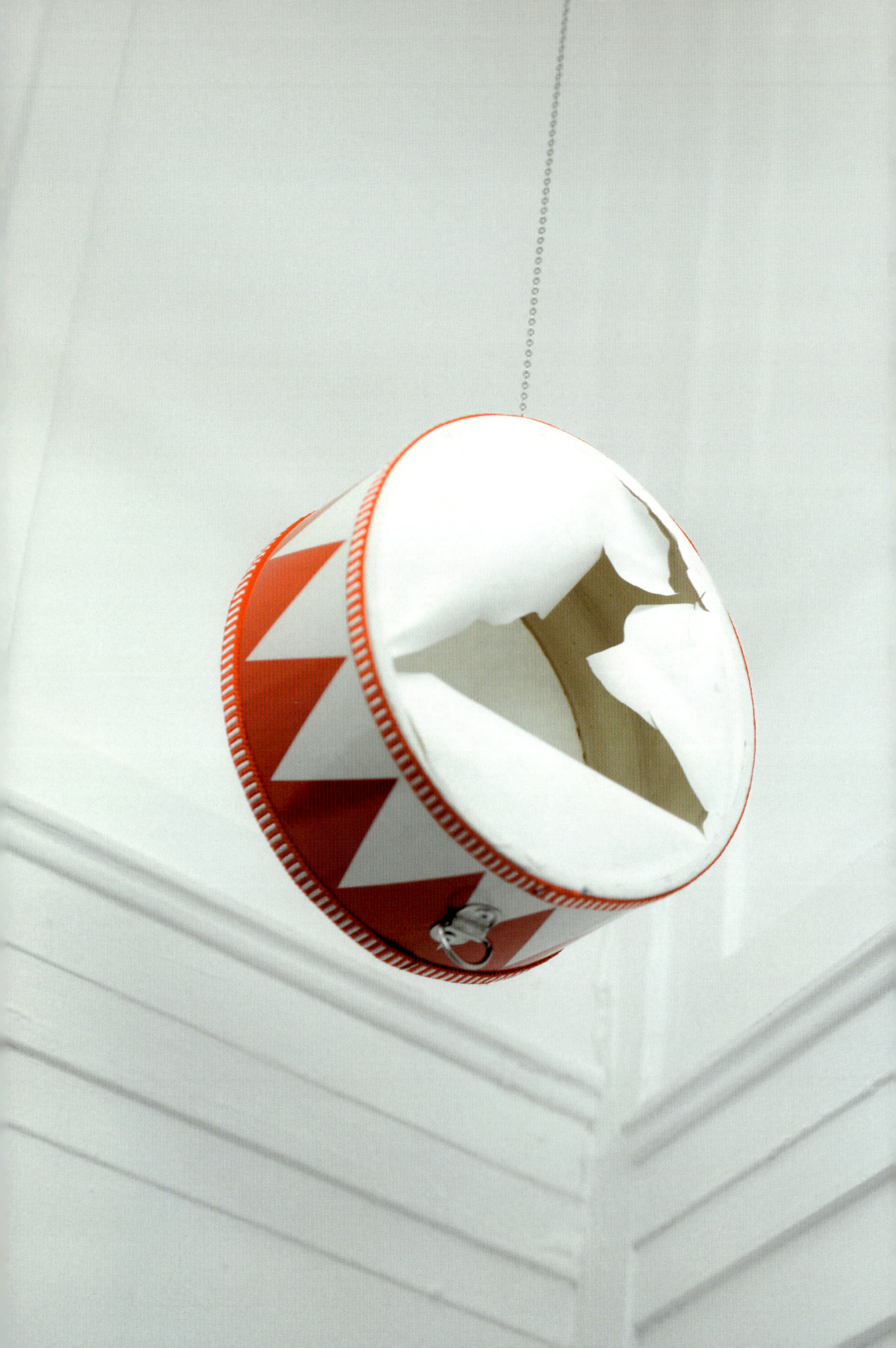

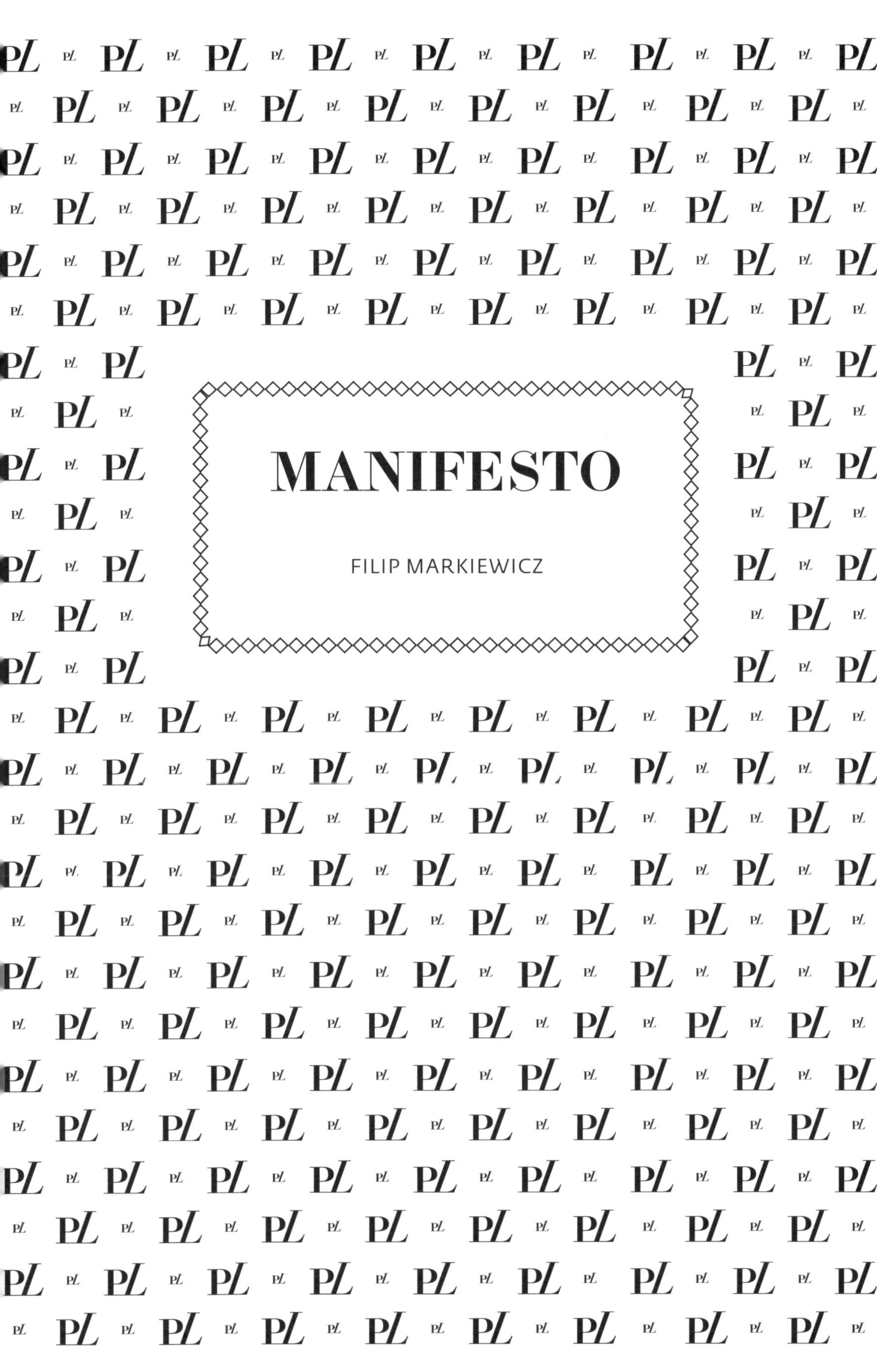

MANIFESTO

FILIP MARKIEWICZ

MANIFESTO

_

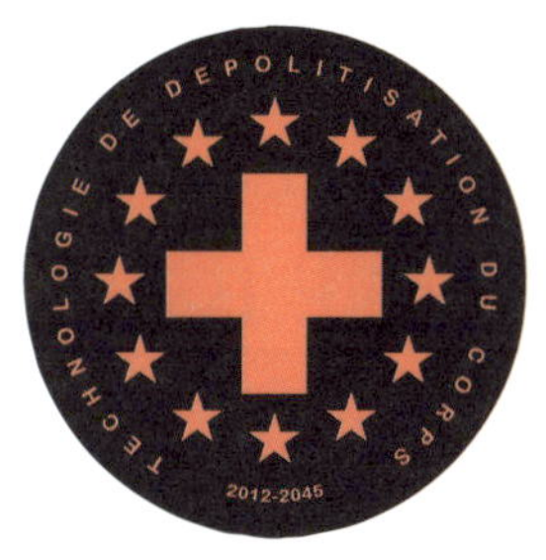

FOR THE TECHNOLOGY OF DEPOLITICIZA- TION OF THE BODY

THIS TEXT WAS INSPIRED BY JOHN LENNON.

IMAGINE A HUMAN BODY THAT DOES NOT BELONG TO ANY PARTICULAR NATION, BUT ADOPTS THE CULTURE OF THE COUNTRY IN WHICH IT FINDS ITSELF.

IMAGINE A HUMAN BODY THAT DOES NOT BELONG TO ANY PARTICULAR RELIGION, BUT RESPECTS ALL RELIGIONS AS MANKIND'S PHILOSOPHICAL HERITAGE RATHER THAN DOGMAS.

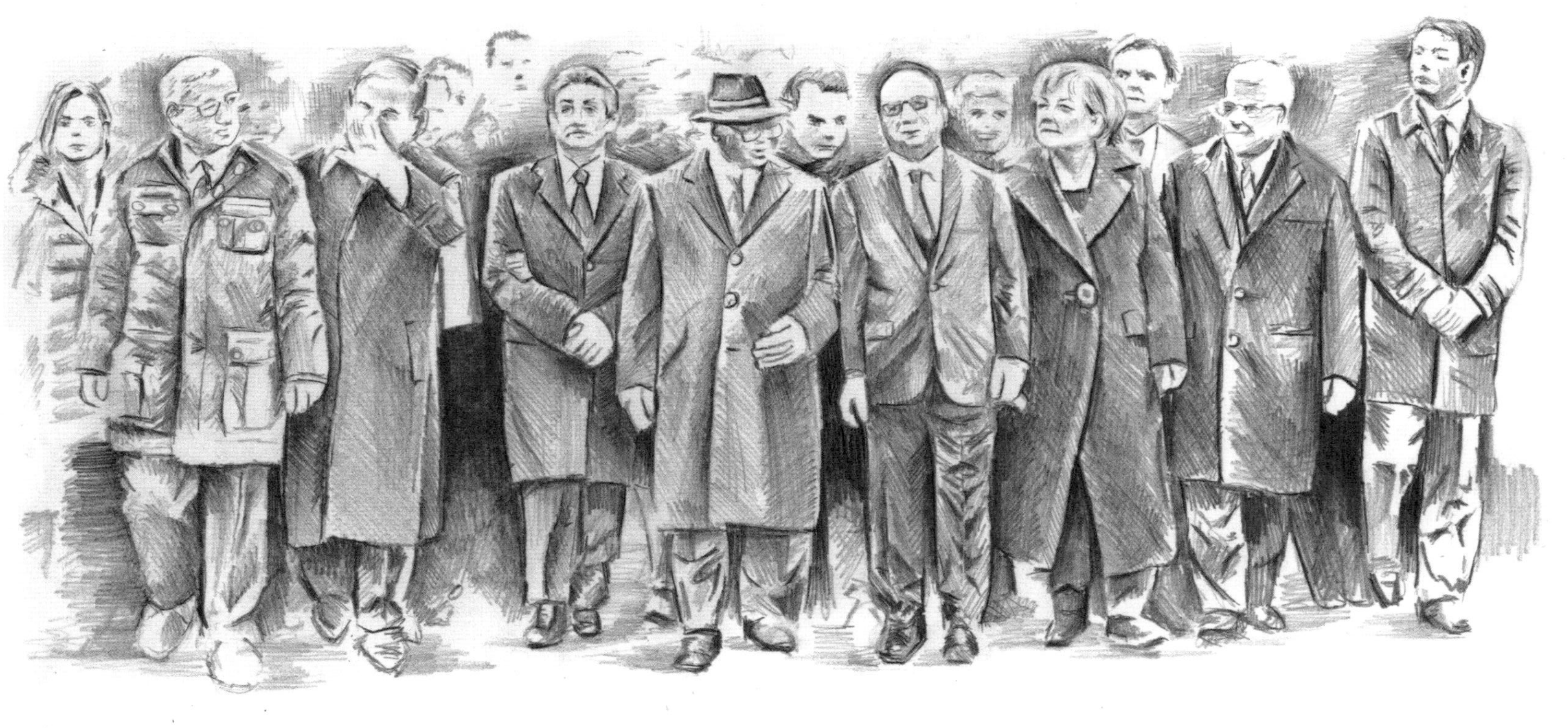

Imagine a human body that does not belong to any particular nation, but adopts the culture of the country in which it finds itself.

IMAGINE THAT
A HUMAN BODY'S
RIGHT TO LIVE
IN A COUNTRY DOES
NOT DEPEND
ON ANOTHER HUMAN
BODY'S DECISION.
IMAGINE THAT EACH
HUMAN BODY
HAS THE RIGHT TO
LIVE A DIGNIFIED LIFE
IN THE COUNTRY
IT HAS CHOSEN
TO LIVE IN.

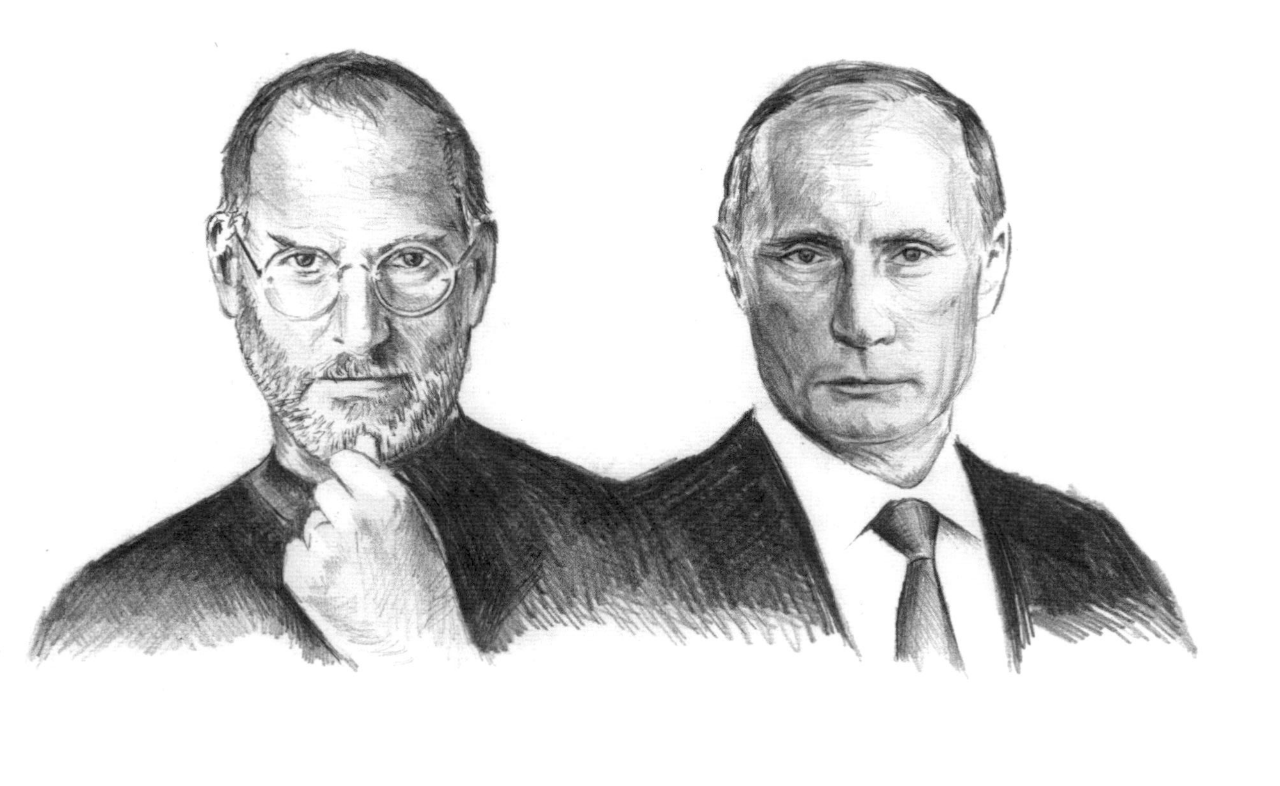

Imagine a human body that does not belong to any particular religion,
but respects all religions as mankind's philosophical heritage rather than dogmas.

IMAGINE
A COUNTRY THAT DOES
NOT BELONG
TO ANY HUMAN BODY.
IMAGINE THAT
NO COUNTRY BELONGS
TO ANYONE.
IMAGINE THAT COUNTRIES
ARE DEPOLITICIZED
GEOGRAPHICAL
TERRITORIES
WITH INDIVIDUAL
HISTORIC CULTURES,
RESPECTED
BY ALL HUMAN BODIES.

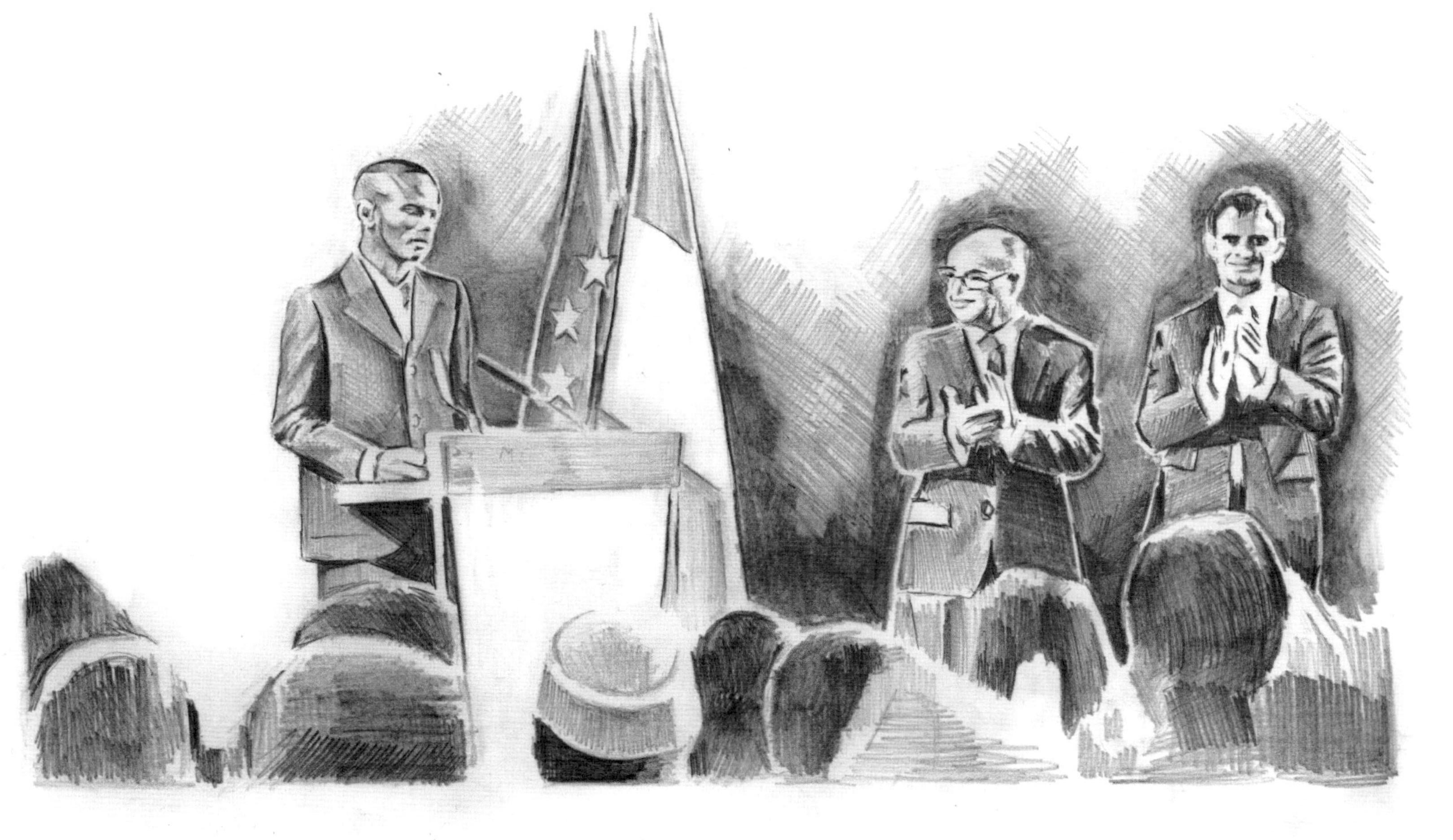

Imagine that a human body's right to live in a country does not depend on another human body's decision. Imagine that each human body has the right to live a dignified life in the country it has chosen to live in

IMAGINE THAT EUROPE IS BASED ON A CULTURE OF PEOPLES, ON HISTORY INSTEAD OF ECONOMY. IMAGINE THAT EUROPE IS A PLACE WHERE THE HUMAN BODY LIVES WITH THE ECONOMY RATHER THAN BEING DOMINATED BY IT.

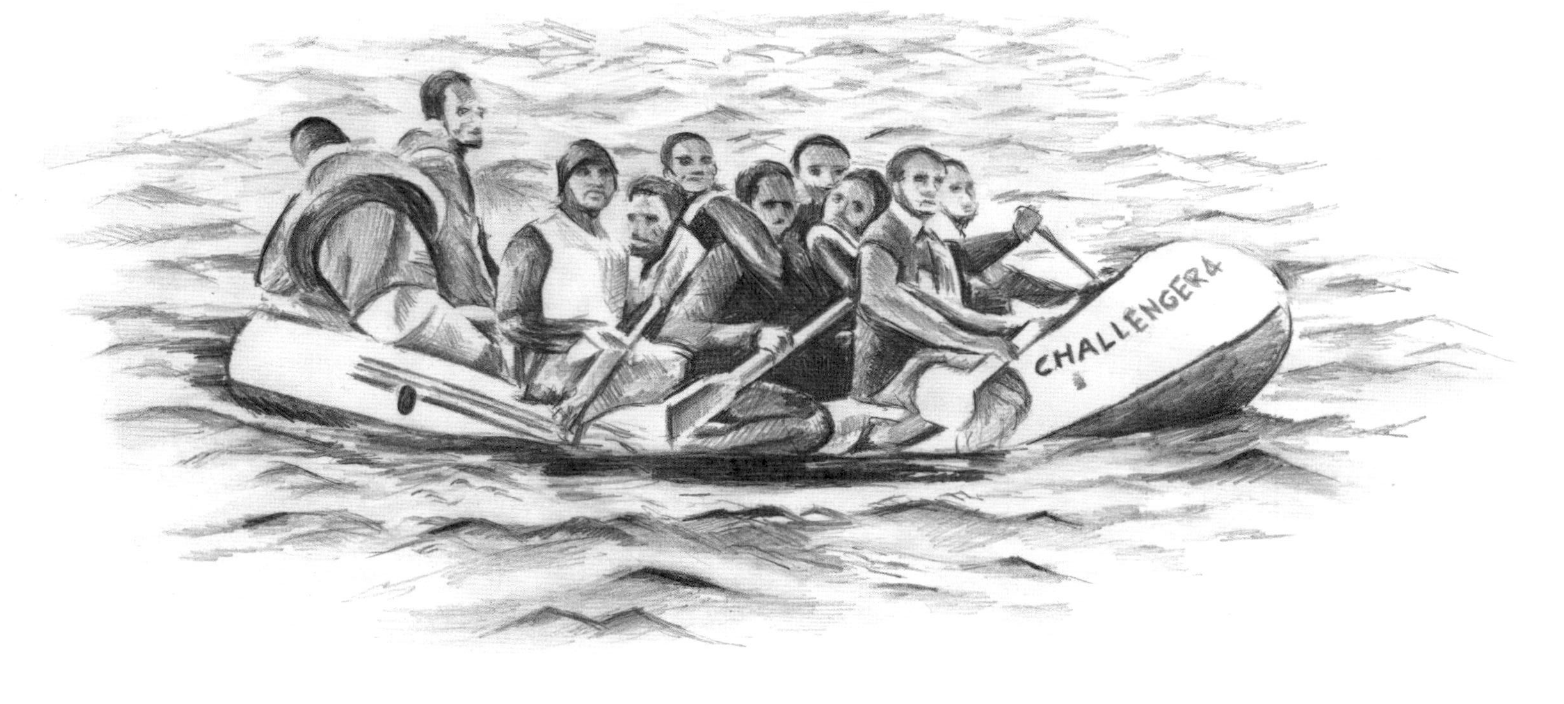

Imagine a country that does not belong to any human body
Imagine that no country belongs to anyone. Imagine that countries are depoliticized
geographical territories with individual historic cultures, respected by all human bodies

IMAGINE A CULTURE
IN WHICH
ARTISTIC CREATION
BY HUMAN BODIES IS
NOT SUBJECT
TO PASSING FADS
DICTATED BY BIG MONEY
AND MASS MEDIA.

IMAGINE
A CULTURE IN WHICH
ARTISTIC CREATION
SUPPLIES ALL
HUMAN BODIES WITH
PHILOSOPHICAL
INTERROGATIONS
THAT CAN MAKE LIFE IN
SOCIETY BETTER.

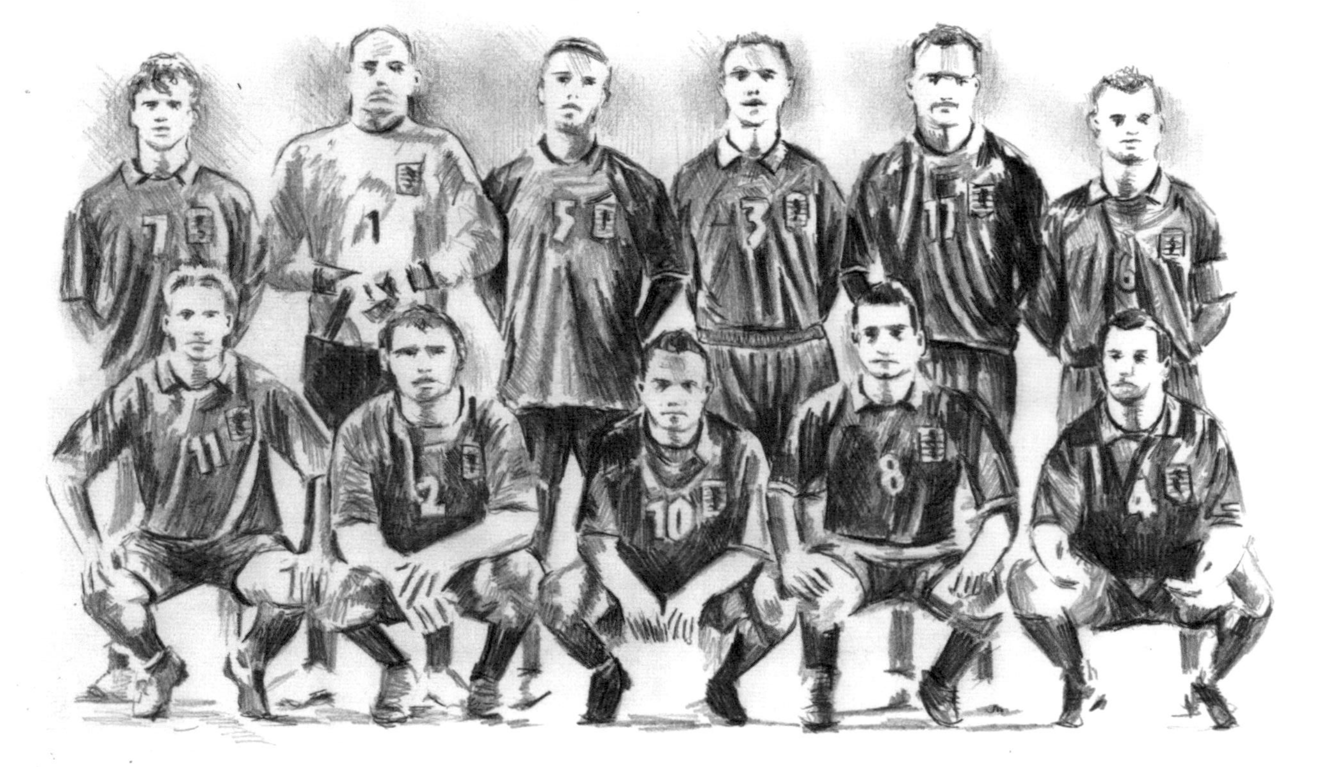

Imagine that Europe is based on a culture of peoples, on history instead of economy. Imagine that Europe is a place where the human body lives with the economy rather than being dominated by it.

IMAGINE THE
LANGUAGE
OF A GROUP
OF HUMAN BODIES
THAT ARE NOT
SUBJECTED TO ANY
POLITICIZED NOTION
OF *JUS SOLI*
OR TERRITORY.
IMAGINE
THAT LANGUAGES
AND NATIONS
ARE SHIFTING TO
ACCOMMODATE
THE MIGRATIONS OF
HUMAN BODIES.

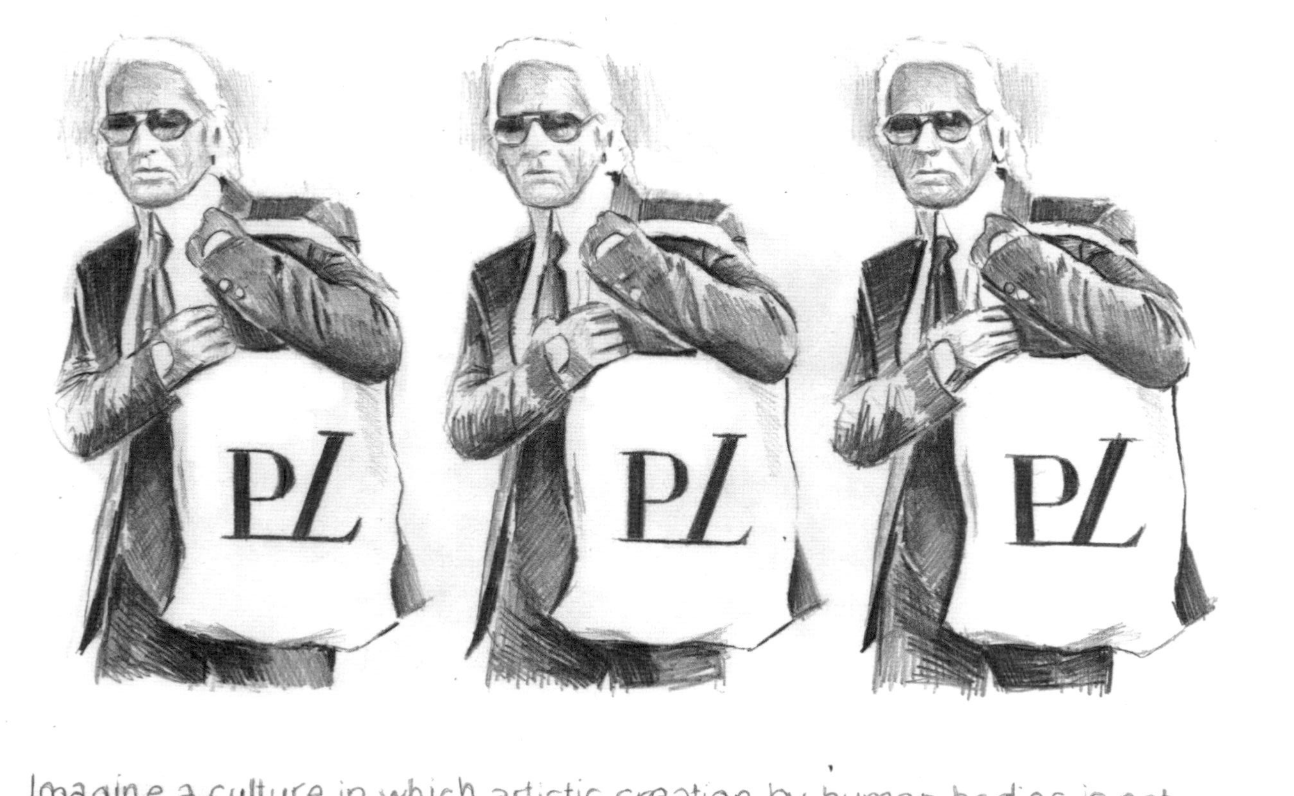

Imagine a culture in which artistic creation by human bodies is not
subject to passing fads dictated by big money and mass media
Imagine a culture in which artistic creation supplies all human bodies with
philosophical interrogations that can make life in society better.

IMAGINE A SCHOOL SYSTEM THAT IS NOT BASED ON THE PRISON SYSTEM. IMAGINE A SCHOOL FREE FROM PUNISHMENT, GRADING, AND COMPETITION. IMAGINE A SCHOOL THAT HELPS HUMAN BODIES LIVE THEIR LIVES INSTEAD OF DISCIPLINING THEM.

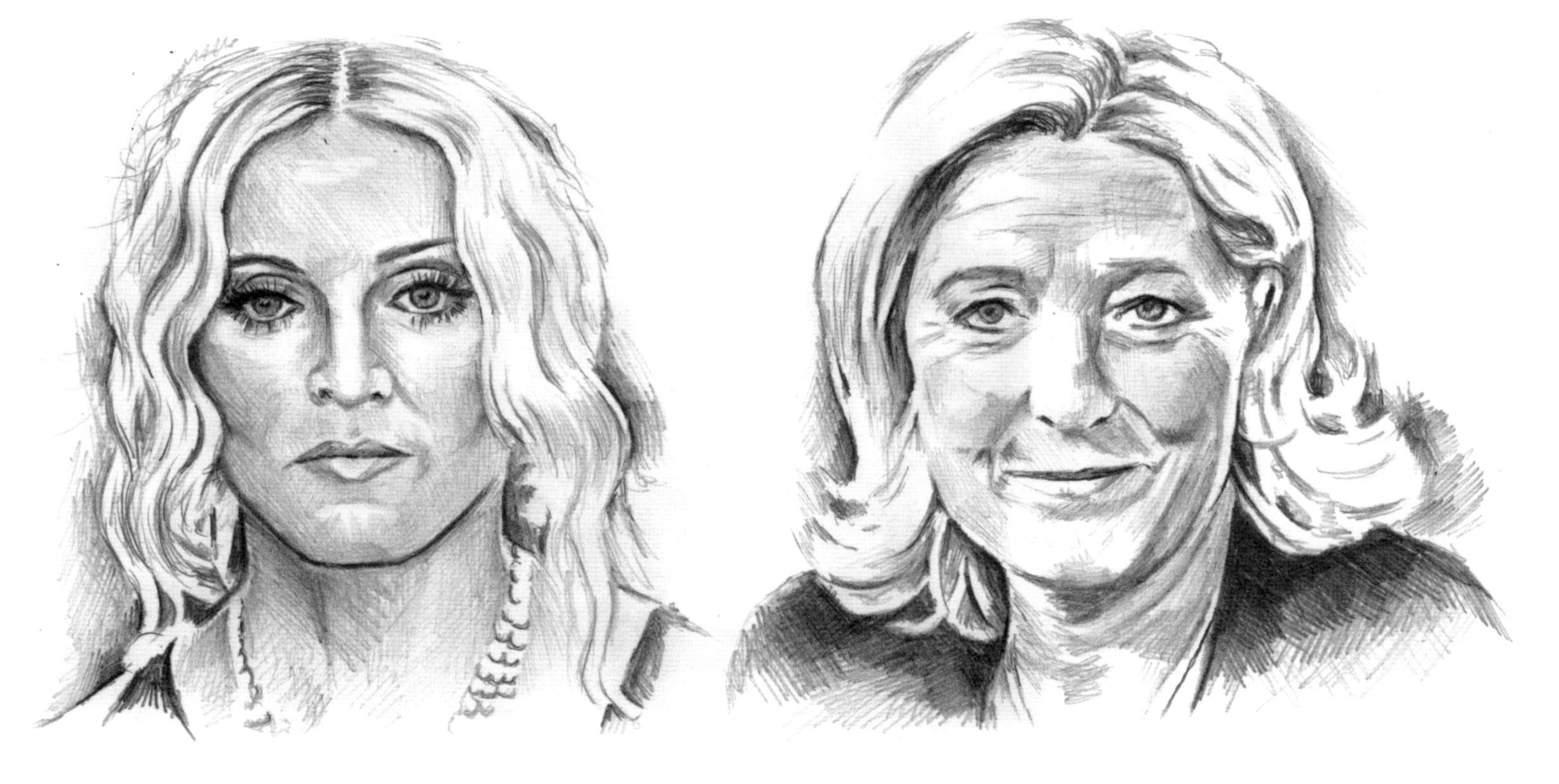

Imagine the language of a group of human bodies that are not subjected to any politicized notion of jus soli or territory. Imagine that languages and nations are shifting to accommodate the migrations' of human bodies.

IMAGINE A HUMAN BODY THAT DOES NOT FEEL SUPERIOR TO NATURE. IMAGINE A HUMAN BODY THAT IS NO LONGER DEPENDENT ON THE CAPITALIST SYSTEM AND REFRAINS FROM UNLIMITED CONSUMPTION.

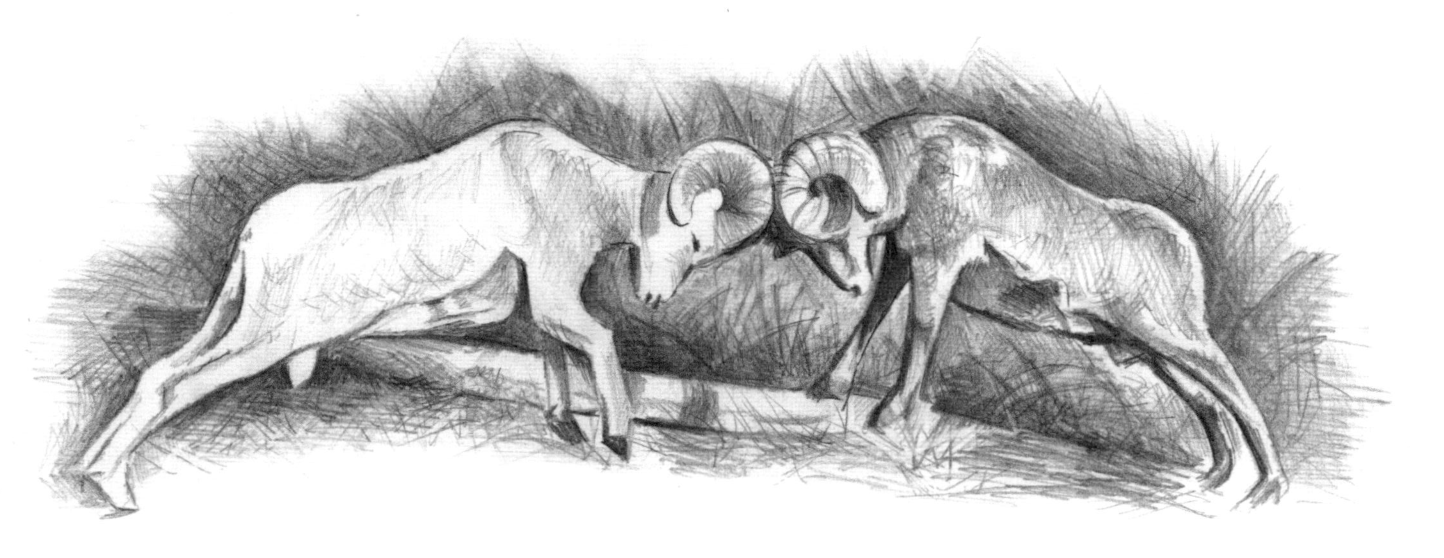

Imagine a school system that is not based on the prison system
Imagine a school free from punishment, grading, and competition.
Imagine a school that helps human bodies live their lives instead of disciplining them.

THIS MANIFESTO
IS NEITHER A LAW,
NOR A RULE,
NOR AN IDEOLOGICAL
PRECEPT.
IT PROPOSES
SOME LINES OF THOUGHT
IN THESE FRAGILE
TIMES, SO THAT BY 2045
(ONE HUNDRED YEARS
AFTER THE END OF WWII AND
THE BEGINNING
OF THE EUROPEAN
CONSTRUCTION)
WE MAY COLLECTIVELY
OVERCOME
WHAT FOUCAULT CALLED
"THE POLITICAL TECHNOLOGY
OF THE BODY."

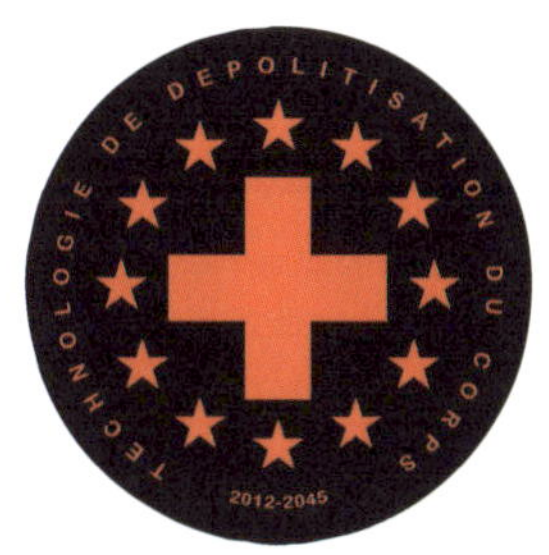

IMAGINE JOINING THIS MOVEMENT.

JANUARY 2012

COMMITTEE FOR THE TECHNOLOGY OF
DEPOLITICIZATION OF THE BODY

MANIFESTE
POUR LA TECHNOLOGIE
DE DÉPOLITISATION
DU CORPS

CE TEXTE EST INSPIRÉ PAR JOHN LENNON.

IMAGINE LE CORPS HUMAIN
N'APPARTENANT À AUCUNE NATION
PARTICULIÈRE, LE CORPS
S'APPROPRIANT LA CULTURE DU PAYS
DANS LEQUEL IL SE TROUVE.

IMAGINE LE CORPS HUMAIN
N'APPARTENANT À AUCUNE RELIGION
PARTICULIÈRE, LE CORPS RESPECTANT TOUTES
LES RELIGIONS EN TANT QUE PATRIMOINE
PHILOSOPHIQUE DE L'HISTOIRE DE L'HUMANITÉ
ET NON PAS EN TANT QUE DOGME.

IMAGINE LE CORPS HUMAIN
NE POUVANT ÊTRE JUGÉ PAR UN AUTRE
CORPS HUMAIN SUR LE DROIT DE VIVRE
DANS UN PAYS OU PAS,
IMAGINE CHAQUE CORPS HUMAIN
AYANT LE DROIT DE VIVRE
DIGNEMENT DANS LE PAYS QU'IL A CHOISI
POUR CONSTRUIRE SA VIE.

IMAGINE UN PAYS N'APPARTENANT
À AUCUN CORPS HUMAIN,
IMAGINE TOUS LES PAYS N'APPARTENANT
À PERSONNE, IMAGINE QUE
LES PAYS SOIENT DES TERRITOIRES
GÉOGRAPHIQUES DÉPOLITISÉS POSSÉDANT
DES CULTURES HISTORIQUES QUE
TOUS LES CORPS HUMAINS RESPECTERAIENT.

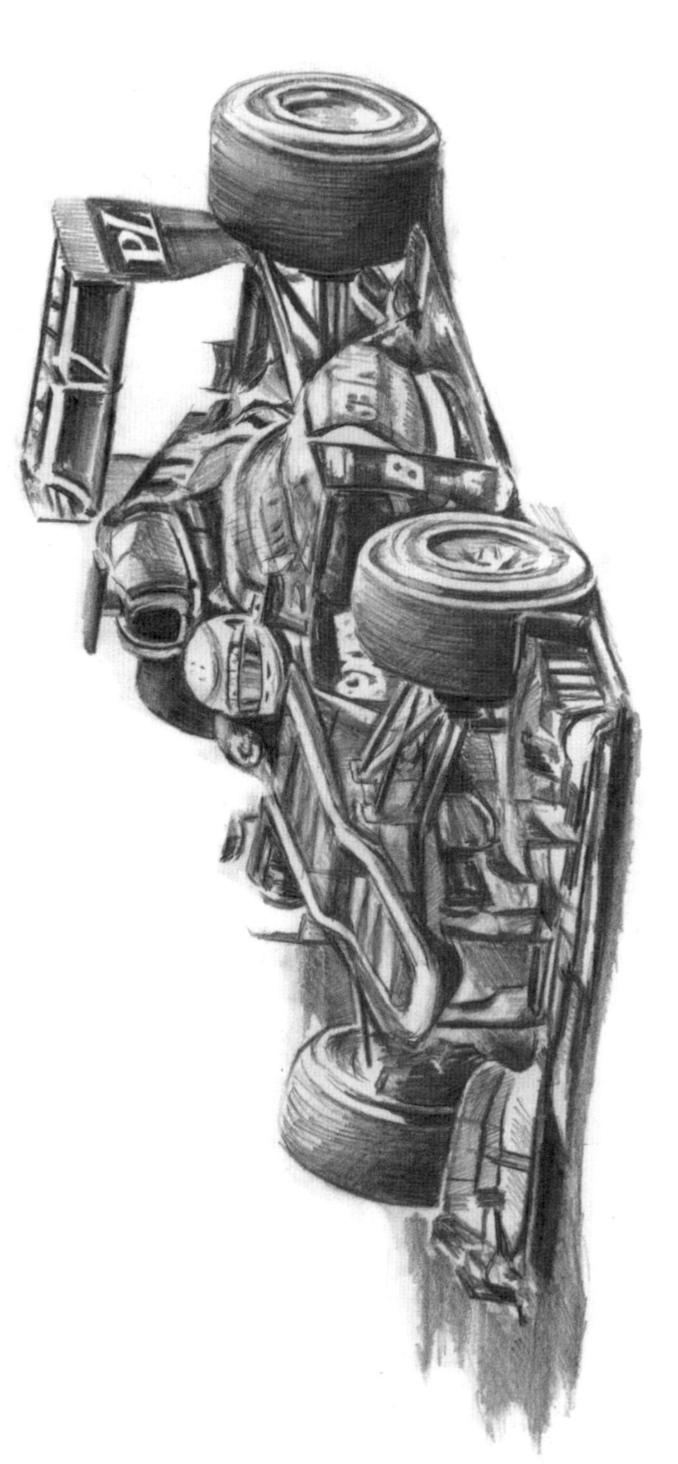

Imagine a human body that does not feel superior to nature.
Imagine a human body that is no longer dependent on the capitalist system
and refrains from unlimited consumption.

IMAGINE UNE EUROPE
BASÉE SUR LA CULTURE DES PEUPLES,
SUR SON HISTOIRE ET NON PAS SUR L'ÉCONOMIE,
IMAGINE UNE EUROPE OÙ LE CORPS HUMAIN
VIVRAIT AVEC L'ÉCONOMIE ET NON PAS SOUS LA
DOMINATION DE CELLE-CI.

IMAGINE UNE CULTURE
OÙ LA CRÉATION ARTISTIQUE DES CORPS
HUMAINS NE SE BASERAIT PAS SUR
UNE POLITIQUE DE LA MODE DÉPENDANTE DE
L'ARGENT ET DES MÉDIAS DE MASSE,
IMAGINE UNE CULTURE
OÙ TOUTE LA CRÉATION ARTISTIQUE
PROCURERAIT À TOUS LES CORPS HUMAINS
DES INTERROGATIONS PHILOSOPHIQUES
SUSCEPTIBLES D'AMÉLIORER
LA VIE EN SOCIÉTÉ.

IMAGINE LA LANGUE D'UN GROUPE
DE CORPS HUMAINS N'APPARTENANT À AUCUN
DROIT DU SOL POLITISÉ, À AUCUN
TERRITOIRE, IMAGINE LES LANGUES ET AINSI
LES NATIONS, SE DÉPLAÇANT EN FONCTION DES
DÉPLACEMENTS DES CORPS HUMAINS.

IMAGINE UN SYSTÈME SCOLAIRE
QUI NE SE BASERAIT PAS SUR LES FONDEMENTS
D'UN SYSTÈME CARCÉRAL, IMAGINE
UNE ÉCOLE QUI SOIT LIBÉRÉE DES NOTIONS DE
PUNITION, DE NOTATION ET DE COMPÉTITION,
IMAGINE UNE ÉCOLE QUI AIDERAIT
LES CORPS HUMAINS À VIVRE ET NON PAS
À LES SANCTIONNER.

IMAGINE LE CORPS HUMAIN
NE SE SENTANT PAS SUPÉRIEUR À LA NATURE.
IMAGINE LE CORPS HUMAIN
N'ÉTANT PLUS DÉPENDANT DU SYSTÈME
CAPITALISTE ET NE CONSOMMANT PLUS DANS
UNE ABONDANCE ILLIMITÉE.

CE MANIFESTE N'EST NI UNE LOI, NI UNE RÈGLE,
NI UN COMMANDEMENT IDÉOLOGIQUE,
IL PROPOSE DES IDÉES DE RÉFLEXION
DANS CETTE PÉRIODE FRAGILE AFIN QUE, JUSQU'EN 2045
(CENT ANS APRÈS LA FIN DE LA SECONDE GUERRE
MONDIALE ET LE DÉBUT DE LA CRÉATION DE
L'UNION EUROPÉENNE), NOUS RÉUSSISSIONS ENSEMBLE
À VAINCRE CE QUE LE PHILOSOPHE MICHEL FOUCAULT A DÉFINI
COMME « LA TECHNOLOGIE POLITIQUE DU CORPS ».

IMAGINE QUE TU REJOIGNES CE MOUVEMENT.

JANVIER 2012
LE COMITÉ
POUR LA TECHNOLOGIE
DE DÉPOLITISATION DU CORPS

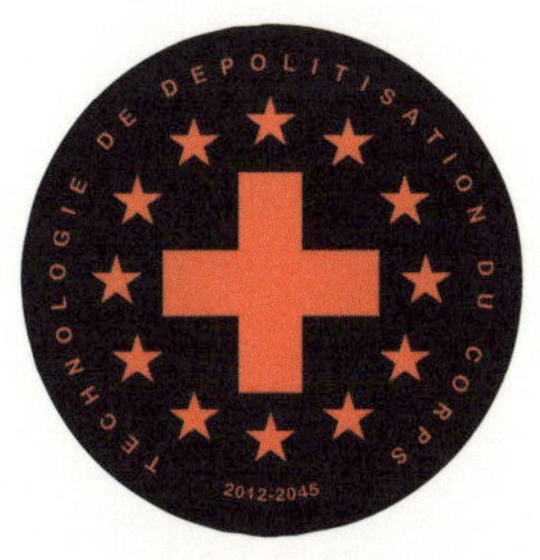

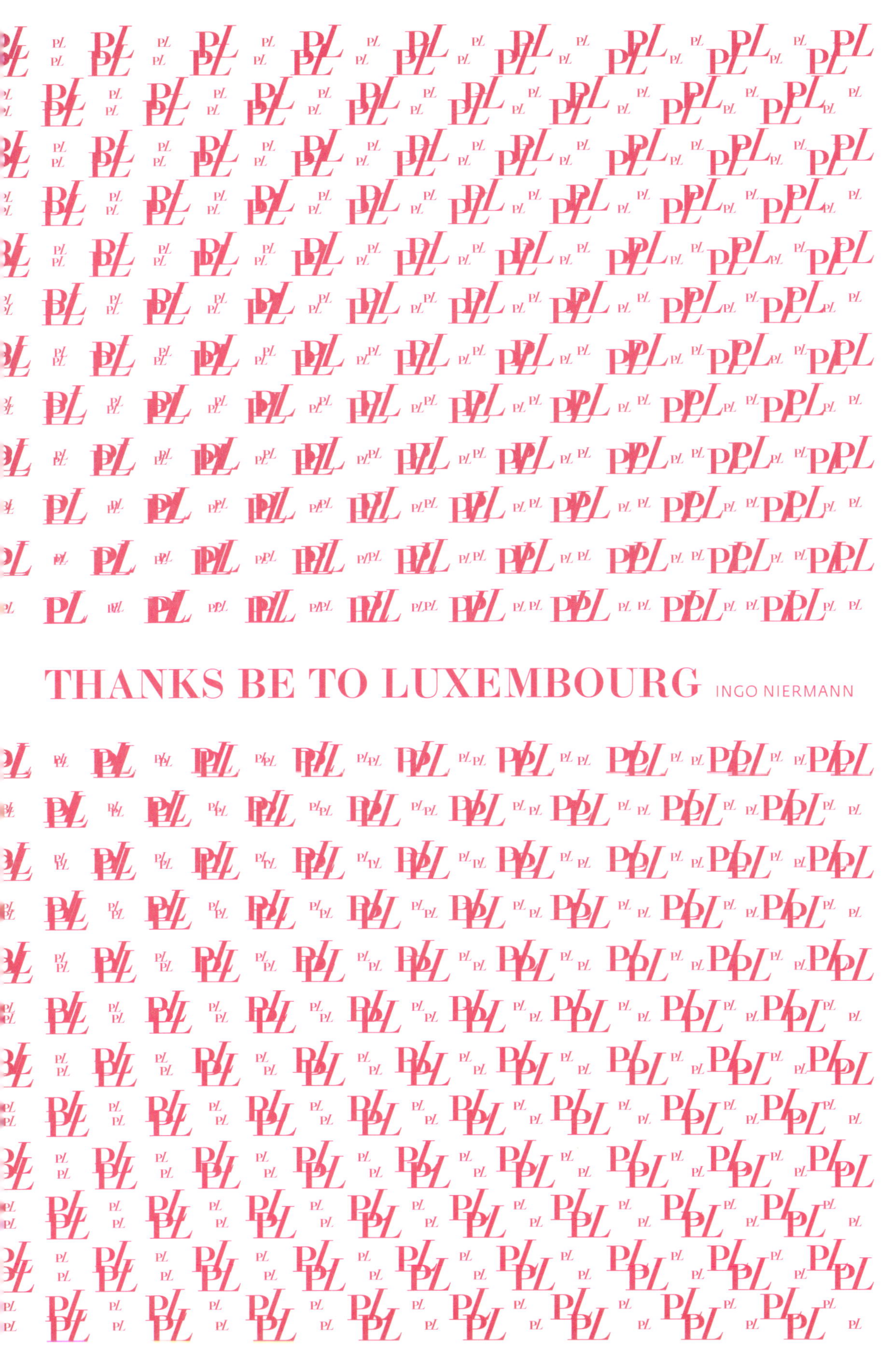

THANKS BE TO LUXEMBOURG

INGO NIERMANN

We had both taken LSD and wanted to take
a quick trip out of the city. She was driving,
and as I started to feel the drug in my
entire body—just a well-circulated-feeling
at first, a near-tingle—I lay my head in
her lap. The car must have been an
automatic or my head would have been in
her way. I thought this as I was already lying
with my neck on her right leg, the back
of my head on her left. But my shoulders
supported my head for the most part.
I didn't have to worry about it becoming
uncomfortable for her. It was more about
sloshing my own wellbeing and feeling
of security onto her, and keeping her from
paying attention to the road.

I looked through the windshield at the sky and saw only black. No trace of gray and structure. My worry turned to panic that she was seeing the same thing. I didn't dare ask—thus luring her even more to my way of thinking. Then she looked down at me confidently and I knew that it had already happened a long time ago. Maybe I had only followed her there. But she knew the way.

As we stopped, the sky was blue again. We stood in front of a mixed, Central European woodland. Our car was the only one in the parking lot.

I asked: "Where are we?"
She answered: "Luxembourg."

Coming from Germany, it didn't seem like we'd crossed a border. But of course, Schengen was in Luxembourg. And they themselves couldn't have… actually why not? Luxembourg was where you could hide your savings from tax authorities in other EU states. And ever since you couldn't do that anymore, it was completely legal to shift a mega-corporation's profits. Both of us let out a whoop when we imagined—or even didn't imagine—how another and then another corporation disappeared into this forest, into this asphalt without a trace. And how did they get to Luxembourg anyway? On foot? In a car? In an airplane? By train?

"Get out?" she asked.
"Sure," I replied.

Even though the weather was the same as it was when we left, the pleasantly mild autumn day surprised us all over again. Slowly, contentedly, we inhaled the air, saturated with countless tons of wilting foliage. It felt as though we would never have to eat again. Whereupon we were of course immediately overcome with an awful hunger and also thirst.

"You hear that noise? Sounds like a little stream."
"At least."

Our steps sprung so gently on the forest floor that we could have whooped with joy all over again. If it wouldn't have disturbed the unbelievably perfect, creaking trees and unbelievably perfect, rushing water.

But the longer you concentrate on something under the influence of LSD, the more it changes. The sound of the rushing water started to sound more and more like the signal noise of bad radio reception. Mixed with professional and sincerely upbeat radio voices. I remembered this from Radio Luxembourg, which I sometimes listened to as a child. The medium-wave reception was lousy, but in the years before MTV, it was the only opportunity—besides British Forces Broadcasting—to hear pop music at any time of day in my Westphalia home.

"Did you know that in the month Adolf Hitler seized power, Radio Luxembourg went on air as the first private radio station in Europe?" she asked.

"How is it that you know that now? Right away I'm starting to feel like I'm in a bad story."

"Bullshit. Read it somewhere on *Spiegel Online.*"

"Was there a causal connection?"

"You mean between military-fascist- and capitalist expansion? No idea. But in retrospect, it's clear who won."

"Do you mean in general or specifically Luxembourg versus the Nazis?"

"Good question. The capitalist and the military-fascist expansion were never separate from a global perspective. Only in Europe."

"So Luxembourg capitalism only triumphed because it did not aspire to world domination like the Nazis did?"

I was just throwing that out there, Luxembourg capitalism, but right away she nodded her head. Or did I just imagine it? Was it just the springy forest floor causing it to bob?

"The EU has half a billion inhabitants," she said finally. "The German Reich never achieved that, even at its peak expansion."

"And how many does Luxembourg have again?"

"One thousandth of that: half a million."

"But in important decisions, Luxembourg's vote carries the same weight as any of the twenty-seven other states."

I started imagining the numbers twenty-seven and one thousand as columns. If one of the acorns we were walking on, step by step, was three centimeters long, then twenty-seven placed end to end would be just about eighty centimeters—a ruler clack, clack, clack unfolded three times. One thousand came to thirty meters, or about ten proper stories. I chose only the freshest acorns, which took on a spectacular shine as soon as I picked them up and started shimmering in an iridescent rainbow that went from beige, beige-green to beige-yellow and beige-orange all the way to beige-purple. They were still so firm that I could barely get them out of their little hats. In my mind I maneuvered them one by one to the top. Bare hands alone wouldn't cut it. When I succeeded in even pulling their little hats off with my thoughts, the columns shot up plop, plop, plop up over the trees and into the sky.

"The smaller a country is, the more EU influence it has per capita. Luxembourgers have 150 times more representation in the EU Council of Ministers than the Germans—and have power of veto like any other country."

"Such a small country cannot afford to take advantage of that. Much less, anyway."

"But that's exactly what gives it power. It can't afford to go it alone, so it naturally falls into the role of the neutral third party. Like a child whose parents are constantly fighting. Because the parents can divorce; the kid cannot. But as an arbitrator it can of course follow its own personal interests. You just have to act as though you were doing it for the benefit of all involved. It starts with the principle of unanimity: 'You guys wouldn't want the little countries to outvote the big ones. Or Germany to join forces with the small countries and vote against France. Or France to get together with a few small countries and vote against Germany.'"

Instead of "Don't fight, come play Lego with me instead," the savvy child would tell his parents: "Let's live out our fights with a colorful set of construction toys instead." And for that you would first have to go out and buy a bunch of Lego. Which would have to be built up in the kid's room for the sake of greater neutrality. I saw a kid's room filled to the ceiling with Lego. A thousand Lego packs at ten by ten by five centimeters fill exactly a half square meter. Even a child's room, however small, could be filled with thousands, if not hundreds of thousands of euros' worth of Lego.

"Lego to a child," she said, as if she could read my mind or as if, once again, I was only following her, "are of course what money is to adults. If you get your money into Switzerland, you can be checked at the border. So what did it take to get people to bring their money to Luxembourg instead? Free borders. Everyone thinks of the Schengen Agreement and immediately associates it with the free flow of goods, but in Luxembourg it meant more than anything that you could bring bags of money back and forth across the border with no problems whatsoever. It helped, of course, that you didn't have to deal with a pricey currency exchange. So who do you think came up with the idea of a monetary union?"

She asked the question as if I should know the answer. Or as if she wanted to punish me because, to by great shame, I had not the slightest idea.

She had mercy on me, and didn't let me squirm for long: "Luxembourg Prime Minister Pierre Werner in his 'Werner Plan,' developed in 1970."

This was immediately followed by another question: "Who was instrumental to the introduction of the euro and the first elected president of the Eurogroup for nearly eight years?"

"Jean-Claude Juncker," I hurried. He had just become President of the European Commission. A fact that surely would have escaped me were it not for the great anecdotes about Juncker's alcohol consumption. Respect. I heard this word "respect" resounding again and again from the rushing stream, each time more clangorous than the last, looked into the forest and saw Juncker's pulsing red beak and his slack eyes, which drooped to the side.

"How many European Commission presidents came from Luxembourg?"

Once again, I had to pass.

"Three out of twelve. Gaston Thorn, the very first one, contributed significantly to the Commission's relative strength towards the European Parliament and Council of Ministers."

The pauses were getting shorter, the pace picked up: "And afterwards, in 1987, he became what? Director General of Radio Luxembourg. Which had just started broadcasting a German television program."

Boom, out. Silence. No more red beak, either. Finally, the quiet sounds of the forest had all the space for themselves again. Without holding a grudge, not the slightest bit disturbed that we had disturbed them. The stream had already allowed us to come very close to it. Unassailably close. Even if it wouldn't have minded: I couldn't put my hand in it now, divide and stir it. Water that, the closer I got to it, didn't rush at all anymore, but blithely gurgled. Both of us kneeled down at the same moment, resting on our hands, bent down with our heads until our mouths touched the water and gently sucked it into our bodies, which were nothing more than bizarre protuberances of this stream. It was clear that we also immediately had to pee—with ureters connected to the surface of the water.

How was it that Luxembourg never played a part in conspiracy theories? Which made the Luxembourg conspiracy seem all the more conspiratorial. And thus also that we both understood it in the here and now. Actually: and I understood it. She had been clear on this for a while, apparently. Which leads me to wonder why she was clueing me into this now, at this particular moment. Was she part of the conspiracy? If this caused me to fall in love with her even more, what did Luxembourg stand to gain? And who did Luxembourg refer to anyway? Its citizens, its Catholic elite or the State as such? But how can a state's success be measured at all? It used to be sheer size. But ever since agriculture lost its central economic role, this was no longer the case. Furthermore, natural resources— it wasn't looking good in Europe. So you're left with money. And the easiest way to earn it today was to move vast amounts of external funds and make sure that a little, tiny bit of it stuck with you. Just as this stream was moistening our bodies, and we gave it our stinking piss in return. Only unlike us, a State couldn't move from the spot; it had to redirect the stream instead.

In Luxembourg, it didn't stop with a stream. It was like the open waste pipe on a huge tub. The other EU members were sitting inside, marveling at the fact that no matter how much water they let in, at most it was only their bottoms that got wet. All the tax havens in the world spilled over the edge of the tub and helped themselves to their water. Never realizing that most of the water was escaping through the waste pipe.

No island in the Caribbean, no jet set, no Alps—Luxembourg was so ordinary that you were always forgetting about and overlooking it. I knew not a single Luxembourg landmark. Had never heard of anyone who had taken a vacation in Luxembourg. Not even my mother had been there for a day trip. And Luxembourgers passed for Swabians, Cologners or French.

Were we ever really in Luxembourg? I had no idea how long we had been driving. Only that at least two hours must have passed, so strong were the LSD's effects. The acorn-and-leaves being rolled, swelled and glittered everywhere, and I lost all sense of who we were. People, Germans, Europeans, man and woman were extremely unwieldy words. Guests, friends, lovers were easier.

"Have you," she asked, "ever heard of the *Affär Bommeleeër*?"
No, I had not. I shook my head.
"And Gladio? Stay-behind?"
I did not stop shaking my head.
"During the Cold War, NATO installed secret, often right-wing extremist sabotage and guerrilla units all over Western Europe that would become active in the event of a Warsaw Pact invasion, but they were also involved in the military coup in Greece and in the fight against the Turkish Kurds. They committed acts of terrorism

in Italy in so that they could chalk it up to the Red Brigades and discredit the Communist Party. And in the mid-eighties, there were a series of bombings in Luxembourg, which the gendarmerie and intelligence apparently wanted to use in the campaign for their own rearmament. Luxembourg is the only country that's still looking into Gladio. The smoldering affair forced Juncker to step down after eighteen years as Prime Minister."

A fox stalked on the other side of the stream, directly opposite us. He was very sure of himself. Knew very well that we wouldn't be crossing the stream just like that. And even if we did, we had no chance of catching him.

I said: "All that's missing now is for him to start talking, like Castaneda's coyote."

Once again, she asked: "Did you know that Michel Rodange's *Renert*, the Luxembourg national epic, is a satirical version of *Reynard the Fox*?"

I asked back: "You mean, Luxembourg is *Reynard the Fox*, showing the rest of Europe how stupid and hypocritical it is?"

"But Europe is so sluggish and stubborn. It has to be really bad before people pull together and make it better."

Better, what a lovely word. Much better than good. That was my Christian heritage, too: never sure of being on the right side, and first and foremost to doubt oneself. As great as LSD was—you had to watch out that you didn't turn religious. And the thing that helped the most, even better than better, was that you didn't think too much, but just looked, listened, smelled, felt. The fox's pelt shone so bewitchingly, his sharp canine teeth sparkled, his ears were pointed up, his tail fleeced and he seemed to almost prance with every step. How great that he wasn't just there for cuddling.

"At the end of the epic, the lion, King Nobel, appoints the incorrigible Reynard the Fox his council and Chancellor." We both spoke at the same time, in a chorus. And actually it was the fox that spoke.

We let ourselves fall backwards, into the deep foliage. Crawled backwards and on our backs until we reached a larger patch of sun. Then I closed my eyes and saw a woman in purple jacket that matched the crocuses that would spring up here in a few months. A boy romped through the leaves wearing a blue cap with a yellow excavator on it, along with the words "Build & Destroy" in yellow. A girl—twelve, thirteen years old, with Liz Taylor-like make-up—balanced on the bank of the stream carrying a bunch of machine-cut, slightly sweaty salami slices on her open hand, which she ate one after the other. Then it started to rain. Which I felt, but did not see.

We went back into the car. The effect was still very strong, so we didn't drive off right away. We could have tried to find the Luxembourgish Radio Luxembourg; I had never heard it. Just as I had never in my life heard anyone speak Luxembourgish. But for that, we would have had to turn on the ignition.

The sun went down, the rain was followed by fog, and we fell asleep. Woke up when we got cold, and drove home. I fell asleep again on the way. ●

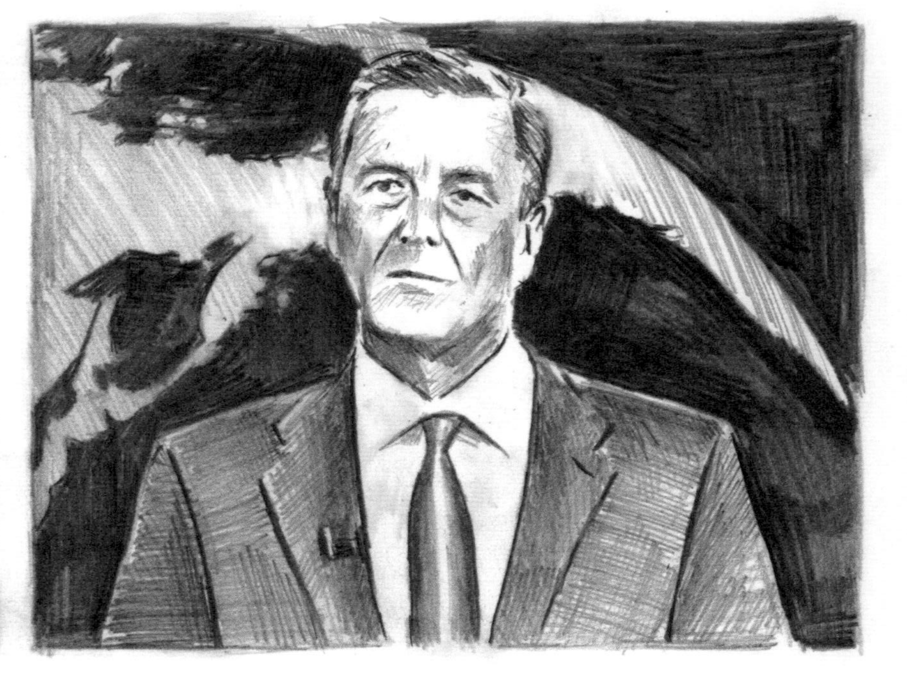
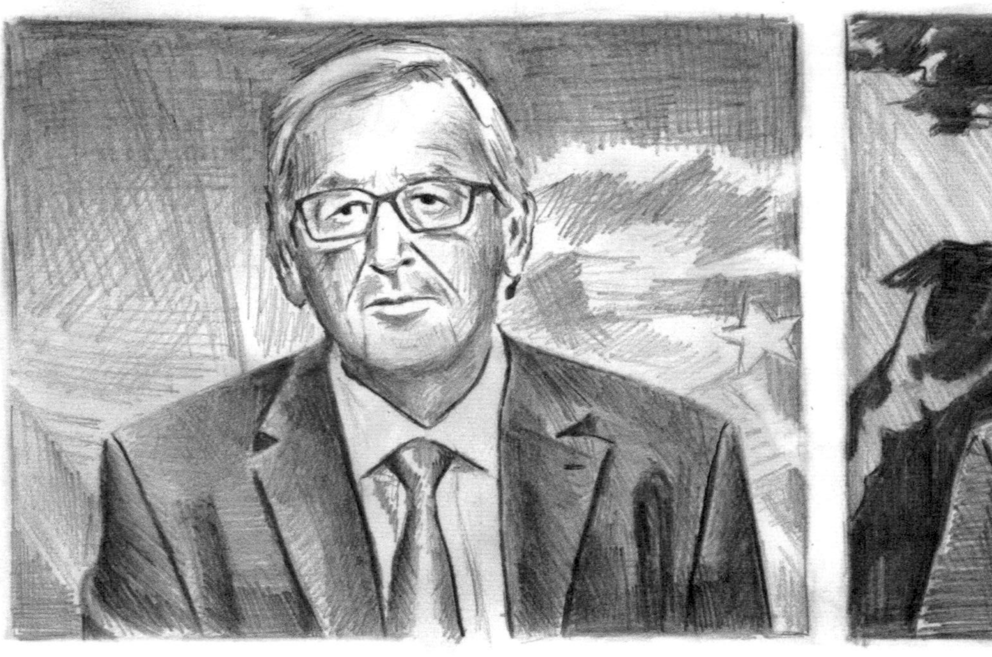
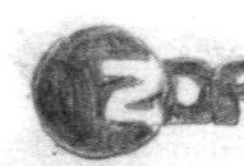

When you can't make them see the light,
make them feel the heat

Le Luxembourg soit loué

INGO NIERMANN

Nous avions tous les deux pris du LSD et étions pressés de quitter la ville. Elle conduisait, et quand je sentis la drogue envahir mon corps – la première sensation était celle d'une bonne circulation sanguine, d'une sorte de fourmillement – je posai ma tête sur ses genoux. La voiture devait avoir une boîte automatique, sinon ma tête l'aurait empêchée de changer les vitesses – me disais-je, le cou déjà posé sur sa jambe droite, la nuque sur sa jambe gauche. Mais ma tête était principalement soutenue par mes épaules. Je ne craignais pas qu'elle l'incommode, mais plutôt que la béatitude et le sentiment d'être protégé que j'éprouvais ne soient contagieux et ne détournent son attention du trafic.

J'observai le ciel à travers le pare-brise, mais je n'y vis que du noir. Pas l'ombre d'un gris ou d'une structure. Je paniquai à l'idée qu'elle pût voir la même chose. Je n'osai pas le lui demander – craignant l'entraîner dans ma vision. Le regard confiant qu'elle me lança alors confirma que c'était peine perdue : elle y était déjà. D'ailleurs, peut-être n'avais-je fait que l'y suivre. Mais elle connaissait le chemin.

Lorsque nous nous arrêtâmes, le ciel redevint bleu. Nous étions nez à nez avec une forêt mixte d'Europe centrale. Notre voiture était la seule sur le parking.

« On est où ?, demandai-je.
– Au Luxembourg », répondit-elle.

Pourtant, alors que nous venions d'Allemagne, je ne me souvenais pas d'avoir traversé une frontière. Évidemment, Schengen se trouvait au Luxembourg. Ils ne pouvaient quand même pas eux-mêmes… enfin, pourquoi pas ? Les gens d'autres pays de l'Union européenne avaient pu planquer leurs économies au Luxembourg pour les soustraire au fisc. Et depuis que cela n'était plus possible, on autorisait les multinationales à y transférer leurs profits en toute légalité. Nous poussâmes tous les deux un cri en imaginant – ou peut-être, justement, en n'imaginant pas – que l'une après l'autre, les multinationales disparaissaient, englouties par cette forêt, par cet asphalte, sans laisser de trace. Comment venaient-elles au Luxembourg d'ailleurs ? À pied ? En voiture ? En avion ? En train ?

« On sort ?, demanda-t-elle.
– D'accord », répondis-je.

Bien que le temps n'eût pas changé depuis notre départ, nous fûmes de nouveau surpris par l'agréable douceur de cette journée d'automne. Lentement, avec une profonde satisfaction, nous inhalâmes l'air saturé par l'odeur d'innombrables tonnes de feuilles mortes. Nous avions le sentiment que nous n'aurions plus jamais besoin de manger. Sentiment qui, évidemment, ne manqua pas de déclencher une faim et une soif immodérées.

« Tu entends le bruissement ? On dirait un petit ruisseau.
– Pour le moins. »

Le rebond de nos pas sur le tapis de la forêt faillit de nouveau nous faire pousser des cris de joie – si ce n'est que nous aurions interrompu le craquement incroyablement parfait des arbres et le ruissellement incroyablement parfait de l'eau.

Mais plus on se concentre sur quelque chose quand on est sous l'influence du LSD, plus cette chose se transforme. Le ruissellement de l'eau ressemblait de plus en plus au crépitement d'un poste radio mal réglé. Entrecoupé de voix de radio professionnelles et d'une franche bonne humeur. Cela me rappela Radio Luxembourg, qu'il m'arrivait d'écouter enfant. La réception sur ondes moyennes était exécrable, mais à l'époque, avant MTV, c'était le seul moyen, outre la radio des soldats britanniques stationnés chez moi en Westphalie, d'écouter de la musique pop à toute heure de la journée.

« Savais-tu que Radio Luxembourg, la première radio privée en Europe, a commencé à émettre le mois même de l'accession de Hitler au pouvoir ?, me demanda-t-elle.

– D'où tu sors ça maintenant ? Je vais finir par croire que je suis dans un mauvais film.

– N'importe quoi. C'est l'édition en ligne du magazine *Der Spiegel* qui le dit.

– Y aurait-il une relation de cause à effet là-dessous ?

– Tu veux dire entre expansions militaro-fasciste et capitaliste ? Aucune idée. Mais rétrospectivement, il ne fait pas de doute qui a gagné.

– Tu veux dire de manière générale ou plus spécifiquement entre le Luxembourg et les nazis ?

– Bonne question. À l'échelle du globe, les expansions capitaliste et militaro-fasciste n'ont jamais été séparées. Uniquement en Europe.

– Le capitalisme luxembourgeois aurait donc uniquement gagné parce que, contrairement aux nazis, il n'aurait jamais cherché à dominer le monde ? »

Je disais cela sans réfléchir : « Le capitalisme luxembourgeois », mais elle hocha immédiatement la tête. Ou était-ce mon imagination qui me jouait un tour ? Peut-être se dodelinait-elle seulement à cause des rebonds.

« L'Union européenne compte un demi-milliard d'habitants, finit-elle par lancer. Même à son apogée, le Reich allemand n'a jamais réussi cela.

– Combien d'habitants compte le Luxembourg ?

– Un millième de cela : un demi-million.

– Mais pour toutes les décisions importantes, la voix du Luxembourg compte autant que celles des vingt-sept autres États. »

Je me représentai les chiffres vingt-sept et mille comme des colonnes. Si chaque gland sur lequel nous marchions pas à pas mesurait trois centimètres, vingt-sept glands empilés dans le sens de la longueur faisaient tout juste quatre-vingt centimètres – un mètre pliant, clac, clac, clac, déplié trois fois. Mille glands faisaient trente mètres, soit dix bons étages. Je ne choisis que les glands tout frais qui, dès que je les tenais dans la main, brillaient d'une lueur éclatante et irisaient du beige verdâtre au beige rougeâtre ou violet en passant par le beige jaunâtre. Ils étaient tellement drus que je peinais à leur enlever leur petit chapeau. Je m'imaginai les poser, l'un après l'autre, à la pointe de la colonne. Impossible à réussir avec les mains seules. Lorsque, dans mon imagination, je réussis enfin à leur enlever leur petit chapeau, la colonne, plop, plop, plop, s'élança par-delà les arbres.

« Plus un État est petit, plus son influence dans l'Union européenne est grande par habitant. Au Conseil des ministres, la représentation des Luxembourgeois est 150 fois plus importante que celle des Allemands. Et, comme tous les autres pays, ils ont le droit de veto.

– Un pays aussi petit que ça ne peut pas vraiment se payer le luxe d'en faire usage.

– C'est précisément de cela qu'il tire tout son pouvoir. Parce qu'il ne peut pas faire cavalier seul, on lui octroie volontiers le rôle d'un tiers soi-disant neutre. Comme à un enfant dont les parents se chamaillent tout le temps. Car les parents peuvent divorcer, mais pas l'enfant. Or rien n'empêche un médiateur de poursuivre ses propres intérêts. Il suffit de faire semblant d'avoir à cœur l'intérêt général. À commencer par le principe de l'unanimité : "Vous ne voudriez quand même pas que les petits États votent ensemble contre les grands ? Ou que l'Allemagne s'allie avec plusieurs petits pays pour voter contre la France ? Que la France s'allie à des petits pays pour voter contre l'Allemagne ?" »

Plutôt que de dire : « Arrêtez de vous disputer. Jouez au Lego avec moi », l'enfant malin dit à ses parents : « Réglons nos disputes au moyen d'un système de briques colorées. » Ce qui, dans une première phase, implique d'acheter plein de briques Lego. Lesquelles, par souci d'une plus grande neutralité, sont assemblées dans la chambre de l'enfant. Je vis une chambre d'enfant pleine à craquer de Lego. Mille boîtes de Lego, mesurant dix par dix par cinq centimètres chacune, font à peine un demi-mètre cube. Même dans une toute petite chambre d'enfant, on pourrait caser du Lego pour des dizaines, voire des centaines de milliers d'euros.

« Bien sûr, le Lego est à l'enfant », dit-elle comme si elle pouvait lire dans mes pensées ou comme si, de nouveau, je ne faisais que suivre les siennes, « ce que l'argent est à l'adulte. Quand tu planques ton argent en Suisse, tu risques de te faire contrôler à la frontière. Donc, que fallait-il faire pour que les gens apportent leur argent au Luxembourg ? Ouvrir les frontières ! Quand on parle des accords de Schengen, tout le monde pense à la libre circulation des marchandises. Mais pour le Luxembourg, ils signifiaient surtout que l'on pouvait désormais délocaliser son argent par sacs entiers. La disparition des coûteux échanges de devises n'a fait que faciliter la chose. Alors, qui a eu l'idée de l'union monétaire ? »

Elle posa la question comme si j'étais censé connaître la réponse. Ou comme si elle voulait me punir parce que, à ma plus grande honte, je n'en avais pas la moindre idée.

Elle finit par avoir pitié et lâcha : « Pierre Werner, Premier ministre luxembourgeois, dans un plan à son nom élaboré en 1970. »

Sans attendre, elle lança : « Qui a joué un rôle décisif dans l'introduction de l'euro et a été pendant huit ans le premier président élu de l'Eurogroupe ?
– Jean-Claude Juncker », m'empressai-je de répondre. Il venait tout juste d'être élu Président de la Commission européenne. Une information qui m'aurait sûrement échappé si ce n'était pour les anecdotes croustillantes qui circulaient sur sa consommation d'alcool. Respect ! Encore et encore, j'entendis ce mot : « respect », de plus en plus fort, s'élevant au-dessus du clapotis du ruisseau, tandis qu'au milieu des arbres pointait le visage de Jean-Claude Juncker, son pif rouge et ses yeux tombants qui fuient vers les tempes.

« Combien de présidents de la Commission européenne furent originaires du Luxembourg ? »
Une fois encore, je dus admettre mon ignorance.
« Trois, sur un total de douze. Le tout premier d'entre eux, Gaston Thorn, a contribué de manière décisive à renforcer les pouvoirs de la Commission aux dépens du Parlement européen et du Conseil des ministres. »

Les pauses devenaient plus courtes, la cadence augmentait : « Et après cela, en 1987, qu'est-ce qu'il est devenu ? Directeur général de Radio Luxembourg. Laquelle commençait tout juste à diffuser des programmes en allemand. »

Boum. Fini. Et parti aussi le pif rouge. Enfin, le bruissement apaisant de la forêt emplissait de nouveau tout l'espace. Sans rancune, sans se soucier pour le moins du monde d'avoir été perturbé. Le ruisseau nous laissa nous approcher de très près et demeurait pourtant hors de portée. Même si cela ne l'aurait pas dérangé : je ne pouvais plus le pénétrer de ma main, le scinder en deux, le remuer. Cette eau, qui, à mesure que je m'en rapprochais, ne brouissait plus, mais gargouillait. Nous nous agenouillâmes tous les deux en même temps et, appuyés sur nos mains, baissâmes nos têtes jusqu'à ce que nos lèvres touchent l'eau et l'aspirent doucement dans nos corps, qui n'étaient plus que des excroissances incongrues du ruisseau. Évidemment, nous allions aussitôt devoir pisser – avec des urètres reliés à la surface de l'eau.

Comment se faisait-il que le Luxembourg ne figure dans aucune théorie de conspiration ? Voilà en tout cas qui faisait apparaître la conspiration luxembourgeoise bien plus conspirative encore ! De même le fait que nous la découvrions ici et maintenant. Enfin, que je la découvre. Pour elle, les choses semblaient claires depuis longtemps. Ce qui m'incita à me demander pourquoi elle avait choisi ce moment précis pour me mettre au parfum. Faisait-elle partie de la conspiration ? Et si, à cause de cela, je tombais encore plus amoureux d'elle, quel avantage en tirerait le Luxembourg ? De qui parlait-on d'ailleurs en évoquant le Luxembourg ? De ses habitants, de ses élites catholiques ou de l'État en tant que tel ? Or comment mesurer le succès d'un pays ? Dans le temps, c'était une simple histoire de taille. Mais depuis que l'agriculture avait perdu son importance économique, ce n'était plus le cas. Côté ressources naturelles, l'Europe faisait également piètre figure. Restait l'argent. Et aujourd'hui, le moyen le plus simple pour gagner de l'argent, c'est de faire transiter des montants énormes d'argent étranger par le pays et de faire en sorte qu'une infime partie de cet argent y reste. De la même manière que ce ruisseau mouillait à cet instant nos corps, alors qu'en contrepartie, nous allions lui faire don de notre pisse puante. Sauf qu'un État ne pouvait pas changer d'endroit, mais devait carrément dévier le cours du ruisseau.

Le Luxembourg ne s'était pas contenté d'un ruisseau. C'était comme si on avait ouvert les vannes d'une énorme baignoire. Dans laquelle étaient assis les autres membres de l'Union européenne, qui se demandaient pourquoi, alors qu'ils n'arrêtaient pas de faire couler de l'eau dans la baignoire, seules leurs fesses étaient mouillées. Tous les paradis fiscaux du monde trempaient la main dans la baignoire pour leur piquer de l'eau. Sans qu'ils se rendent compte que la plupart de l'eau s'échappait par les vannes.

Pas d'île dans les Caraïbes, pas de jet-set, pas d'Alpes : le Luxembourg était tellement banal qu'on finissait toujours par l'oublier, par l'ignorer. Je ne connaissais pas un seul monument luxembourgeois. Je n'avais jamais entendu quelqu'un parler de ses vacances au Luxembourg. Même ma mère n'y était jamais allée, ne serait-ce que pour un jour. Et les Luxembourgeois pouvaient passer pour des Souabes, des Colonais, des Français.

D'ailleurs, étions-nous vraiment au Luxembourg ? J'ignorais combien de temps nous avions passé dans la voiture. Tout ce que je savais, c'est que, vu l'intensité des effets du LSD, deux heures au moins avaient dû passer. De toutes parts roulait, s'emballait, scintillait la créature faite de feuilles mortes et de glands, tandis que je perdais toute notion de qui nous étions. Êtres humains, Allemands, Européens, homme et femme : que de mots encombrants. Hôtes, amis, amants me semblaient bien plus simples.

« As-tu jamais, me demanda-t-elle, entendu parler de l'affaire du poseur de bombes ? »
Encore une histoire dont j'ignorais tout. Je secouai la tête.
« Et de Gladio ? De Stay Behind ? »
Je n'arrêtai plus de secouer la tête.

« Pendant la Guerre froide, l'OTAN a planté un peu partout en Europe des unités de sabotage et de guérilla secrètes, souvent emmenées par des types d'extrême droite, qui devaient s'activer dans le cas d'une invasion par le pacte de Varsovie, mais qui par ailleurs ont participé au coup d'État militaire en Grèce et au combat contre les Kurdes turcs. En Italie, ces cellules ont commis des actes terroristes attribués aux Brigades rouges et censés discréditer le Parti communiste. Et au Luxembourg, une série d'attentats à la bombe a eu lieu au milieu des années 1980, par lesquels, paraît-il, la gendarmerie et les services secrets espéraient obtenir un renforcement de leurs moyens. Mine de rien, le Luxembourg est le seul pays qui enquête encore sur Gladio. C'est parce que cette affaire couvait que Juncker a dû démissionner de son poste de Premier ministre après dix-huit ans au pouvoir. »

Sur l'autre rive du ruisseau, juste en face, se pavanait un renard. Il était bien sûr de lui. Il savait que nous n'allions pas simplement traverser le ruisseau. Et que, de toute façon, nous n'avions pas la moindre chance de l'attraper.

« Il ne manque plus qu'il commence à parler comme le coyote de Castaneda », dis-je.
Déjà, elle balançait la prochaine question : « Sais-tu que le poème national du Luxembourg, le *Renert* de Michel Rodange, est une version satirique du *Roman de Renart* ? »
À mon tour d'en poser une : « Tu veux dire que le Luxembourg est le *Roman de Renart* et qu'il fait voir au reste de l'Europe sa stupidité et son hypocrisie ?
– Mais l'Europe est léthargique et bornée. Il faut que les choses deviennent vraiment moches pour que tout le monde se rabiboche et que ça aille mieux. »

« Aller mieux », quelle jolie expression. Bien meilleure qu' « aller bien ». C'était cela aussi, mon héritage chrétien : n'être jamais sûr de se trouver du bon côté et d'abord douter de soi-même. Le LSD avait beau être génial, il fallait quand même faire gaffe de ne pas finir croyant par mégarde. Ce qu'il y avait de mieux à faire – et mieux, c'était encore mieux que bien – c'était de réfléchir moins pour mieux observer, écouter, humer, ressentir. La fourrure éclatante de ce renard, ses canines étincelantes, ses oreilles pointues, sa queue touffue, sa démarche gracieuse : heureusement qu'il n'était pas seulement là pour se laisser caresser.

« À la fin de l'épopée, le roi Noble, le lion, nomme l'indécrottable Renart conseiller et chancelier. » Nous parlions tous les deux en même temps, en chœur. En fait, c'était le renard qui parlait.

Nous nous laissâmes tomber en arrière, sur le tapis de feuilles mortes, pour ramper à reculons et sur le dos vers une tache de soleil un peu plus grande. En fermant les yeux, je vis une femme portant une veste violette, assortie aux crocus qui ne manqueraient pas de pousser ici dans quelques mois. Un garçon gambadait dans les feuilles mortes, il portait une casquette bleue avec le dessin d'une pelleteuse jaune et les mots « Build & Destroy » en jaune. Une petite fille de douze, treize ans, maquillée comme Liz Taylor, se dandinait le long de la rive, elle portait dans la paume de sa main ouverte un tas de rondelles de saucisson coupées à la trancheuse, qui commençaient à suer et qu'elle mangeait l'une après l'autre. Alors il se mit à pleuvoir. Ce que je ressentis sans vraiment le voir.

Nous sommes retournés à la voiture. L'effet du LSD se faisant encore sentir, nous ne sommes pas partis tout de suite. Nous aurions pu chercher à capter la Radio Luxembourg, que je n'avais jamais entendue. De la même manière que je n'avais jamais de ma vie entendu quelqu'un parler luxembourgeois. Mais il aurait fallu allumer le moteur.

Le soleil s'est couché, la pluie a fait place au brouillard, et nous nous sommes endormis. Réveillés par le froid, nous sommes rentrés. En route, je me suis endormi encore une fois. ●

For the record

Luxembourg Finance Minister Pierre Gramegna told reporters at a press briefing that he was "totally astonished" at the publication of more than 500 tax rulings by ICIJ and its media partners, and called it an "attack" on his country. At the same briefing, Luxembourg Prime Minister Xavier Bettel said the Duchy was making "enormous efforts" to clean up its image

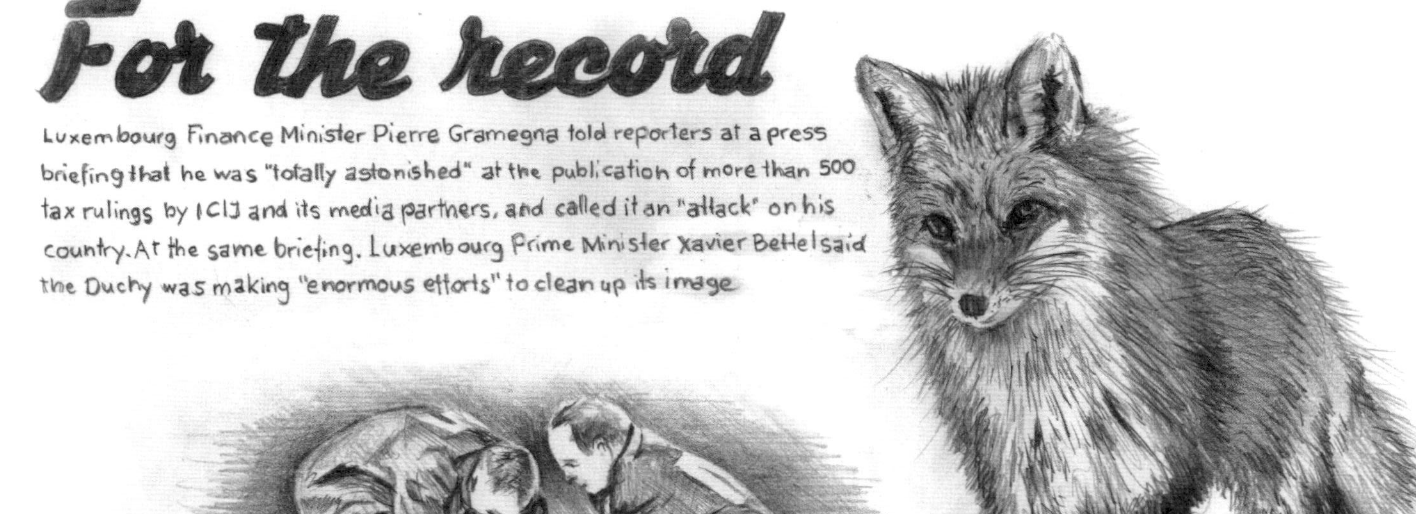

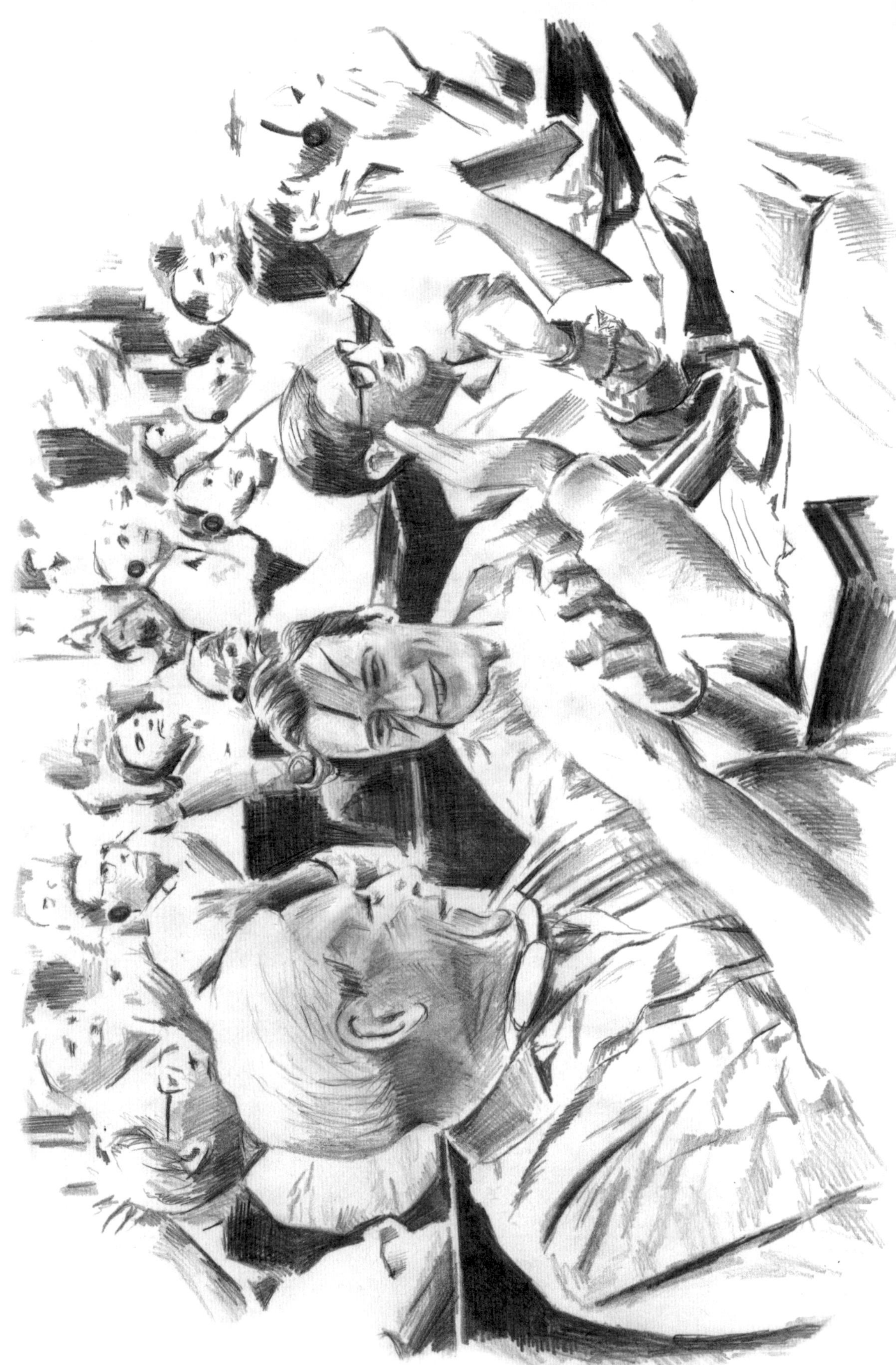

Luxemburg sei Dank

INGO NIERMANN

Wir hatten beide LSD genommen und wollten schnell noch aus der Stadt. Sie fuhr, und als ich die Droge in meinem ganzen Körper zu spüren begann – das war erstmal nur ein Gut-durchblutet-sein, ein Beinahe-Kribbeln –, legte ich meinen Kopf in ihren Schoß. Der Wagen musste ein Automatik sein, sonst wäre mein Kopf ihr im Weg gewesen. Dachte ich, als ich schon mit dem Nacken auf ihrem rechten Bein lag und mit dem Hinterkopf auf ihrem linken. In der Hauptsache wurde mein Kopf aber von meinen Schultern gestützt. Ich brauchte mir keine Sorgen zu machen, dass er ihr unangenehm würde. Eher, dass mein Wohlsein und Geborgensein zu ihr hinüber schwappen und sie davon abhalten könnte, auf den Verkehr zu achten.

Ich schaute durch die Windschutzscheibe in den Himmel und sah nur Schwarz. Keine Spur von Grau und Struktur. Meine Sorge wuchs zur Panik, dass sie das Gleiche sah. Ich traute mich nicht zu fragen – und sie damit erst recht in meine Sicht zu locken. Da schaute sie zuversichtlich zu mir herab, und ich wusste, dass es längst geschehen war. Ich ihr vielleicht nur gefolgt war. Doch sie wusste den Weg.

Als wir hielten, war der Himmel wieder blau. Wir standen vor einem mitteleuropäischen Mischwald. Unser Auto war das einzige auf dem Parkplatz.

Ich fragte: „Wo sind wir?"
Sie antwortete: „Luxemburg."

Dabei schienen wir, aus Deutschland kommend, keine Grenze überquert zu haben. Aber klar, Schengen lag ja in Luxemburg. Da konnten sie nicht selbst… Doch warum eigentlich nicht? In Luxemburg hatte man ja auch sein Gespartes vor den Finanzbehörden der anderen EU-Staaten verstecken können. Und seit das nicht mehr ging, dann eben den Gewinn der Megakonzerne ganz legal verschieben. Wir jauchzten beide auf, als wir uns vorstellten – oder eben nicht vorstellten –, wie noch ein und noch ein Konzern in diesem Wald, in diesem Asphalt spurlos verschwand. Und wie kamen die überhaupt nach Luxemburg? Zu Fuß? Im Auto? Im Flugzeug? Im Zug?

„Aussteigen?", fragte sie.
„Klar", antwortete ich.

Auch wenn das Wetter das Gleiche wie bei unserer Abfahrt war, überraschte uns der angenehm milde Herbsttag von neuem. Langsam und zufrieden inhalierten wir die von unzähligen Tonnen welken Laubs gesättigte Luft. Es fühlte sich an, als müssten wir nie wieder essen. Worauf wir natürlich sogleich schrecklichen Hunger und auch Durst bekamen.

„Hörst du es rauschen? Klingt nach einem kleinen Bach.“
„Mindestens.“

Unsere Schritte federten auf dem Waldboden so sanft, dass wir schon wieder vor Glück hätten jauchzen können. Wenn wir damit nicht die unglaublich perfekt knarzenden Bäume und das unglaublich perfekt rauschende Wasser gestört hätten.

Doch je länger man sich unter Einfluss von LSD auf etwas konzentriert, desto mehr verändert es sich. Das Rauschen des Wassers hörte ich zunehmend als das Rauschen eines schlechten Radioempfangs. Gemischt mit professionell und ehrlich gut gelaunten Radiostimmen. So kannte ich es von Radio Luxemburg, das ich als Kind manchmal gehört hatte. Der Empfang über Mittelwelle war lausig, aber in den Jahren vor MTV war es neben dem britischen Soldatensender in meiner westfälischen Heimat die einzige Möglichkeit gewesen, zu jeder Tageszeit Pop-Musik zu hören.

„Wusstest du, dass Radio Luxemburg im Monat von Adolf Hitlers Machtergreifung als erstes europäisches Privatradio auf Sendung ging?“ fragte sie.
„Wie kommt es, dass du das jetzt weißt? Gleich komme ich mir vor wie in einer schlechten Geschichte.“
„Quatsch. *Spiegel Online, Einestages.*“
„Gab es da einen kausalen Zusammenhang?“
„Du meinst zwischen faschistisch-militärischer und kapitalistischer Expansion? Keine Ahnung. Aber rückblickend ist klar, wer gewonnen hat.“
„Meinst du jetzt generell oder speziell Luxemburg versus Nazis?“
„Gute Frage. Global war die kapitalistische von der militärisch-faschistische Expansion nie getrennt. Nur innerhalb Europas.“
„Der Luxemburger Kapitalismus hat dann nur deshalb gesiegt, weil er nicht wie die Nazis Weltherrschaft angestrebt hat?“
Ich sagte das so dahin, Luxemburger Kapitalismus, doch sie nickte gleich mit dem Kopf. Oder bildete ich mir das ein? Wippte er nur vom federnden Boden?
„Die EU hat eine halbe Milliarde Einwohner“, sagte sie schliesslich. „Das hat das Deutsche Reich in seiner maximalen Expansion nicht geschafft.“
„Und wie viele hat Luxemburg noch mal?“
„Ein Tausendstel davon: eine halbe Million.“
„Aber bei den wichtigen Entscheidungen zählt Luxemburgs Stimme genau so viel wie jede der siebenundzwanzig anderen Staaten.“

Ich begann mir die Zahlen siebenundzwanzig und Tausend als Säulen vorzustellen. Wenn eine der Eicheln, auf die wir Schritt für Schritt traten, drei Zentimeter lang war, dann ergaben siebenundzwanzig längs aufeinander balancierend gerade mal achtzig Zentimeter – ein Zollstock klack, klack, klack dreimal ausgeklappt. Tausend ergaben dreißig Meter, also rund zehn ordentliche Stockwerke. Ich wählte nur die ganz frischen Eicheln, die, sobald ich sie in die Hand nahm, spektakulär zu glänzen und in einem beigen, von beige-grün über beige-gelb und beige-orange bis hin zu beige-violett reichenden Regenbogen zu irisieren begannen. Sie waren noch so prall, dass ich sie kaum aus ihrem Hütchen bekam. In Gedanken bugsierte ich sie eine nach der anderen an die Spitze. Mit bloßen Händen war das nicht zu schaffen. Als es mir gelang, ihnen in Gedanken auch das Hütchen auszuziehen, schoss die Säule plopp, plopp, plopp über die Bäume hinaus in den Himmel empor.

„Je kleiner ein Staat, desto mehr hat er in der EU pro Einwohner zu sagen. Im EU-Ministerrat sind die Luxemburger gegenüber den Deutschen 150 mal stärker repräsentiert – und haben wie jedes andere Land ein Veto-Recht."
„Ein so kleines Land kann sich sehr viel weniger leisten, davon auch Gebrauch zu machen."
„Eben genau das gibt ihm Macht. Weil es sich keine Alleingänge leisten kann, spricht man ihm die Rolle des neutralen Dritten zu. Wie einem Kind, dessen Eltern sich ständig streiten. Denn die Eltern könnten sich scheiden, das Kind kann es nicht. Aber natürlich kann auch ein Schlichter seine ganz eigenen Interessen verfolgen. Er muss nur so tun, als ginge es ihm um das Wohl aller. Das fängt beim Prinzip der Einstimmigkeit an: ‚Ihr wollt doch nicht, dass die kleinen Staaten die großen überstimmen. Oder dass Deutschland sich mit ein paar kleineren Staaten zusammentut und gegen Frankreich stimmt. Frankreich sich mit ein paar kleineren Staaten zusammentut und gegen Deutschland stimmt.'"

Statt „Streitet euch nicht, spielt lieber Lego mit mir", sagt das raffinierte Kind seinen Eltern: „Lasst uns unsere Streits lieber mit einem farbenfrohen Stecksystem ausleben." Wofür im ersten Schritt eine Menge Lego angeschafft werden muss. Das der größeren Neutralität wegen im Zimmer des Kindes aufgebaut wird. Ich sah ein Kinderzimmer bis zur Decke voller Lego. Tausend Lego-Packungen à zehn mal zehn mal fünf Zentimeter füllten gerade mal einen halben Kubikmeter. In einem noch so kleinen Kinderzimmer ließe sich Lego für Zehntausende, wenn nicht Hunderttausende Euro unterbringen.

„Was für das Kind das Lego", sagte sie, als könnte sie meine Gedanken lesen oder als würde ich ihren erneut nur folgen, „ist für einen Erwachsenen natürlich das Geld. Wenn du dein Geld in die Schweiz schaffst, kannst du an der Grenze kontrolliert werden. Was brauchte es also, damit die Leute ihr Geld statt dessen nach Luxemburg brachten? Freie Grenzen. Alle denken beim Schengener Abkommen an den freien Warenfluss, aber es bedeutete in Luxemburgs Fall vor allem, säckeweise Geld frei hin- und herzubewegen zu können. Dabei war natürlich hilfreich, wenn man sein Geld nicht kostspielig umtauschen musste. Darum, wer hatte die Idee zur Währungsunion?"

Sie stellte die Frage so, als ob ich die Antwort wissen müsste. Oder als ob sie mich bestrafen wollte, weil ich zu meiner tiefen Schande nicht den leisesten Schimmer hatte.

Sie hatte Erbarmen mit mir, ließ mich nicht lange zappeln: „Luxemburgs Premier Pierre Werner in seinem 1970 entwickelten ‚Werner-Plan'."

Um dann gleich noch eine Frage nachzuschieben: „Wer war maßgeblich an der Einführung des Euro beteiligt und knapp acht Jahre lang der erste gewählte Präsident der Euro-Gruppe?"
„Jean-Claude Juncker", beeilte ich mich. Er war gerade erst Präsident der EU-Kommission geworden. Was sicher auch an mir vorbei gegangen wäre, wenn es nicht die tollen Anekdoten über Junckers Alkoholkonsum gäbe. Respekt. Immer

wieder, mit jedem Mal schallender hörte ich dieses Wort Respekt aus dem Rauschen des Bachs klingen und sah in den Wald hinein Junckers pulsierenden roten Zinken und seine schlaffen, zur Seite herabhängenden Augen.

„Wie viele Präsidenten der EU-Kommission stammten aus Luxemburg?"
Ich musste erneut passen.
„Drei von insgesamt zwölf. Gleich der erste, Gaston Thorn, trug wesentlich zur Stärkung der Kommission gegenüber EU-Parlament und Ministerrat bei."
Die Pausen wurden kürzer, das Tempo zog an: „Und danach, 1987, wurde er was wohl? Generaldirektor von Radio Luxemburg. Das gerade mit der Ausstrahlung eines deutschen Fernsehprogramms begonnen hatte."

Bumm aus. Stille. Auch kein roter Zinken mehr. Endlich hatten die ruhigen Geräusche des Waldes wieder allen Raum für sich. Ohne nachtragend zu sein und sich das kleinste Bisschen daran zu stören, dass wir sie gestört hatten. Ganz nah schon hatte der Bach uns zu sich kommen lassen. Unangreifbar nah. Auch wenn es ihn nicht gestört hätte: Ich konnte da jetzt nicht mit meiner Hand hineindrängen, spalten und aufwirbeln. Wasser, das, je näher ich ihm kam, gar nicht mehr rauschte, sondern munter gluckste. Beide knieten wir uns im selben Moment nieder, stützten uns auf die Hände auf, beugten uns mit dem Kopf herab, bis unsere Münder das Wasser berührten, und saugten es sachte in unsere Körper hinein, die nichts anderes waren als bizarre Ausstülpungen dieses Baches. Es war klar, dass wir so auch gleich pinkeln müssten – mit an die Wasseroberfläche anschliessenden Harnleitern.

Wie kam es, dass Luxemburg in Verschwörungstheorien nie eine Rolle spielte? Was die Luxemburger Verschwörung gleich noch viel verschworener wirken ließ. Und damit auch, dass wir beide sie hier und jetzt erfassten. Eigentlich nur: und ich sie erfasste. Ihr war das alles anscheinend längst klar. Womit sich die Frage stellte, warum sie mich genau jetzt einweihte. War sie Teil der Verschwörung? Wenn ich mich deswegen um so mehr in sie verliebte, was hatte Luxemburg davon? Und wer war hier überhaupt mit Luxemburg gemeint? Seine Bürger, seine katholische Elite oder der Staat als solcher? Woran aber ließ sich der Erfolg eines Staates überhaupt bemessen? Früher an seiner schieren Größe. Das war, seit der Ackerbau seine zentrale ökonomische Rolle verloren hatte, nicht mehr der Fall. Weiterhin Bodenschätze – da sah es in Europa schlecht aus. Blieb nur noch Geld. Und das verdiente man heute am mühelosesten, indem man einfach Unmengen fremden Geldes an sich vorbei bewegte und darauf achtete, dass ein ganz kleines Bisschen bei einem hängen blieb. So wie dieser Bach gerade unsere Körper befeuchtete, und dem wir im Gegenzug unsere stinkende Pisse schenken würden. Nur dass sich ein Staat nicht wie wir von der Stelle bewegen konnte, sondern gleich den Bach umleiten musste.

Bei Luxemburg war es nicht bei einem Bach geblieben. Es war wie das offene Abflussrohr einer riesigen Wanne. Drinnen saßen die anderen EU-Mitglieder und wunderten sich, dass egal wie viel Wasser sie einließen, höchstens ihr Po feucht wurde. All die Steueroasen auf der Welt langten über den Wannenrand und bedienten sich bei ihrem Wasser. Dabei merkten sie nicht, dass das meiste Wasser aus dem offenen Abfluss austrat.

Keine Insel in der Karibik, kein Jet Set, keine Alpen – Luxemburg war so gewöhnlich, dass man es immer wieder vergass und übersah. Ich wusste von keinem einzigen Luxemburger Wahrzeichen. Hatte nie davon gehört, dass jemand

Déi éischt homosexuell Koppel huet sech bestuet

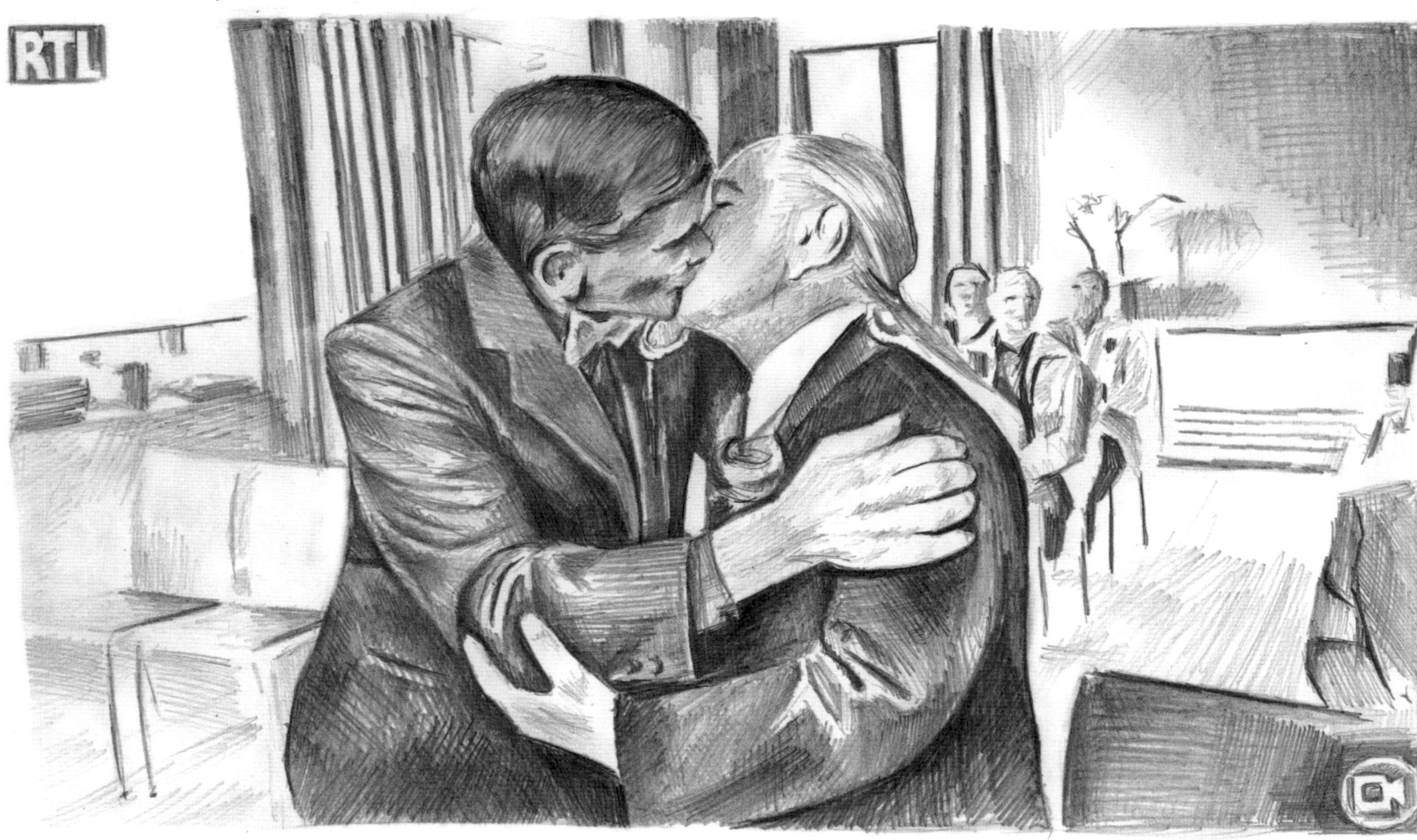

Urlaub in Luxemburg gemacht hatte. Nicht mal meine Mutter war für eine Tagesreise da gewesen. Und die Luxemburger gingen als Schwaben, Kölner oder Franzosen durch.

Waren wir überhaupt wirklich in Luxemburg? Ich hatte keine Ahnung, wie lange wir gefahren waren. Nur dass mindestens zwei Stunden vergangen sein mussten, so stark das LSD jetzt wirkte. Überall rollte, schwall und glitzerte das Laubeichelwesen, und ich verlor das Gefühl dafür, wer wir überhaupt waren. Menschen, Deutsche, Europäer, Mann und Frau waren äußerst sperrige Worte. Mit Gäste, Freunde, Liebende war es einfacher.

„Hast du", fragte sie, „mal von der Bombenleger-Affäre gehört?"
Nein, hatte ich auch nicht. Ich schüttelte den Kopf.
„Und von Gladio? Stay Behind?"
Ich hörte nicht auf, meinen Kopf zu schütteln.
„Im Kalten Krieg hat die NATO überall in Westeuropa geheime, oft von Rechtsextremisten dominierte Sabotage- und Guerilla-Einheiten installiert, die für den Fall einer Invasion durch den Warschauer Pakt aktiv werden sollten, aber die auch am Militärputsch in Griechenland und am Kampf gegen die türkischen Kurden beteiligt waren. In Italien verübten sie Terrorakte, um sie den Roten Brigaden anzukreiden und die kommunistische Partei zu diskreditieren. Und in Luxemburg ereignete sich Mitte der Achtziger eine Serie von Bombenanschlägen, mit denen Gendamerie und Geheimdienst scheinbar für ihre eigene Aufrüstung werben wollten. Immerhin ist Luxemburg das einzige Land, das sich mit Gladio noch beschäftigt. Wegen der schwelenden Affäre hat Juncker nach achtzehn Jahren als Premierminister abdanken müssen."

Auf der anderen Seite des Bachs, direkt uns gegenüber, stolzierte ein Fuchs. Er war sich seiner Sache sehr sicher. Wusste genau, dass wir den Bach nicht so einfach mal überqueren würden. Und selbst dann hätten wir keine Chance, ihn einzuholen.

Ich sagte: „Fehlt nur noch, dass er wie Castanedas Koyote zu sprechen beginnt."
Sie fragte schon wieder: „Du weißt, das Luxemburger Nationalepos, Michel Rodanges *Renert*, ist ein satirische Version von *Reineke Fuchs*?"
Ich fragte zurück: „Du meinst, Luxemburg ist *Reineke Fuchs* und führt dem restlichen Europa seine Dummheit und Scheinheiligkeit vor Augen?"
„Aber Europa ist dermaßen träge und verbohrt. Es muss noch so richtig schlimm werden, bevor sich alle zusammenraufen und bessern."

Bessern, was für ein schönes Wort. Viel besser als gut sein. Das war auch mein christliches Erbe: nie Gewissheit zu haben, auf der richtigen Seite zu stehen, und sich zuallererst selbst anzuzweifeln. So toll LSD auch war – man musste schon aufpassen, dass man nicht mal eben religiös wurde. Und da half am besten – das war noch besser als besser –, dass man nicht so viel nachdachte, sondern einfach schaute, hörte, roch, fühlte. Wie bezaubernd das Fell dieses Fuchses glänzte, seine spitzen Eckzähne funkelten, seine Ohren spitz empor standen, sein Schwanz sich flauschte und er Schritt um Schritt fast zu tänzeln schien. Wie gut, dass er nicht bloß zum Schmusen da war.

„Am Ende des Epos ernennt der Löwe, König Nobel, den unverbesserlichen Reineke Fuchs zu seinem Rat und Kanzler." Wir sprachen beide gleichzeitig, im Chor. Und eigentlich sprach der Fuchs.

Wir ließen uns nach hinten fallen, ins tiefe Laub. Robbten rückwärts und auf dem Rücken, bis wir einen größeren Flecken Sonne erreicht hatten. Dann schloss ich die Augen und sah eine Frau in lila Jacke, passend zu den Krokussen, die hier in einigen Monaten sprießen würden. Ein Junge tollte durchs Laub und trug eine blaue Kappe mit einem gelben Bagger und den gelben Worten „Build & Destroy". Ein Mädchen, zwölf, dreizehn Jahre alt, mit Liz-Taylor-artigem Make-up, balancierte das Ufer des Baches entlang und trug auf der offenen Hand einen Haufen maschinell geschnittener, schon etwas schwitziger Salami-Scheiben, die sie eine nach der anderen aß. Dann begann es zu regnen. Was ich fühlte, aber nicht sah.

Wir gingen zurück ins Auto. Da die Wirkung noch sehr stark war, fuhren wir nicht gleich los. Wir hätten nach dem luxemburgischen Radio Luxemburg suchen können, das hatte ich noch nie gehört. So wie ich auch noch nie in meinem Leben jemanden hatte luxemburgisch sprechen hören. Dafür hätten wir aber als erstes die Zündung anlassen müssen.

Die Sonne ging unter, auf den Regen folgte Nebel, und wir schliefen ein. Wachten auf, als uns kalt wurde, und fuhren heim. Auf dem Weg schlief ich dann noch einmal ein. ●

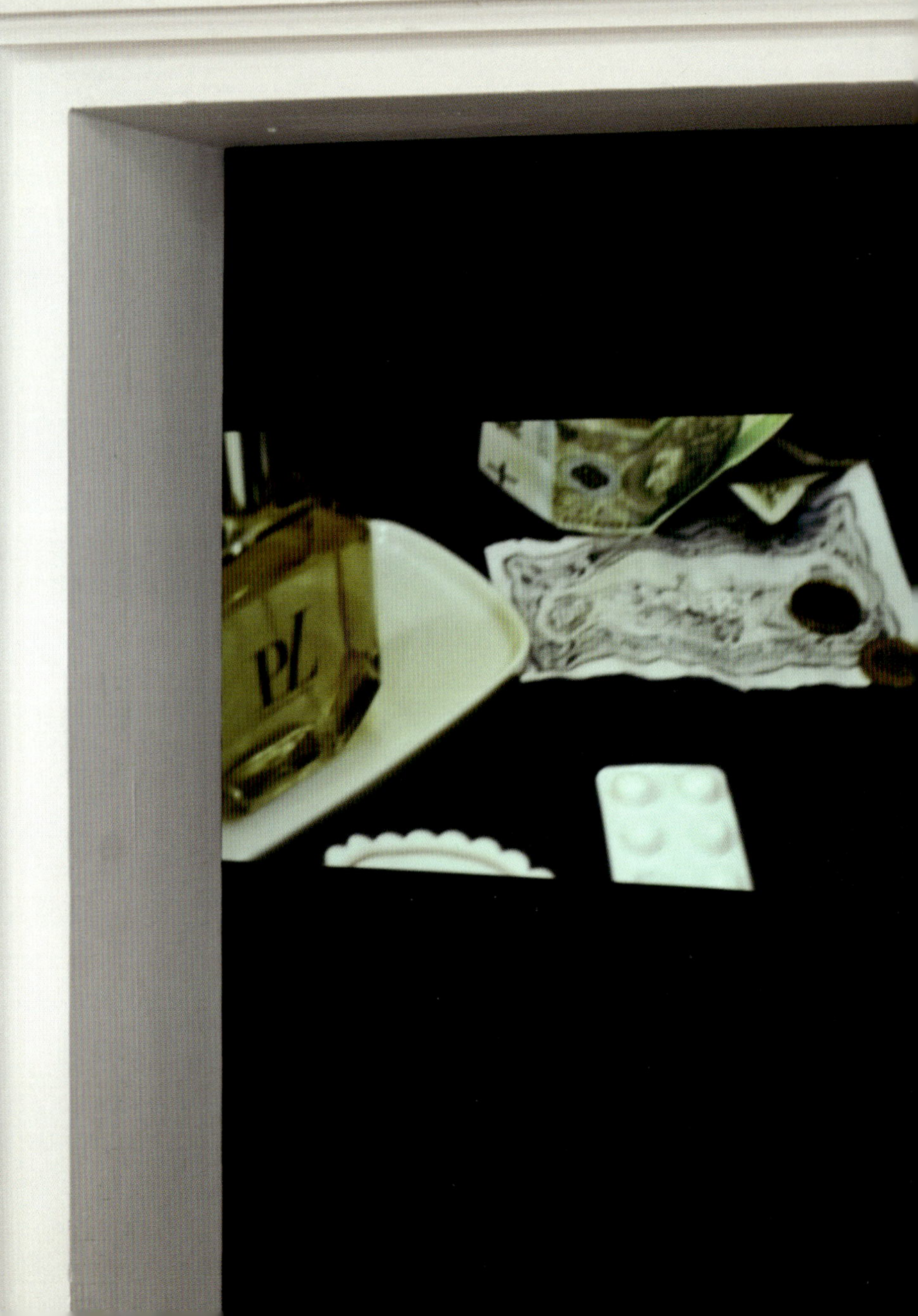
VOYAGE AU BOUT D'UNE

DENTITÉ

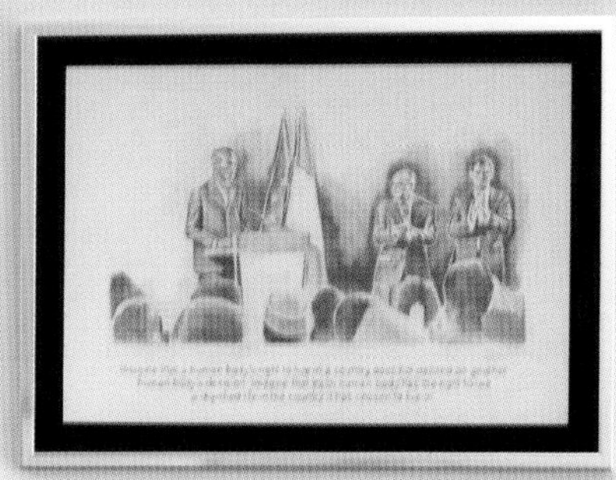

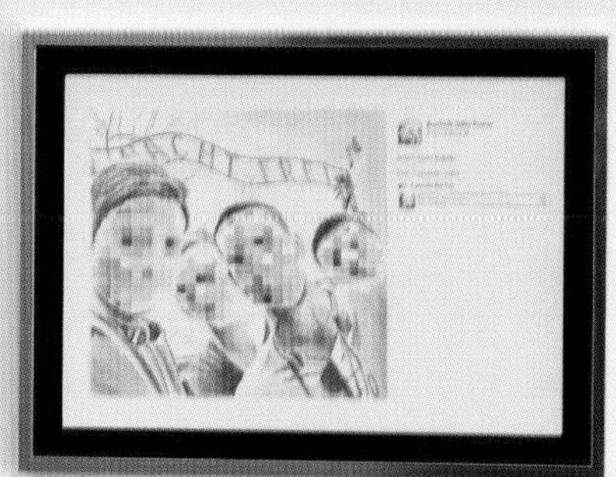

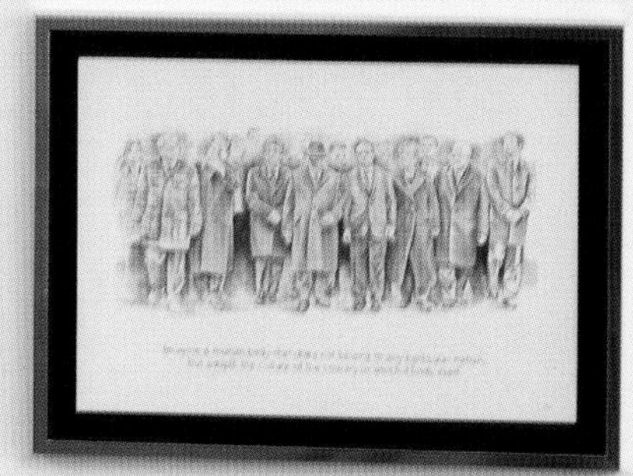

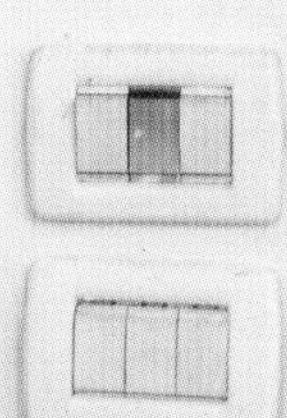

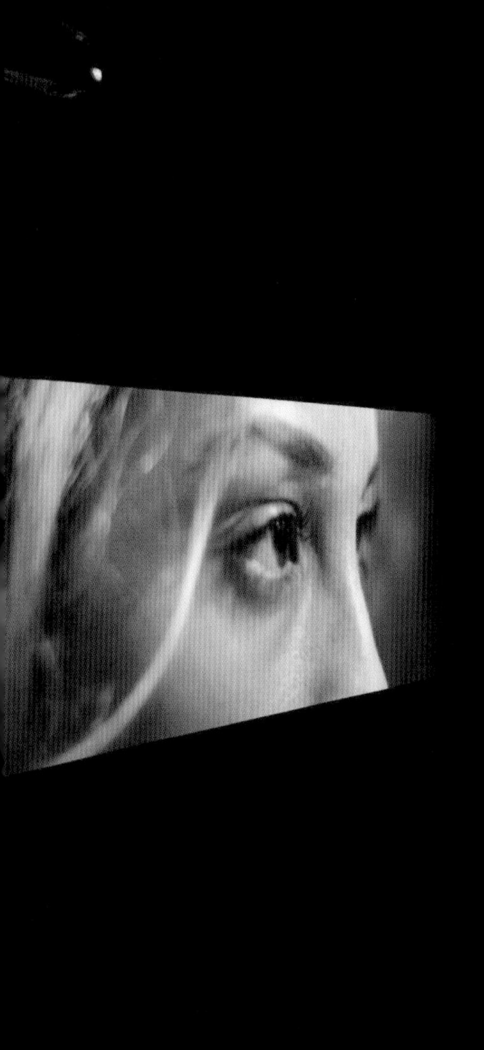
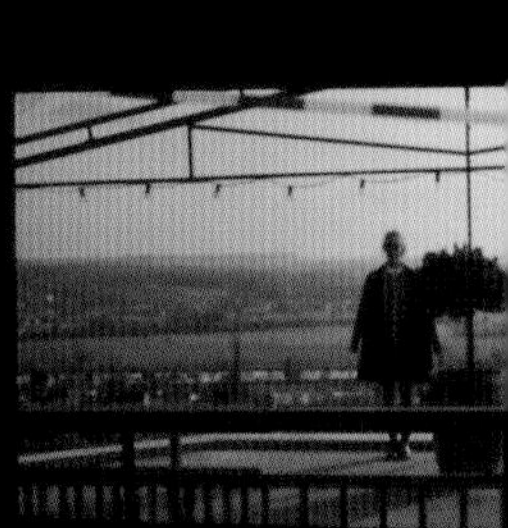

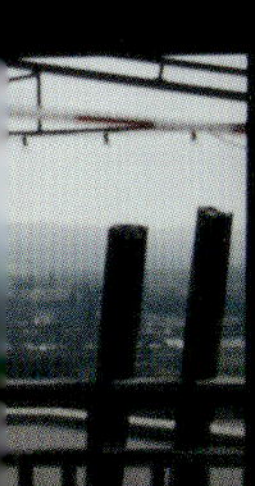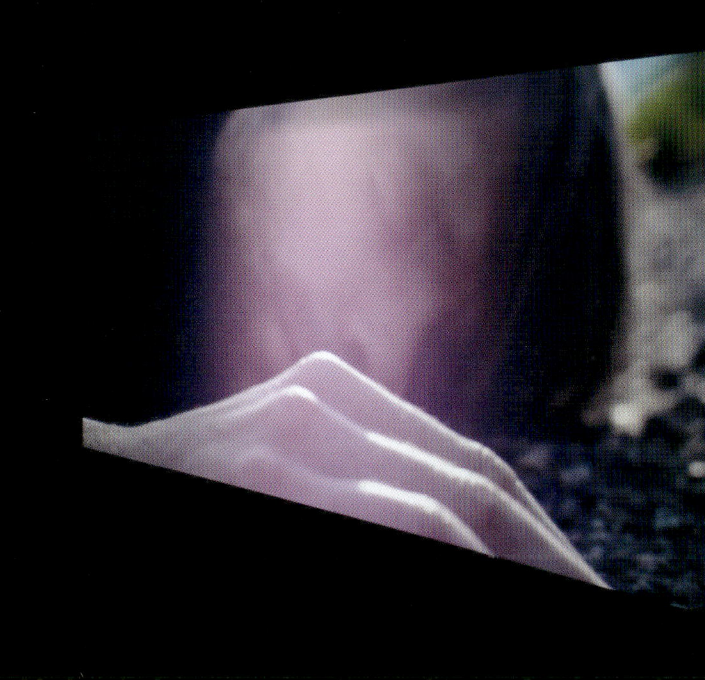

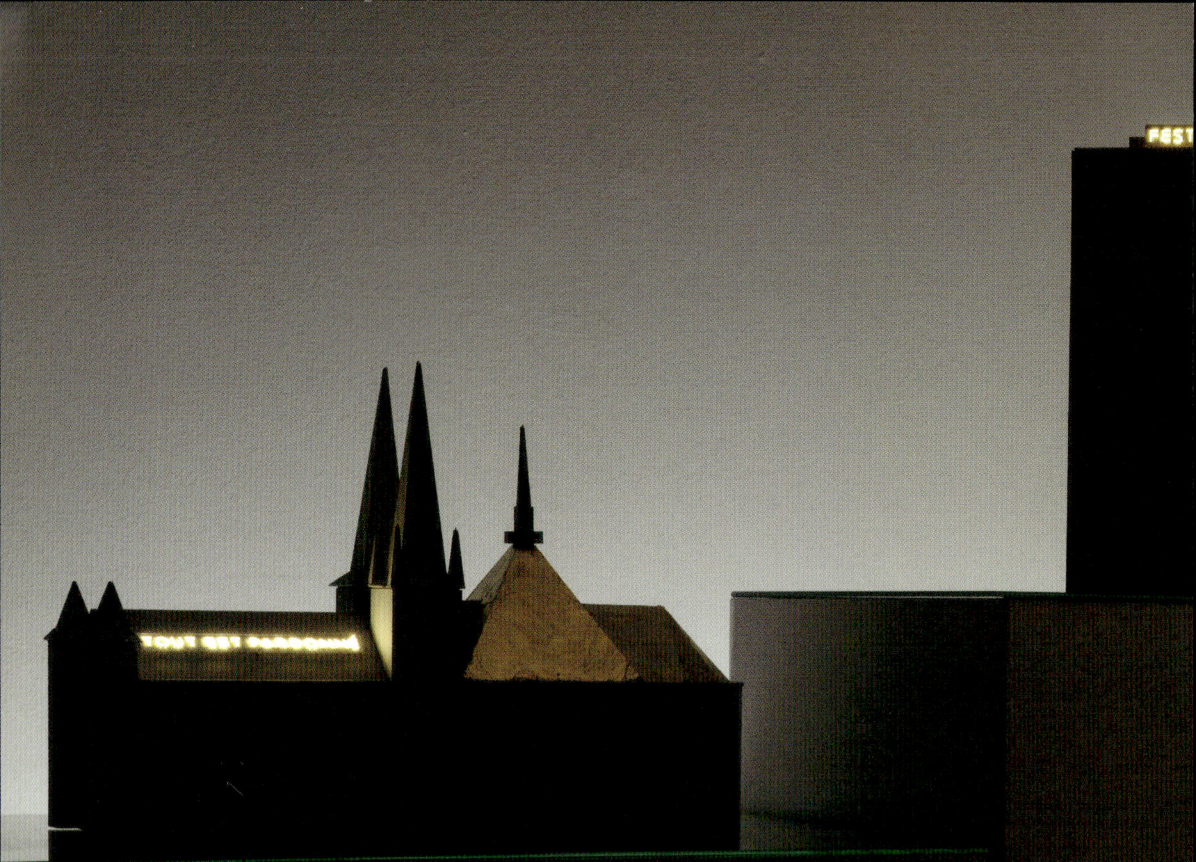
TOUT EST PERSONNEL
FEST

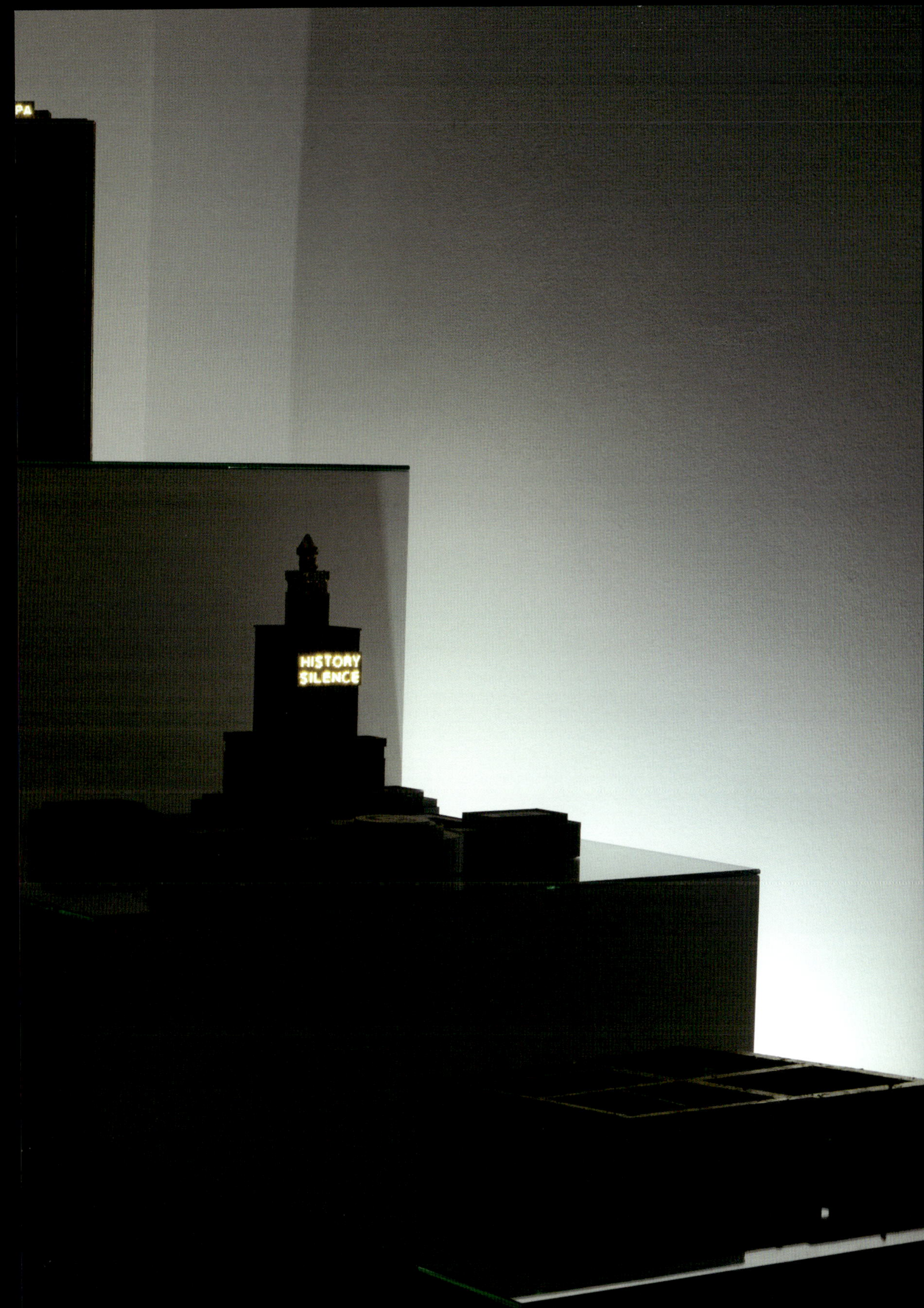
HISTORY
SILENCE

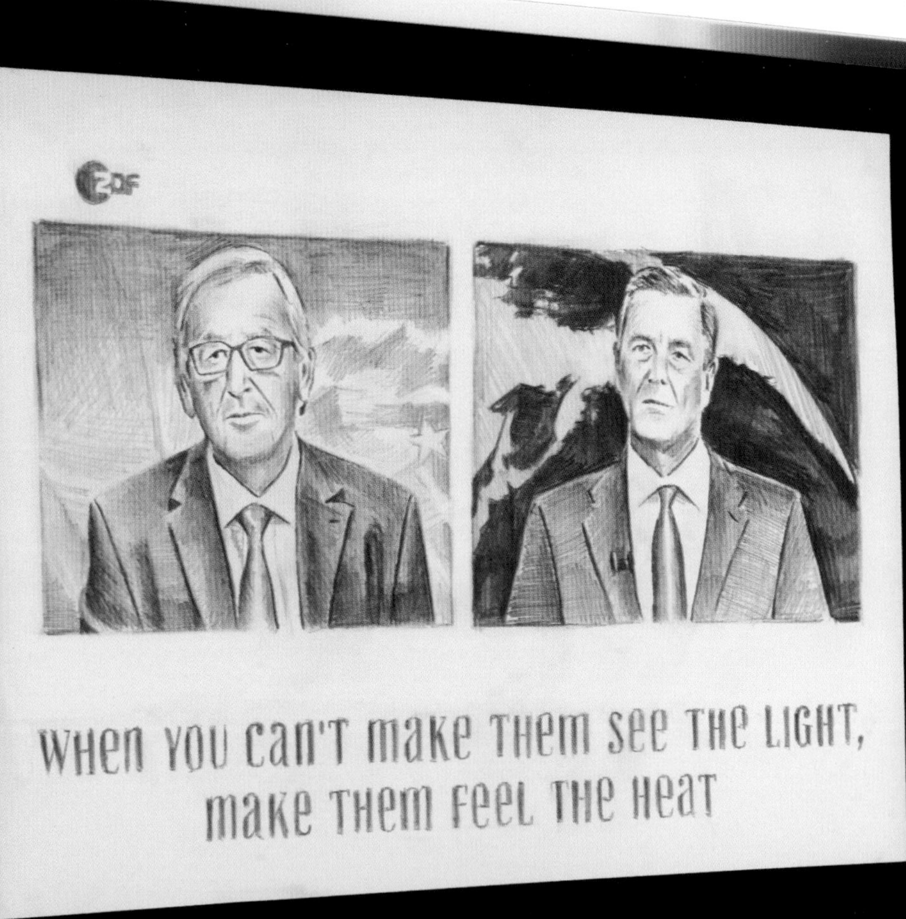
ZDF
WHEN YOU CAN'T MAKE THEM SEE THE LIGHT,
MAKE THEM FEEL THE HEAT

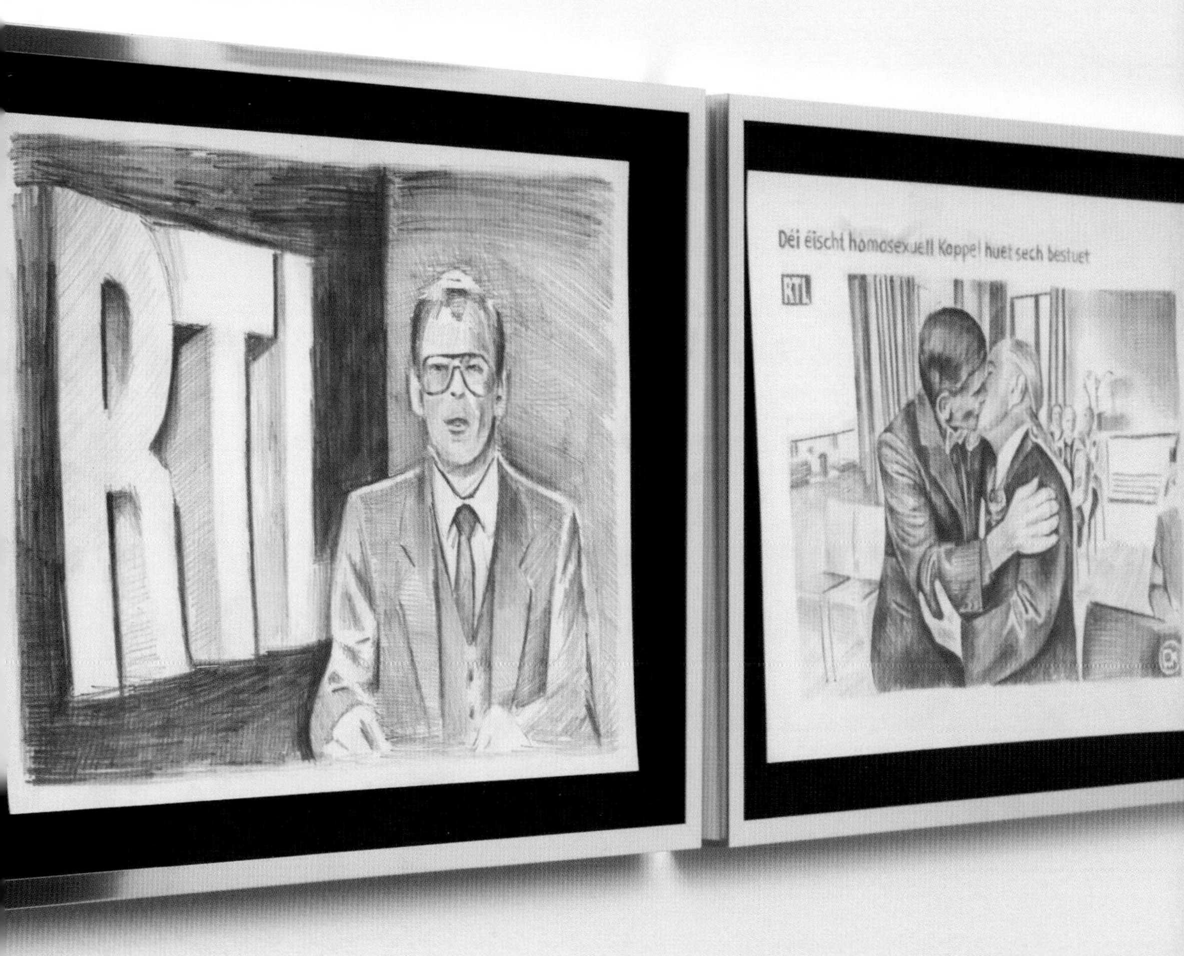
RTL
Déi éischt homosexuell Koppel huet sech bestuet
RTL

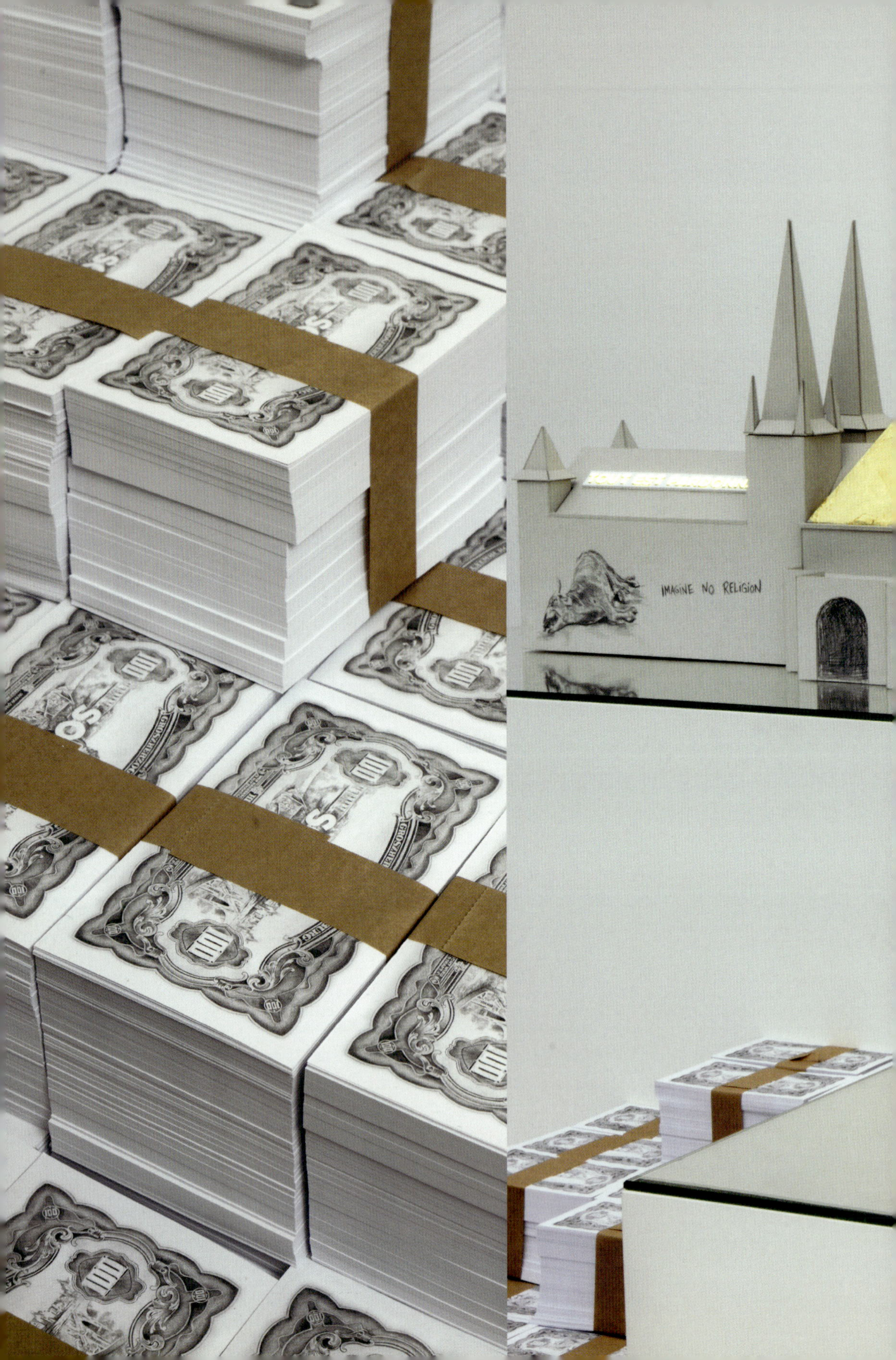
IMAGINE NO RELIGION

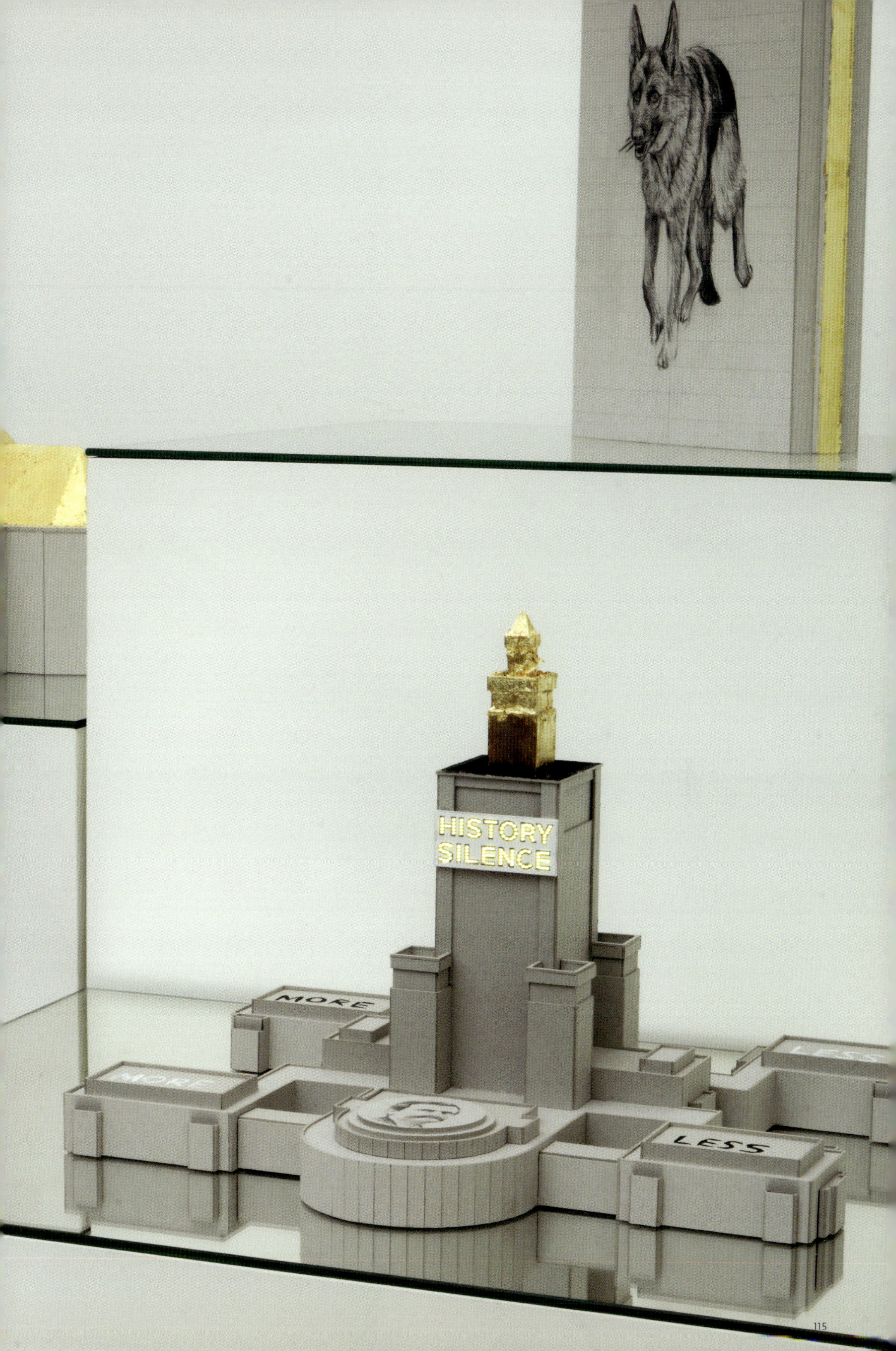

HISTORY
SILENCE
MORE
MORE
LESS
LESS

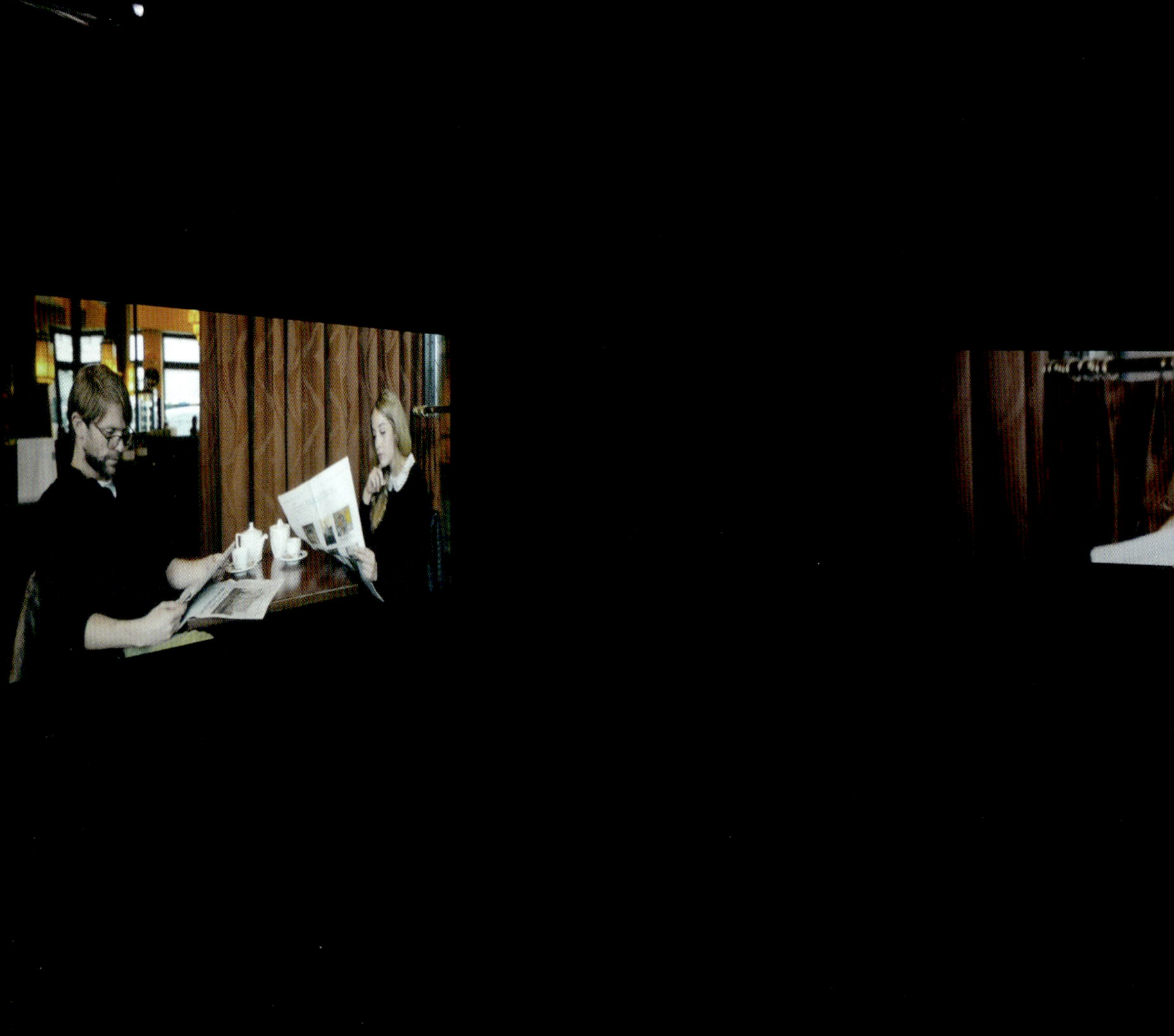

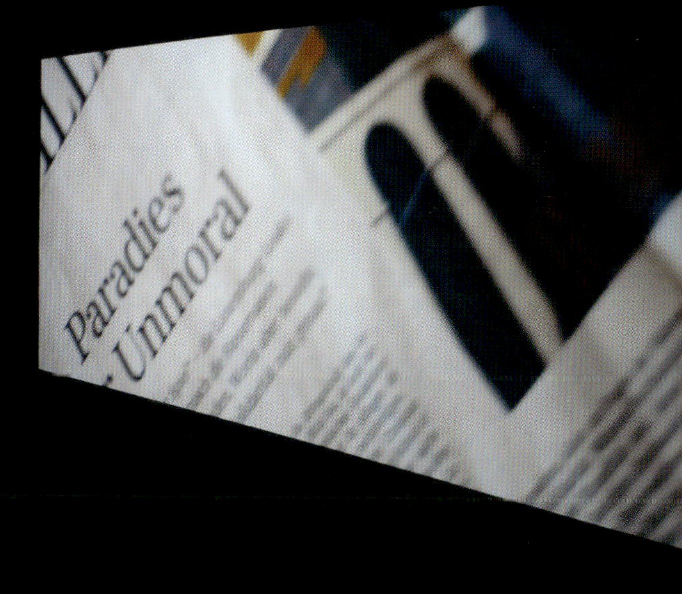
Paradies
Unmoral

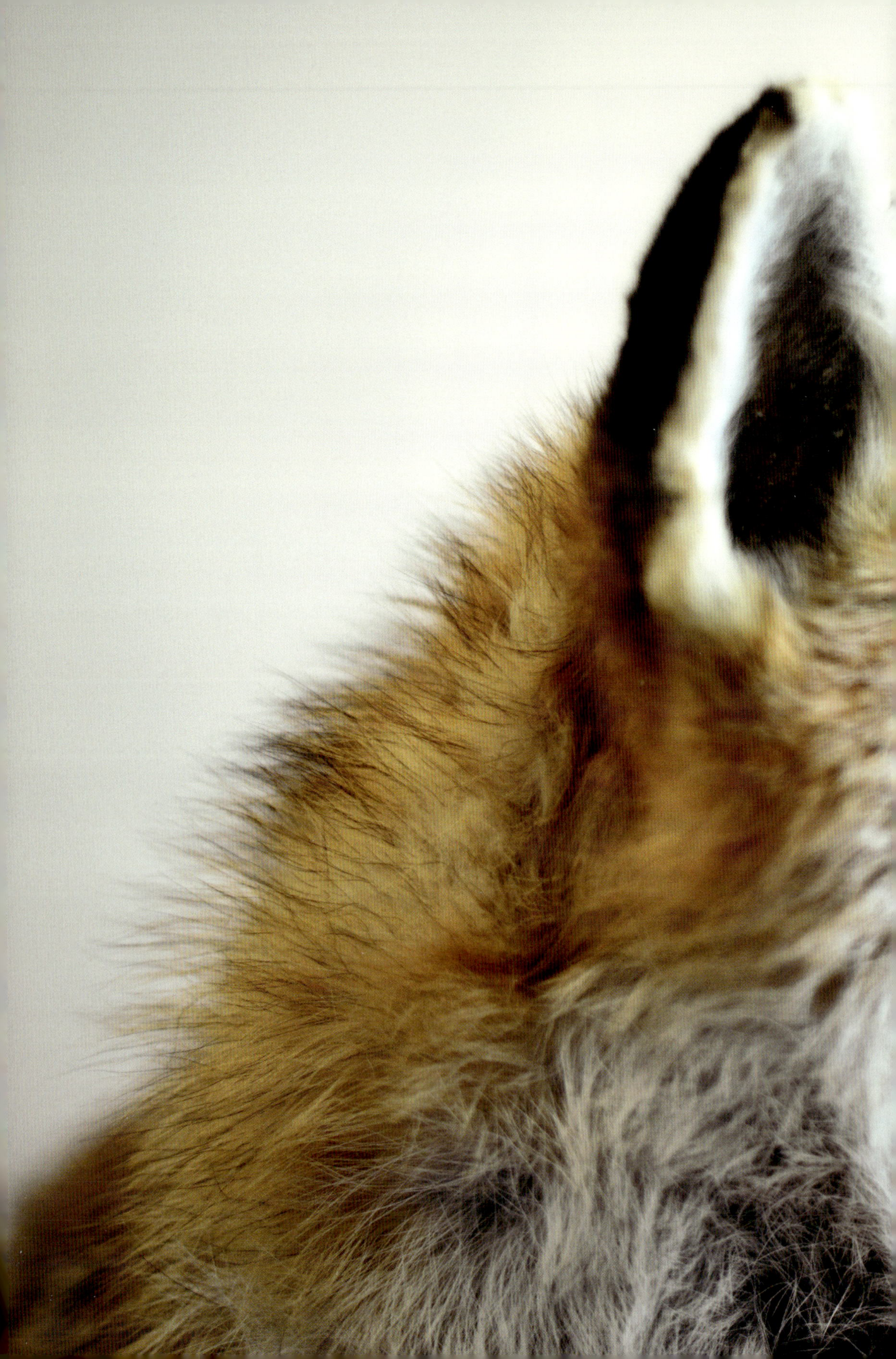

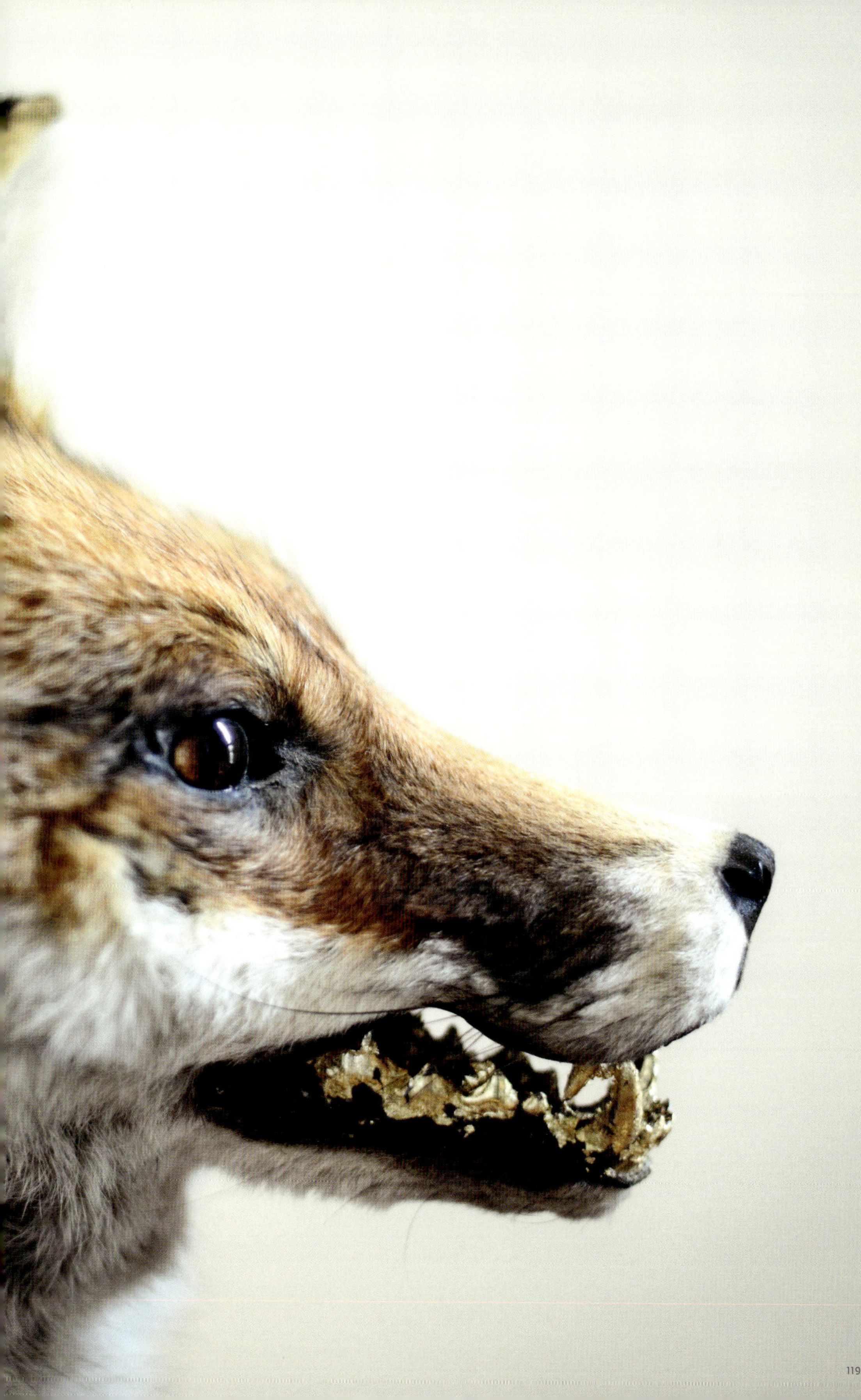

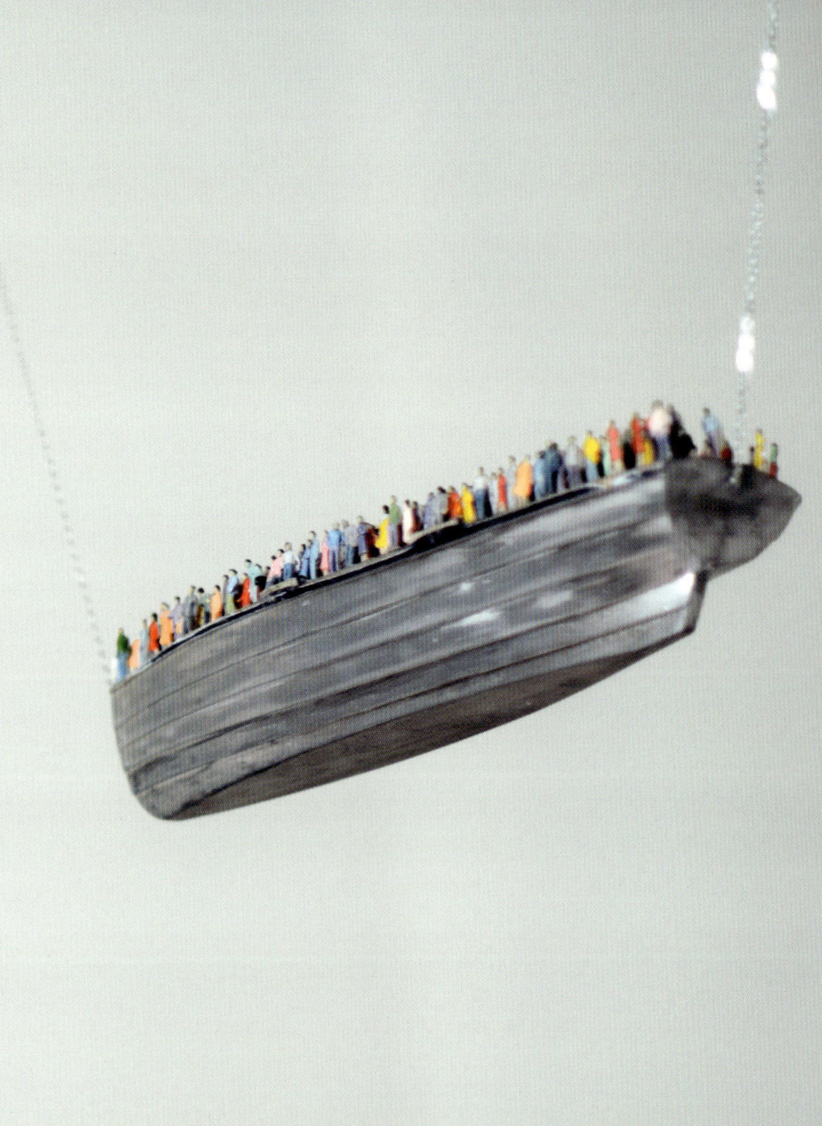

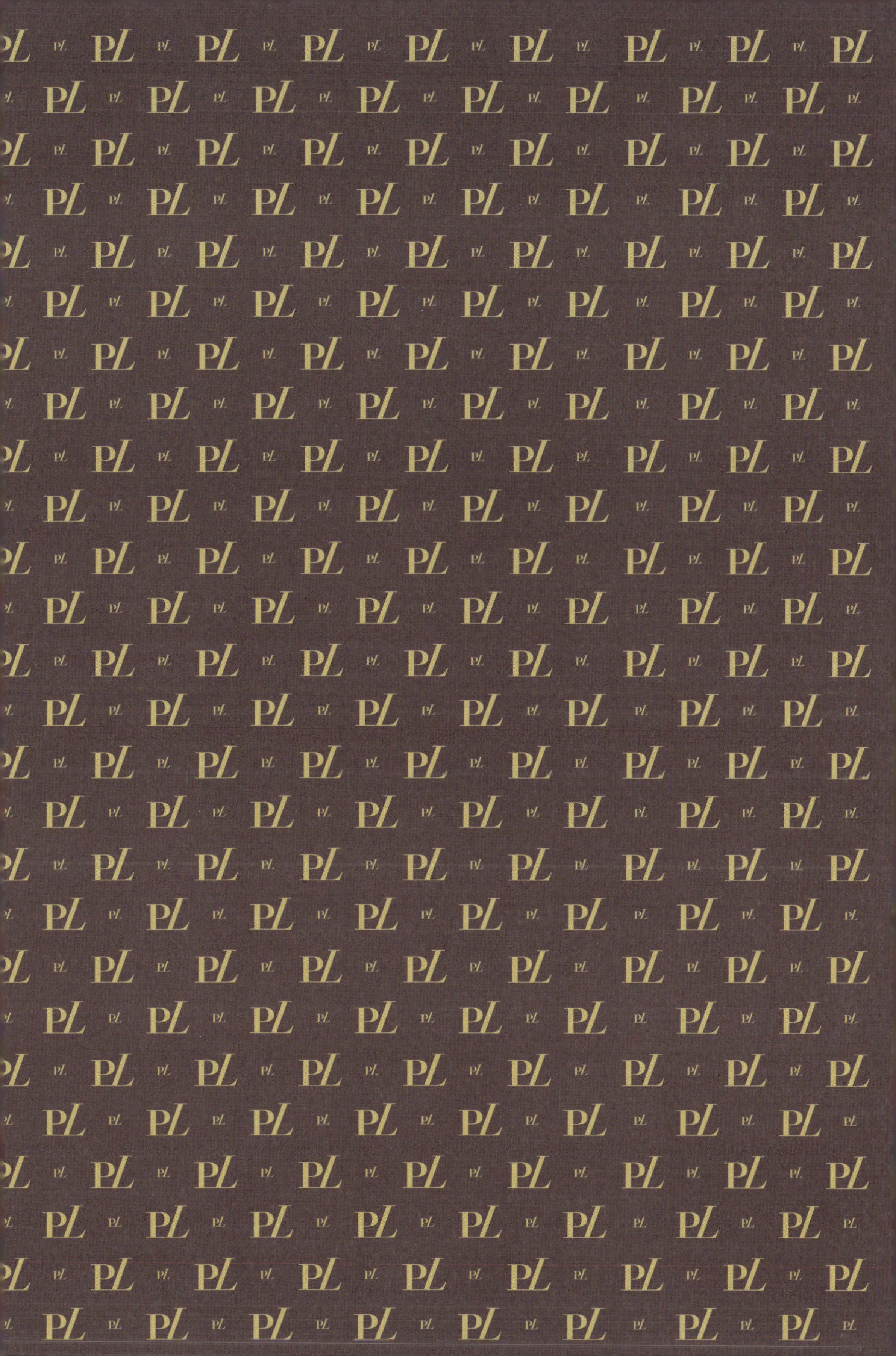

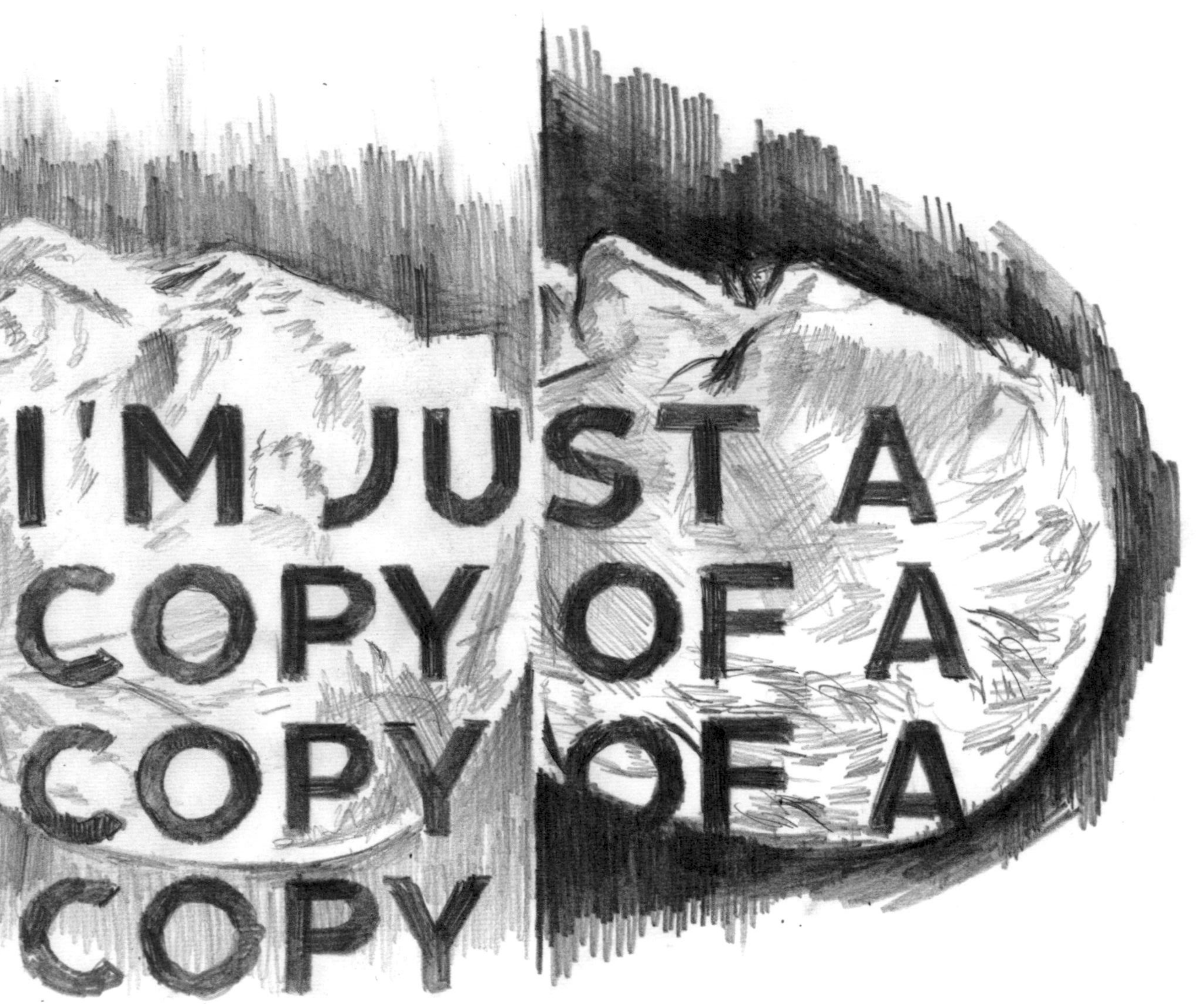
I'M JUST A COPY OF A COPY OF A COPY

PICTURING THE THEATER OF THE WORLD

THE ART OF FILIP MARKIEWICZ AND HIS ALTER EGO RAFTSIDE IN A FEW KEYWORDS

JOSÉE HANSEN

DOUBLE

When, on September 4, 2014, Filip Markiewicz fell to his knees in front of a female member of the audience, sprawling over the floor with his torso bent backwards, clutching his gold-colored electric guitar in his lap, he was both an incarnation and a grotesque caricature of the perfect rock star. He was Raftside, the alter ego of the visual artist, a stage persona he created during his studies at Marc Bloch University in Strasbourg in the early 2000s. As in this appearance in the framework of "Fail" at Nosbaum-Reding Gallery in Luxembourg, a group show around the concept of failure in the Beckettian sense as a never-ending beginning, Raftside is never far when Markiewicz exhibits his work. In this instance he had also filled an entire room with an arrangement of small paintings—mostly square, in a nod to the shape of vinyl record sleeves—pencil drawings on paper, and a white drawing on a black wall. As always, his work examined popular culture and the cruelty of the world. Before anything else, Markiewicz is a hypersensitive browser that scans the news, the world's images and sounds, and filters out the most obvious clichés and statements, which are then integrated into the work properly speaking.

CULT OF THE IMAGE

"It is the potential of cult images that is deviated by contemporary artists, whether for the purpose of analysis, critique, subversion, storytelling, or all of this at once," writes Catherine Grenier in an essay on the manipulation on images in contemporary art (*La Manipulation des images dans l'art contemporain* [Paris: Éditions du Regard, 2014], 25). The cult images in Markiewicz's work are borrowed from all kinds of realms and combine into an iconoclastic mix of references to TV series, media images documenting the atrocities committed by fanatics of all creeds (be they economical, political, religious, or ideological), the artist's pop-music heroes or art icons, politics, random YouTube junk, and glossy magazines. While Raftside sings with a mixture of poetry and derision about impossible relationships, betrayed friendships, the love for his son, or even pasta (*International Noodle Conspiracy*), Markiewicz paints a melancholy picture of a world falling apart, of Europe as a helpless bystander to the economic crisis, the rise of unemployment and xenophobia, the erosion of its pacifist ideals, ambient cynicism, and the blatant inequalities that still divide this planet. While the former mocks and laughs, the latter bitterly records the end of his illusions.

fifteen years now, allowing him to retain some of his own youthful naivety and genuine amazement at art and life. In his early concerts, as if to protect himself, he wore white-framed sunglasses reminiscent of the French pop singer Michel Polnareff and toyed mainly with references to the end of communism and US consumerist imperialism, but his persona has gradually evolved in reaction to events in the world.

As part of the exhibition "Elo – Inner Exile, Outer Limits" at Mudam in 2008, for example, Markiewicz presented *Disco Guantanamo*, a multimedia installation that included drawings of people in the headlines at the time (among whom Josef Fritzl, the incestuous Austrian pedophile whose shocking crimes had just come to light and who featured here alongside the stern warning "never [to] trust a white man") punctuated like the Stations of the Cross by the artist's trademark self-deprecating jokes ("who the fuck is Filip Marketing?"), while the neon light spelling "Disco Guantanamo" assembled these contemporary mythologies, where world politics, trivial news items, and pop culture merge into an inextricable whole, under one overarching visual identity. Thanks to the eponymous song, which could be heard and bought in the exhibition as a limited-edition vinyl, this work radiated into the viewer's private sphere.

MASK

"Raftside is a mask, and the good thing about masks is that they don't age," says Markiewicz when asked about how his alter ego evolves. Raftside has been the artist's companion for

THE GIFT OF SELF

To fully grasp Markiewicz's work, one has to attend his openings, which (almost) always include a performative aspect. For "Alterviolence" at Beaumontpublic Gallery in Luxembourg in 2010, he squarely set up an altar with candles underneath a drawing of a crucifixion (with Johnny Cash in the role of Christ, and a bath tub for ironic distance)

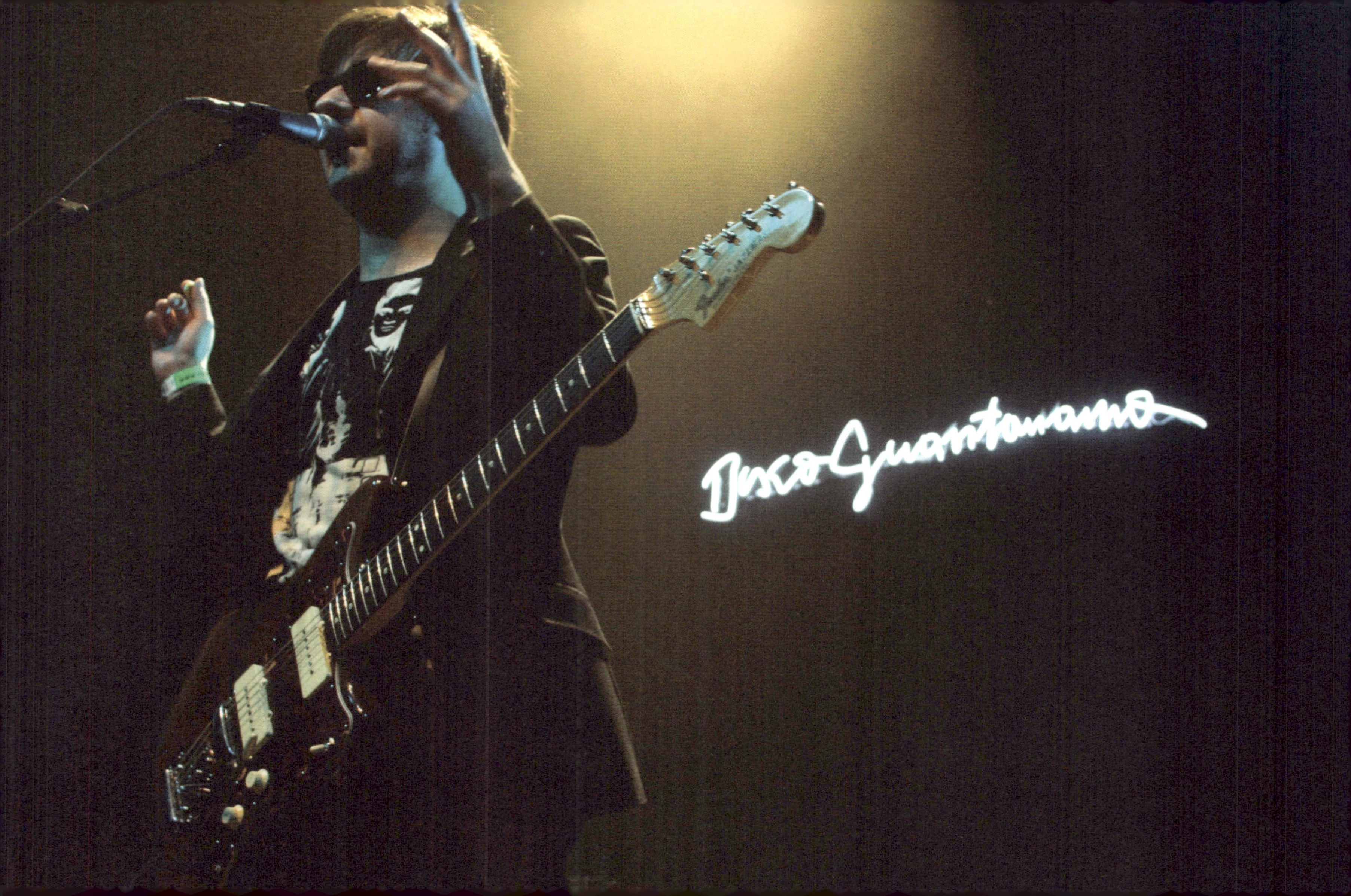
Disco Guantanamo

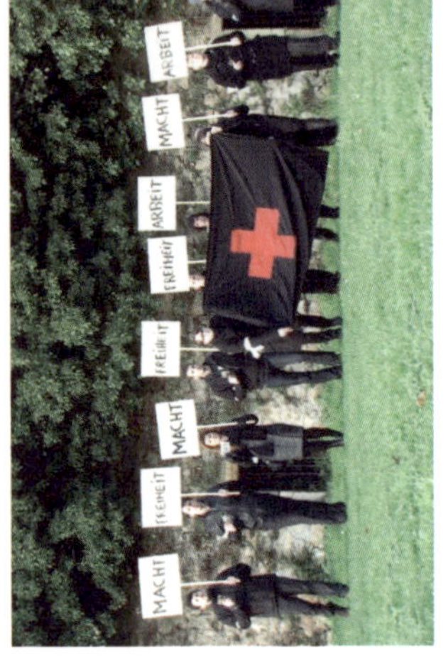

and launched into a performance based on Catholic rites (religious imagery is recurrent in his work). For "Silentio Delicti" at Neumünster Abbey in 2012, he filled four rooms with films, drawings, and a large installation about the end of the European ideal. During the opening he performed variations of the words forming the sinister Auschwitz slogan *Arbeit macht frei* (Work makes free), accompanied by soloists from the Luxembourg Military Band, the songwriter Serge Tonnar on guitar, and singer

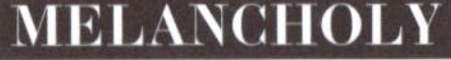

Fred Treffel. The performance ended with a procession to the courtyard of the Abbey, where the cast proceeded to install a cross made from red LED lamps visible at night from afar. The ritual, if not sacral, dimension of these performances, with their aspiration for a total work of art, is reminiscent of Viennese Actionism, but also of the work of artists of Markiewicz's own generation such as the provocateur Jonathan Meese, to whom he felt close at the time.

MELANCHOLY

A seismographer of the fundamental malaise of a world where Syrian refugees are receiving less public attention than any starlet who has a breast job, Markiewicz steers well clear of cynicism or pathos. He avoids caricature and insult by bringing together seemingly eclectic elements and realms, and offers his very personal interpretation of the world. Melancholy pervades his film *Empire of Dirt*, shown at Beaumontpublic in 2007, for which he invited the punk band Extinct and their fans to stage a performance in the gallery's cellar spaces several days before the opening of the exhibition. Free to appropriate the space in whichever way they wanted, they spray-painted the walls and trashed the place. The film documenting the proceedings, however, is distinctly phlegmatic, the swansong of a disillusioned, lifeless youth, and the artist's comment on the Virginia Tech shooting of that year, which had left more than thirty dead.

ICONS

Lady Gaga, Conchita Wurst, Viviane Reding, Liliane Bettencourt, Serge Gainsbourg, Mahmoud Ahmadinejad, Pope Benedict XVI, Werner Heisenberg, an Islamic State hostage about to be decapitated, Pharrell Williams, Luxembourg's Grand Ducal family, local cycling heroes the Schleck brothers, politicians involved in a series of scandals engulfing the country's secret services, angry students at a rally, the most influential people in the art world… Markiewicz blurs the boundaries between high art and popular culture: everybody is a VIP, hence an icon that can be included in his work. For "Le Retour du Plombier Polonais" (The Return of the Polish Plumber), his solo show at Centre d'art Nei Liicht in Dudelange in 2014, he mirrored the bestiary populating his drawings (owl, eagle, cow) with a group of stuffed animals (wild boar, owl, hare) in what was clearly a nod to Joseph Beuys. Markiewicz's work is also an encyclopedia that records the absurd ubiquity of images in the present world.

FILM AND FICTION

Film and fiction gradually found their way into Markiewicz's practice, first in the guise of homemade video clips for the songs interpreted by Raftside, partly collages of disparate elements interspersed with text and partly more linear stories, but always centered on travelling or movement and shot in big cities. While in other works, film mainly serves as a documentary medium—such as the clip that was part of the installation *Madeinferno* shown in the exhibition "Moving Worlds" at Carré Rotondes in Luxembourg in 2010—it was with *Low Cost Symphony (Part 1)*, shown in Dudelange in 2014, that Markiewicz resolutely embraced fiction. Although this film, which was shot on location in Paris with minimal equipment (a simple photo camera with a microphone), is in part based on dialogues written by the artist himself, it leaves plenty of room for improvisation and unforeseen events. Markiewicz accepts technical blunders (blurring, shaking …) and hesitations for the benefit of spontaneity; the quality of the image seems less important than its sense of immediacy. Signs of a new New Wave?

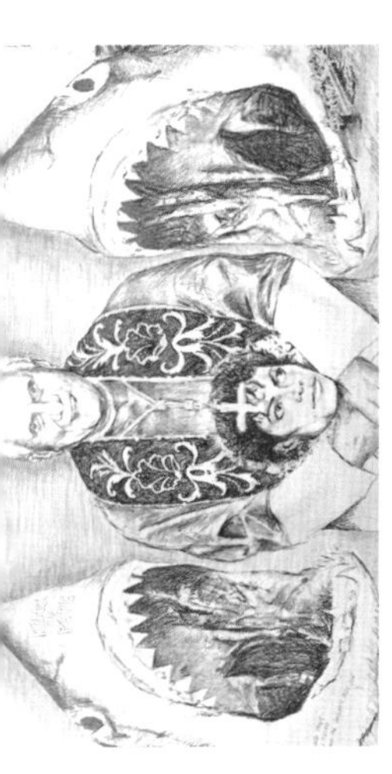

Low Cost Symphony (Part 1) shares the concerns of his other work (an awareness for the absurdity of life and the vanity of our times, phenomena enhanced by social media; inequality in the world; the disillusionment that followed the fall of

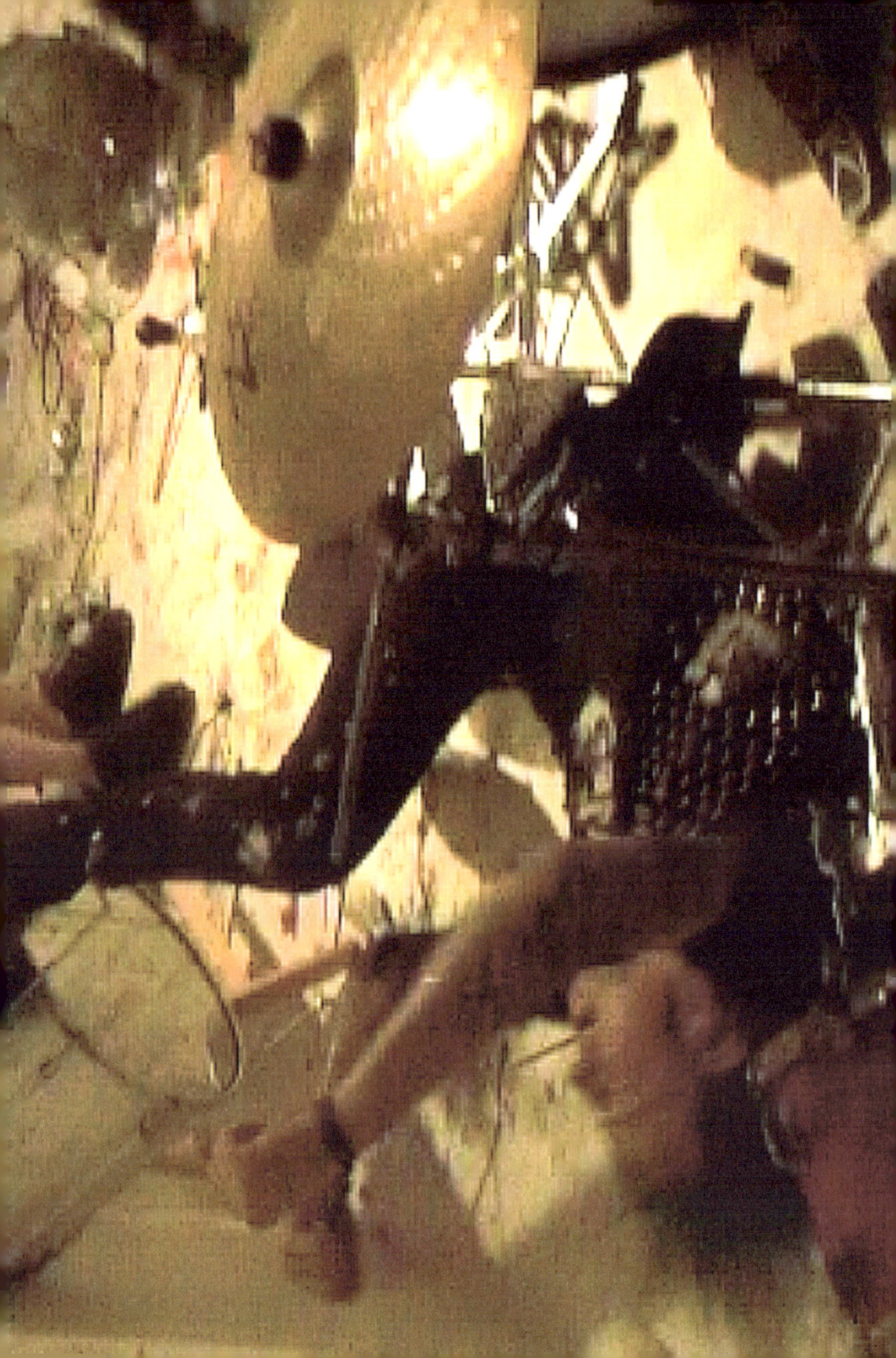

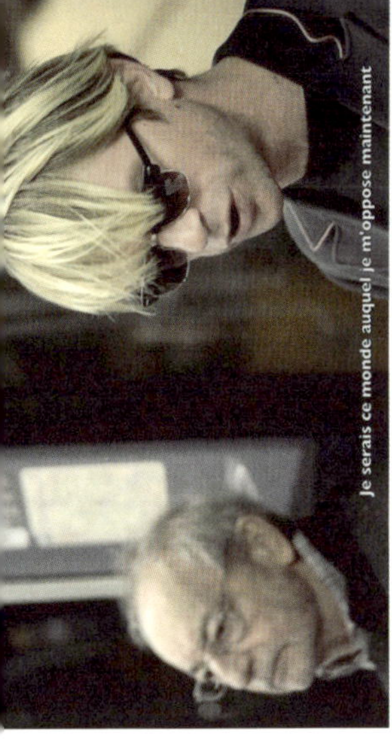

the Berlin Wall; the fate of migrants trying to find their place in Western society and this society's utter indifference…), here underpinned with literary references to Dante's *Inferno* or Camus's *Myth of Sisyphus* and played in a naturalistic vein by actors embodying the artist's alters egos (Luc Schiltz was already one of them). *Journey to the End of an Identity*, which forms part of "Paradiso Lussemburgo," is to some extent an extension and continuation of this earlier film.

POLYPHONY

"I lean toward cinema because, formally, it's a condensation of my research," explained Markiewicz in an email to the author in December 2014. "It allows me to express an aspect of writing and performance that I normally communicate through Raftside. Here, actors interpret my texts and dialogues, I film them, and I compose during the editing. It's a new mode of expression I'm currently exploring, a kind of docufiction." Everything is therefore a question of rhythm and breath, of ambiance and pertinence—as in Raftside's songs.

MILLENIAL

Although Markiewicz was born in the early 1980s, before the emergence of Internet ("We're probably the last generation to have learned art history without Wikipedia," he joked in an interview with the Luxembourg weekly *d'Lëtzebuerger Land* on August 2, 2013) and after glam rock, disco, and punk, he grew up with these musical trends. David Bowie, Lou Reed, Iggy Pop, but also camp icons such as Bonnie Tyler and Stevie Wonder provided the soundtrack of his childhood and adolescence—global stars whose aesthetic microcosms equally fascinated him. To this day he recalls how old he was when he first heard certain songs, and on which device he would listen to them over and over. He was so infatuated with show business that it seemed obvious he would one day ply his trade as an entertainer. Not surprisingly, the unbridled creativity of Warhol's Factory became a model for his own practice.

POLITICS

An avid newspaper reader, Markiewicz also likes to venture into publishing himself. He co-founded the magazine *Salzinsel* in 2005 with his sister Karolina and worked for some time as its graphic designer as well as one of its writers and illustrators. Later he collaborated with the weekly *d'Lëtzebuerger Land*, contributing essays and drawings on current political events, while producing a series of drawings for the Austrian daily *Die Presse* to mark the tenth anniversary of the 9/11 attacks. These drawings are more realistic in tone, observing and reproducing rather than commenting. In *Stay Behind*, from 2013, a book

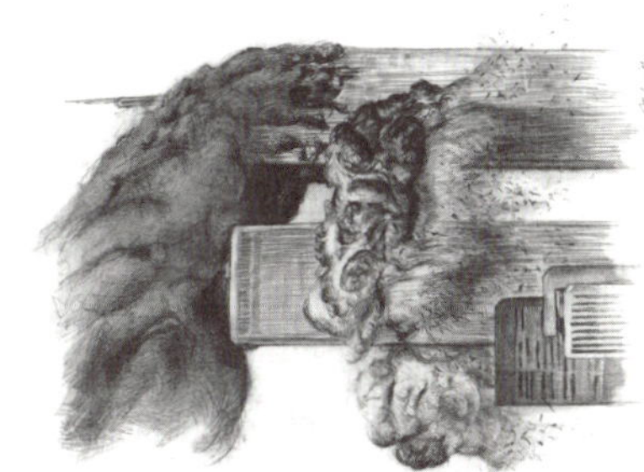

"FUCK THE MARKETING, WHO IS FILIP?"

of drawings around a series of unsolved
bomb attacks in Luxembourg in the 1980s—
the so-called *Affär Bommeleeër* at the heart
of a lengthy trial that brought to light a
string of dubious political maneuvers and
counter-terrorist activities and shook
the foundations of the Luxembourg State—
he examined the iconic images that
dominated in TV and press coverage of the
proceedings. Through a technique of
contrapuntal montage, he commented the
events by establishing unexpected
connections. These drawings, which are
more political in nature, form a highly
original visual memory of the country's
recent history.

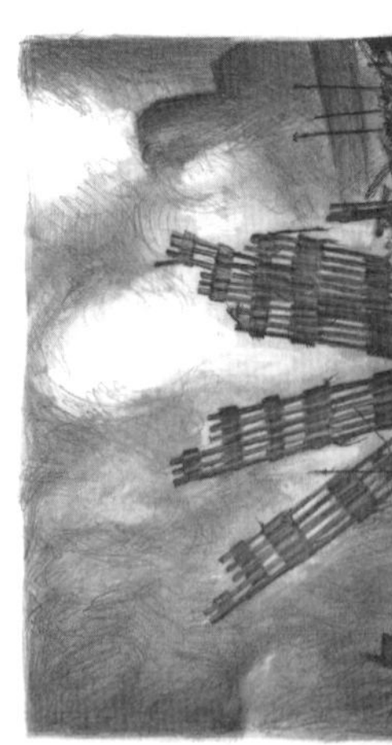

EGOMANIA

For Markiewicz the world is a theater stage of which politics are but a part. Political debate as a hyper-codified process serves similar purposes to a concert by Lady Gaga, namely grabbing the attention of over-stimulated crowds and generating likes or retweets. As someone aware of the importance of self-promotion, Markiewicz expertly stages his persona on social media platforms (personal website, Facebook and Twitter pages, Vimeo, YouTube, Bandcamp, SoundCloud), all the while criticizing vanity as a kind of behavior rewarded by a society he describes as "pornographic." To be at once an actor and critic of this system is not the simplest of tasks, but one which, as so often, he approaches with a quirky humor and irony that allow him to keep his distances with the perfect world on our high-definition screens.

FRAGMENTS

Just as a novelist writes the same book over and over again, Markiewicz projects the same vision of the world across his works: capitalism, whether in the East or in the West, eats its children and deprives them of their hopes for a better world. With the hubris of a rock star and the modesty of a poet, he decomposes and recomposes this superego and, within its multiple fragments, implements small shifts of meaning and dialectical montages, in which his political analysis is constantly offset by purely decorative esthetic elements, such as, for example, the color triangles on his drawings, or the gold-colored tiles in one of his installations. Raftside, then, is the little boy who observes Markiewicz at work and sings happily, "Love is like a lemonade."●

PASSIONFRUIT

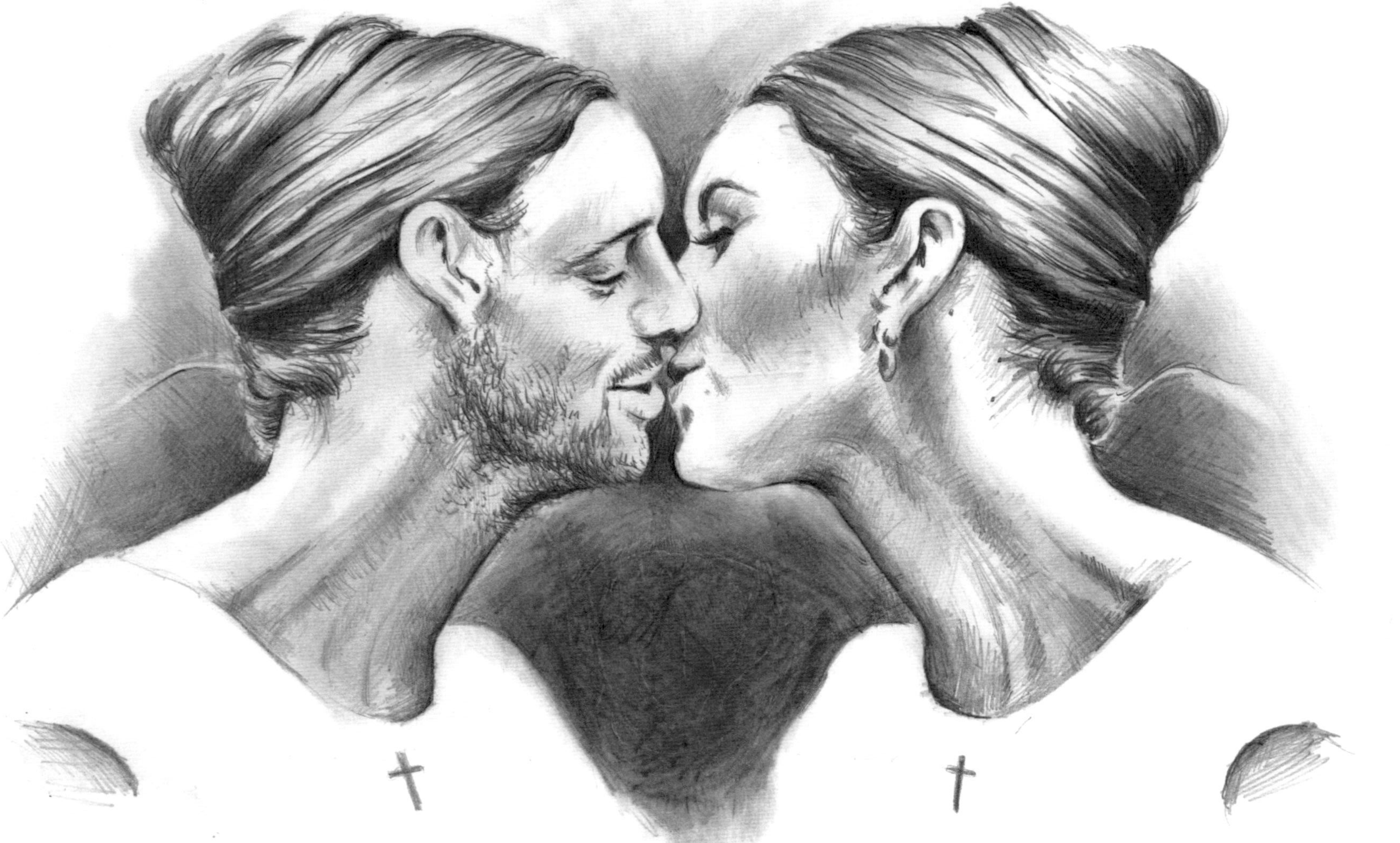

Faire image
dans un monde-théâtre
Quelques mots-clés
pour suivre l'évolution artistique
de Filip Markiewicz
et de son alter ego Raftside

JOSÉE HANSEN

UN DOUBLE

Lorsque, le 4 septembre 2014, Filip Markiewicz
se vautre par terre, aux pieds d'une spectatrice,
agenouillé, le buste penché vers l'arrière,
sa guitare électrique dorée sur les jambes, il
est à la fois l'incarnation et la caricature
grotesque de la parfaite rock star. Il est alors
Raftside, alter ego de l'artiste plasticien,
qu'il a créé lors de ses études à l'université
Marc Bloch à Strasbourg, au début des années
2000. Comme ici, dans l'exposition de
groupe « Fail » à la galerie Nosbaum Reding à
Luxembourg, tournant autour de l'échec
comme éternel recommencement dans
l'esprit de Beckett, la figure de Raftside n'est
jamais loin quand Filip Markiewicz expose.
Pour cette exposition, il s'est approprié
une salle entière avec une composition de

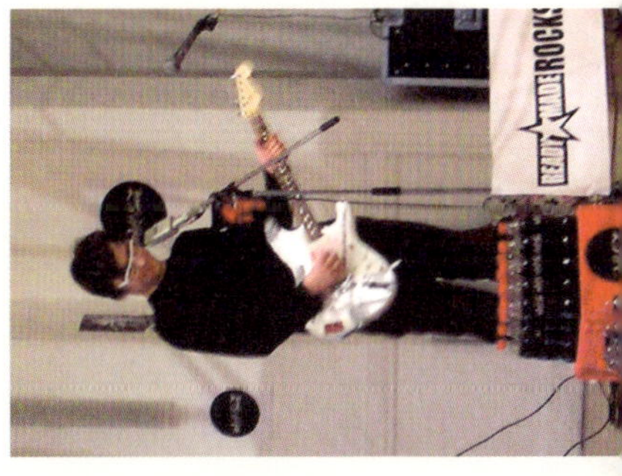

petits tableaux – de préférence en format carré,
en référence aux pochettes de disques –,
de dessins au crayon sur papier et d'une fresque
murale blanche à même le mur noir. Ses
thèmes, comme toujours : la culture populaire
et la cruauté du monde. Avant toute création
propre, Filip Markiewicz est un moteur
de recherche hypersensible qui scanne avec
acuité l'actualité, ses images et ses sons,
retient les clichés ou les phrases les plus
marquants et les intègre dans son travail.

CULTE DE L'IMAGE

«C'est le potentiel de l'image culte qui est détourné par l'artiste contemporain, à des fins que ce soit d'analyse, de critique, de subversion, de narration ou tout cela à la fois», écrit Catherine Grenier dans son livre *La Manipulation des images dans l'art contemporain* (Éditions du Regard, Paris, 2014, p. 25). Chez Filip Markiewicz, l'image culte provient de tous les univers, dans un mélange iconoclaste de références issues de séries télévisées, d'images de presse ou de JT relatant les horreurs commises par des fanatiques de tous bords (économiques, politiques, religieux, idéologiques…), de ses héros de la musique pop ou de l'histoire de l'art, de la politique, des conneries aléatoires sur YouTube ou des pages glamour des magazines en quadrichromie. Là où Raftside chante avec un mélange de poésie et de dérision les amours impossibles, les amitiés déçues, la tendresse pour son fils, voire même un hymne en hommage aux pâtes (*International Noodle Conspiracy*), Filip Markiewicz dépeint, mélancolique, un monde en perdition, une Europe impuissante face à la crise économique, à la montée du chômage ou de la xénophobie et au démontage de ses idéaux pacifistes, au cynisme ambiant ou aux inégalités criantes qui déchirent toujours la planète. L'un se moque et s'amuse, l'autre constate, amer, la fin de ses illusions.

UN MASQUE

«Raftside est un masque, et l'avantage d'un masque, c'est qu'il ne vieillit pas», affirme Filip Markiewicz, interrogé sur l'évolution de son double. Cela fait quinze ans que le personnage accompagne l'artiste, il lui a permis de garder une part de cette naïveté de la jeunesse, l'émerveillement pour la vie et l'art. Si, les premières années, il porta, comme pour se protéger, des lunettes de soleil à montures blanches type Michel Polnareff lors de ses concerts et qu'on y croisa des références à la fin du communisme et à l'impérialisme du consumérisme à l'américaine, Raftside a évolué avec l'histoire du monde.

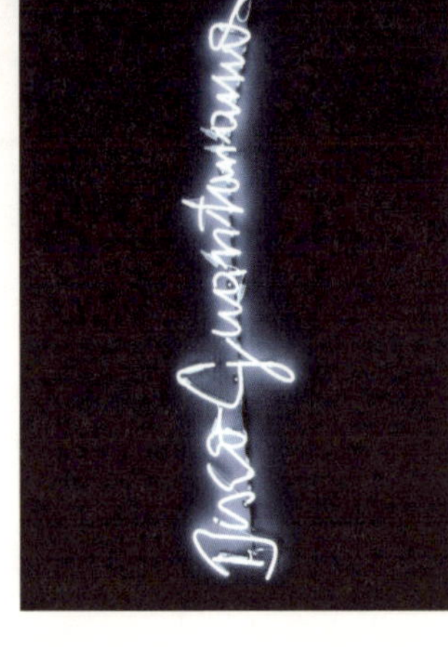

En 2008, au Mudam, dans le cadre de l'exposition «Elo – Inner Exile, Outer Limits», Filip Markiewicz présente *Disco Guantanamo*, une installation multimédia où ses dessins reprennent des icônes de l'actualité du moment (comme Josef Fritzl, le pédophile incestueux autrichien dont l'affaire vient de défrayer la chronique, flanqué d'un *never trust a white man* accusateur) et toujours des références ironiques à sa propre personne (*who the fuck is Filip Marketing ?*) comme autant de stations d'un chemin de croix. Et le néon «Disco Guantanamo» crée une identité visuelle pour ces mythologies contemporaines où la politique, les faits divers et la culture pop se mêlent en un amalgame inextricable. Une chanson éponyme enregistrée en tirage limité sur vinyle, à l'écoute dans l'expo et proposée à la vente, étend le domaine d'influence de l'œuvre vers la sphère privée.

DON DE SOI

Pour vraiment appréhender le travail de Filip Markiewicz, il faut assister aux vernissages, qui ont (presque) toujours aussi une dimension performative : pour «Alterviolence», en 2010, à la galerie Beaumontpublic à Luxembourg, il a carrément installé un autel avec des bougies sous un dessin d'un Christ en croix (avec la tête de Johnny Cash) dans l'espace de la galerie – la présence d'une baignoire instaurant une distance ironique. Le vernissage fut marqué par une performance reprenant des rites catholiques (imagerie religieuse très présente dans son travail). Pour «Silentio Delicti», en 2012, à l'Abbaye de Neumünster à Luxembourg, qui occupait quatre espaces avec films, dessins et une grande

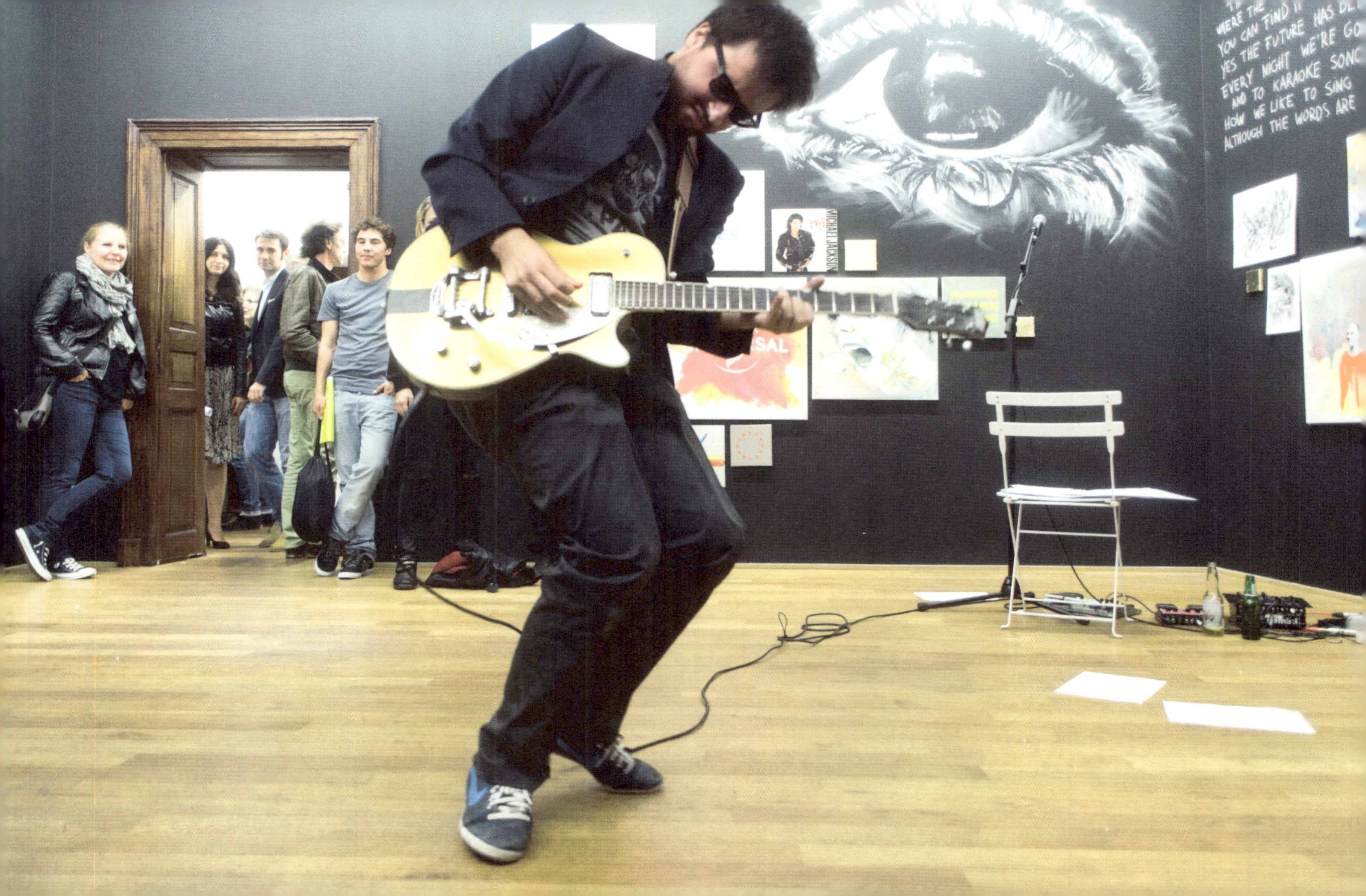
WHERE THE
YOU CAN FIND IT
YES THE FUTURE HAS BE
EVERY NIGHT WE'RE GO
AND TO KARAOKE SONG
HOW WE LIKE TO SING
ALTHOUGH THE WORDS ARE
MICHAEL JACKSON
SAL

« NOUS SOMMES PROBABLEMENT LA DERNIÈRE GÉNÉRATION À AVOIR APPRIS L'HISTOIRE DE L'ART SANS WIKIPEDIA »

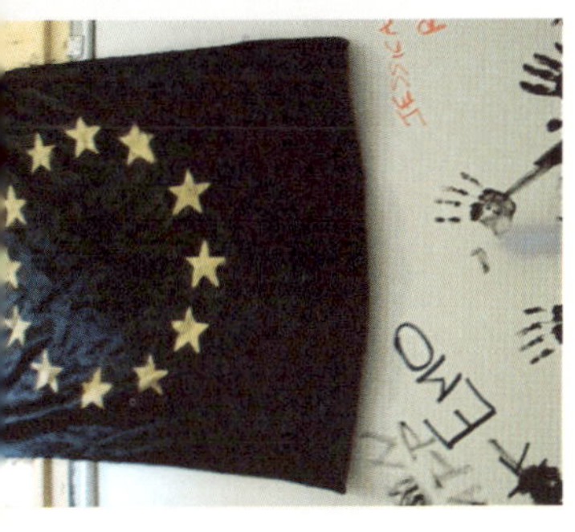

installation sur la fin de l'idéal européen, Filip Markiewicz donna une performance lors du vernissage, sur un champ délimité sur lequel étaient reprises des variations des mots du slogan *Arbeit macht frei* (le travail rend libre) sur le portail d'Auschwitz, accompagné par des solistes de la Musique Militaire en uniforme, le chansonnier Serge Tonnar à la guitare et Fred Treffel au chant. La performance se termina avec une procession vers la cour de l'abbaye, dans laquelle fut installée une croix rouge en LED visible de loin dans la nuit. Le côté rituel, voire même sacral des performances ayant une ambition d'œuvre d'art total rappelle les actionnistes viennois, mais aussi des artistes de sa génération comme le provocateur Jonathan Meese, dont il est alors proche.

MÉLANCOLIE

Étant une sorte de séismographe du mal-être du monde, où les réfugiés syriens ont moins d'attention dans la sphère publique qu'une starlette annonçant qu'elle se fait refaire les seins, Filip Markiewicz essaie de ne pas tomber dans le cynisme ou dans le pathos. Il évite la caricature et l'insulte par le montage en parallèle d'éléments et d'univers pouvant paraître éclectiques et donne sa propre interprétation du monde. Ainsi, on saisit toute sa mélancolie en regardant *Empire of dirt*, un film qu'il a réalisé en 2007 pour Beaumontpublic et pour lequel il a invité le groupe de punk Extinct et ses fans pour une performance dans les caves de la galerie, quelques jours avant le vernissage, et leur a laissé entière liberté de s'approprier l'espace : ils ont tout cassé, tagué les murs, salopé l'espace. Le film est d'une grande langueur, comme le chant du cygne d'une jeunesse désillusionnée, à bout. C'était son commentaire

sur le massacre de Virginia Tech la même année, où une fusillade avait fait plus de trente morts.

ICÔNES

Lady Gaga, Conchita Wurst, Isabelle Huppert, Viviane Reding, Liliane Bettencourt, Serge Gainsbourg, Mahmoud Ahmadinejad, le pape Benoît XVI, Werner Heisenberg, un otage en voie d'être décapité par les guerriers de l'État islamique, Pharrell Williams, la famille grand-ducale, les frères cyclistes Schleck, les hommes politiques impliqués dans les scandales du Service de renseignement au Luxembourg, des étudiants en colère durant une

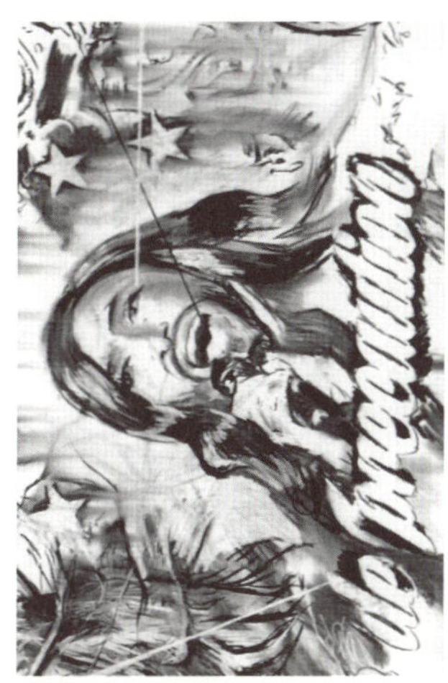

manifestation ou les acteurs les plus influents du monde de la culture... Filip Markiewicz abolit les frontières entre haute culture et culture populaire, tout le monde est un *people*, et, par extension, une icône pouvant se retrouver dans une de ses œuvres. Pour « Le Retour du Plombier Polonais », son exposition personnelle au Centre d'art Nei Liicht à Dudelange en 2014, il commença en plus à flanquer le bestiaire dessiné (chouette, aigle, vache) d'animaux empaillés : sanglier, chouette et lièvre, référence très beuyssienne. Le travail de Filip Markiewicz est aussi une encyclopédie de l'absurdité du tout image de notre temps.

FILM ET FICTION

Peu à peu, le film et la fiction font leur entrée dans son univers. D'abord par les clips réalisés depuis dix ans en DIY pour des chansons de Raftside, consistant parfois en collages d'éléments disparates entrecoupés de textes et parfois en une narration plus linéaire, mais toujours sur le thème du voyage et du mouvement, réalisés dans de grandes villes. Si, à d'autres occasions, le médium film est surtout utilisé de manière documentaire – par exemple dans le clip intégré dans *Madeinferno* («Moving Worlds», Carré Rotondes, Luxembourg, 2010) –, c'est avec *Low Cost Symphony (Part 1)* montré à Dudelange en 2014 qu'il s'avance réellement vers la fiction. Tourné à Paris en décors naturels et avec des moyens très légers (une simple caméra photo avec un micro), et basé en partie sur des dialogues écrits par l'artiste lui-même, le film laisse aussi une large part à l'improvisation et à l'imprévu. Filip Markiewicz accepte les erreurs techniques (flous, tremblements,...) et les incertitudes pour capter une part de spontanéité, la qualité de l'image semble subalterne, c'est l'immédiateté qui compte. Comme une nouvelle Nouvelle Vague. Dans *Low Cost Symphony (Part 1)*, on retrouve les thèmes chers à l'artiste, les clés de tout son travail : la conscience de l'absurdité de la vie et la vanité de l'existence contemporaine, amplifiée par les réseaux sociaux ; les inégalités dans le monde ; le désenchantement après la Chute du Mur de Berlin ; le sort des migrants essayant de trouver une place dans la société occidentale et l'indifférence totale de cette société – avec, toujours, des références littéraires à *L'Enfer* de Dante ou au *Mythe de Sisyphe* de Camus. Et avec des acteurs jouant de manière naturaliste, qui sont autant d'alter ego de l'artiste (l'acteur Luc Schiltz y joue déjà). *Journey to the End of an Identity* (Voyage au bout d'une identité), intégré à «Paradiso Lussemburgo» à Venise, en est en quelque sorte le prolongement et la continuité.

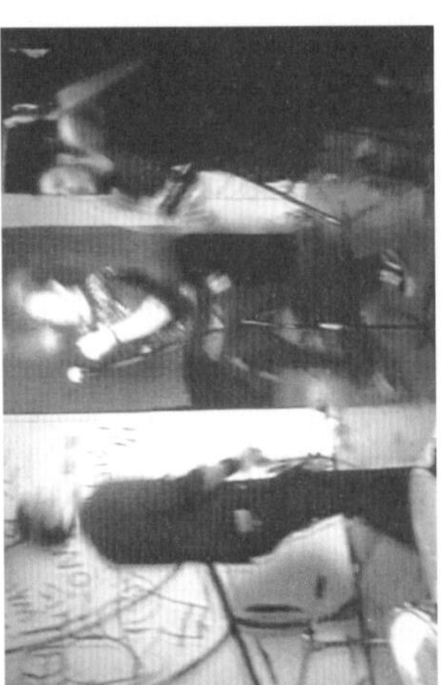

POLYPHONIE

«Je me dirige vers le cinéma, car formellement, c'est une synthèse de mes recherches, explique-t-il dans un échange de courriels en décembre 2014. J'arrive à exprimer une dimension de l'écriture et de la performance que, normalement, je traduis dans Raftside. Ici, les acteurs interprètent mes textes et dialogues, je les filme, et puis pendant le montage, je compose. C'est un nouveau mode d'expression que j'expérimente actuellement, une sorte de docufiction.» Tout est alors question de rythme et de souffle, d'ambiance et de justesse – comme dans les chansons de Raftside.

MILLENIAL

Né au début des années 1980, avant l'avènement d'Internet – «Nous sommes probablement la dernière génération à avoir appris l'histoire de l'art sans Wikipedia,» constatait-il dans une interview au *d'Lëtzebuerger Land* du 2 août 2013 – et après les années *glam rock*, disco ou punk, Filip Markiewicz a néanmoins baigné dans ces sons-là. David Bowie, Lou Reed, Iggy Pop, mais aussi des icônes plus kitsch comme Bonnie Tyler ou Stevie Wonder, ont accompagné son enfance et sa jeunesse, fasciné qu'il fut par les univers esthétiques entourant ces stars universelles. Encore aujourd'hui, il sait quel âge il avait quand telle ou telle chanson a émergé, sur quel appareil il l'écoutait en boucle. Ayant été marqué à ce point par le *show-business*, il fut évident pour lui qu'il devrait l'intégrer plus tard. Andy Warhol et la créativité débridée de la Factory devinrent forcément un idéal.

POLITIQUE

Lecteur passionné de journaux, Filip Markiewicz aime aussi intervenir dans la production de produits de presse : en fondant, en 2005, avec sa sœur Karolina, le magazine *Salzinsel*, il en devint, pendant quelque temps, le graphiste, un des

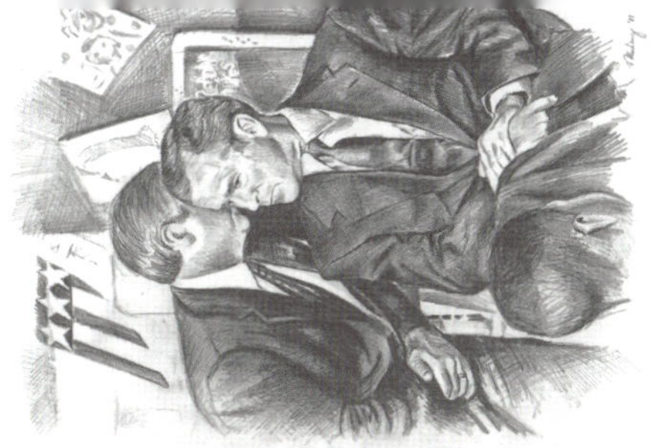

auteurs et illustrateurs. Plus tard, il travaille pour l'hebdomadaire luxembourgeois *d'Lëtzebuerger Land*, auquel il contribue avec des essais et des dessins sur l'actualité politique, ou réalise une série de dessins sur les attentats du 11 Septembre à l'occasion de leur dixième anniversaire pour le quotidien autrichien *Die Presse*. Il se fait alors beaucoup plus réaliste et se limite à constater, à reproduire, plutôt que de commenter. Dans *Stay Behind*, un livre de dessins publié en 2013 sur l'affaire des poseurs de bombes (*Bommeleeër*) des années 1980 au Luxembourg, dont le procès se déroule à ce moment-là et ébranle les fondements même de l'État par les révélations d'actions politiques et de contre-terrorisme de l'époque, il interroge davantage les images iconiques vues et revues à la télévision et dans la presse. Par un montage contrapuntique, il crée des liens inattendus et commente ainsi à sa manière l'actualité politique. Ces dessins plus politiques constituent une mémoire visuelle originale de l'histoire récente

ÉGOMANIE

Pour Filip Markiewicz, le monde est une scène de théâtre, et la politique en fait partie. Les débats hypercodifiés entre politiciens ont des fonctions comparables à celle d'un concert de Lady Gaga : capter l'attention des foules surstimulées, générer des *likes* ou des *retweets*. Conscient de l'importance de l'autopromotion, Filip Markiewicz se met parfaitement en scène sur toutes les plateformes – site Internet, pages Facebook, Twitter, comptes Vimeo, YouTube, Bandcamp, SoundCloud –, et est un critique virulent de cette vanité excessive promue dans une société devenue, à ses yeux pornographique. Être acteur et détracteur à la fois est un grand écart qu'il faut maîtriser. Il le fait,

comme si souvent, avec cet humour décalé et ironique qui lui permet de toujours garder une certaine distance par rapport à ce monde trop parfait que nous font miroiter les écrans numériques à haute définition.

FRAGMENTS

Comme chaque romancier écrit toute sa vie durant le seul et même livre, Filip Markiewicz décline par toutes les techniques et toutes ses œuvres une seule et même vision du monde, qui est la matrice de tous ses travaux : que ce soit à l'Est ou à l'Ouest, le capitalisme mange ses enfants et nous vole nos illusions d'un monde meilleur. Avec une hybris de rock star et une modestie de poète, il décompose et recompose ce surmoi et, dans ses différents fragments, opère de légers glissements sémantiques et des montages dialectiques où son analyse politique est constamment mise à distance par des éléments esthétiques purement décoratifs, comme des triangles colorés sur des dessins ou des carreaux dorés dans une installation. Raftside est alors ce gamin qui regarde faire Filip Markiewicz et, amusé, chante : « L'amour est comme une limonade. » ●

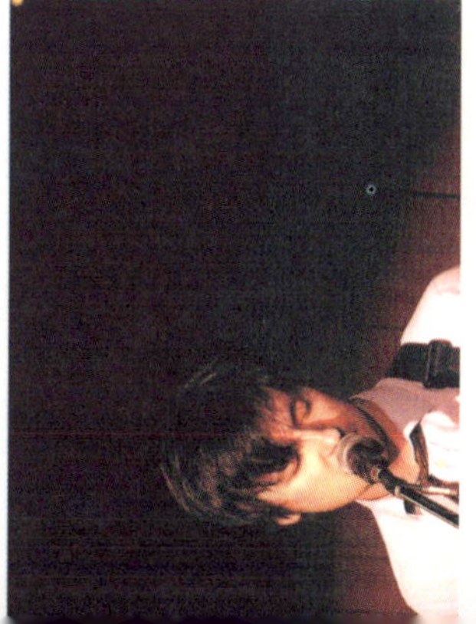

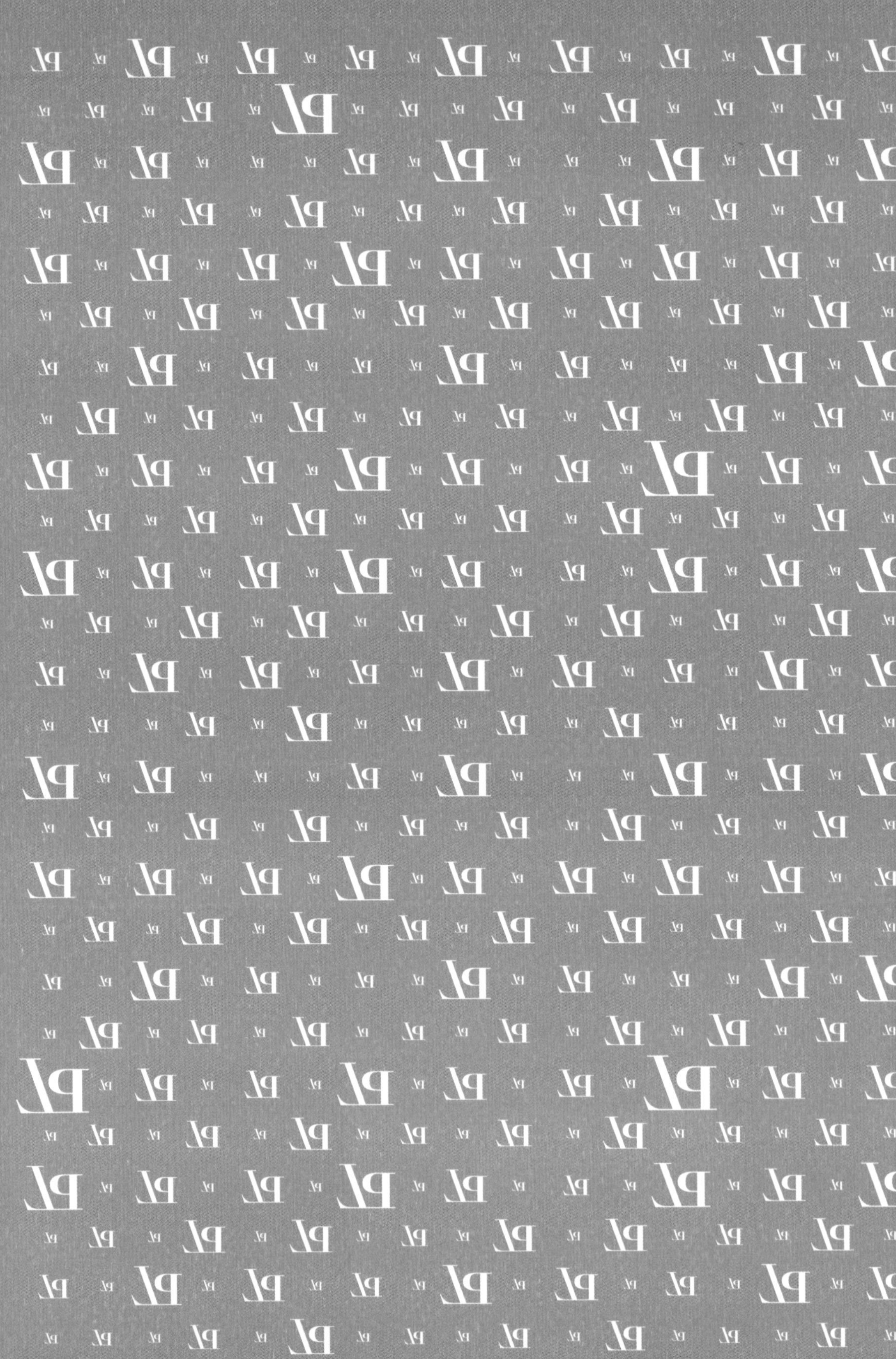

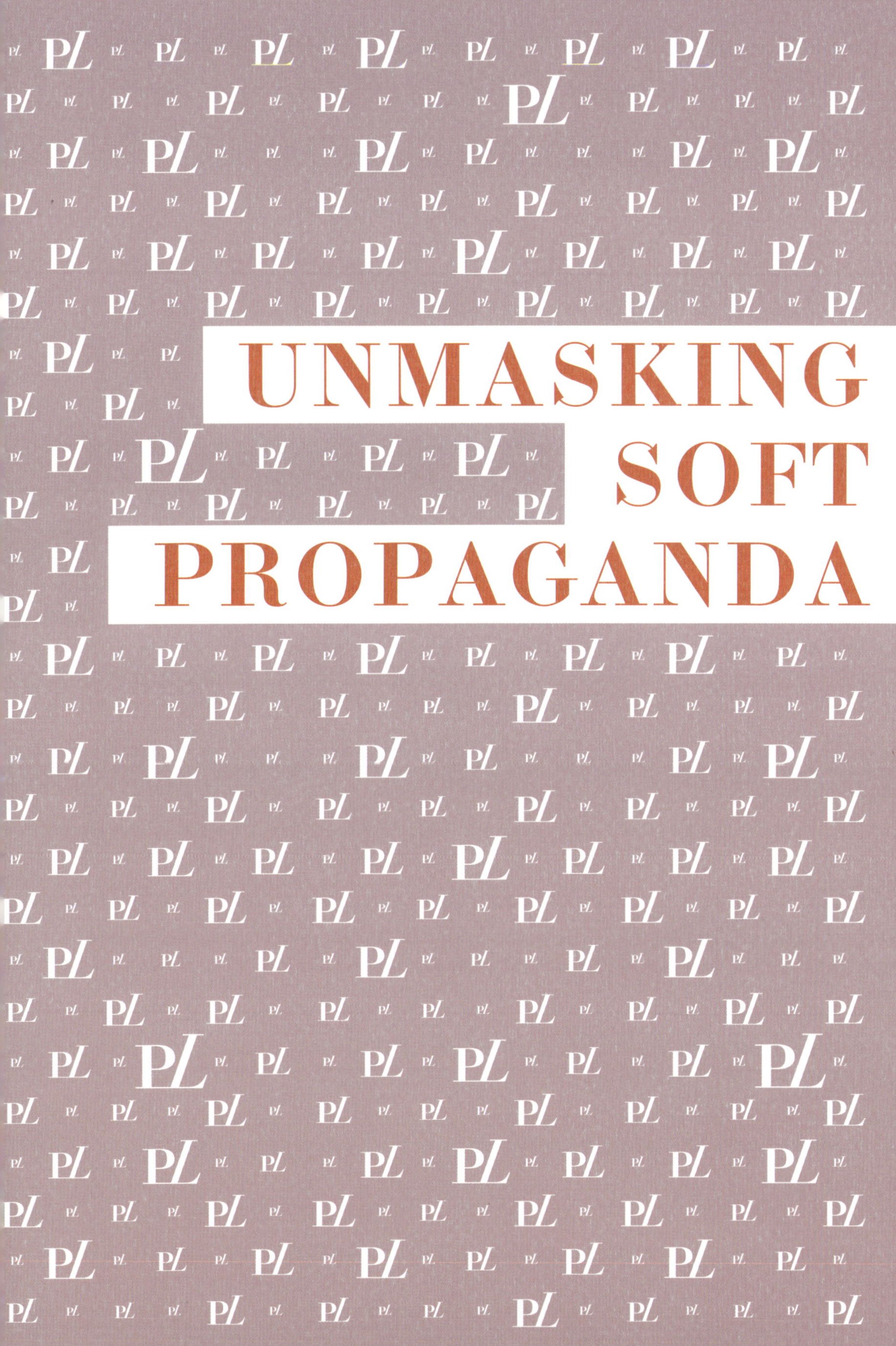
UNMASKING SOFT PROPAGANDA

UNMASKING SOFT PROPAGANDA

FILIP MARKIEWICZ
IN CONVERSATION WITH PAUL ARDENNE

PAUL ARDENNE Your installation for the Luxembourg participation at the 56th International Art Exhibition in Venice is called "Paradiso Lussemburgo." Could you expand on the title?

FILIP MARKIEWICZ I believe there are several ways you can read this title and, by extension, interpret the idea of paradise. Paradise is a biblical concept; it's also the final part in Dante's *Divine Comedy*. Today the fantasy of paradise, which derives from various mythologies, can also be seen in connection with the world of finance and its material promises. Foreigners often reduce Luxembourg to its role of fiscal paradise— even more so after the LuxLeaks tax scandal in November last year. I wanted to focus on this aspect, and I felt that using an Italian title gave the whole project the semblance of an ambiguous fairytale.

I'm particularly interested in the contradictions and contrasts that can appear within society. "Paradiso Lussemburgo" stages the confrontation of a biblical concept and an economic system.

BEYOND GOOD AND EVIL

PA But Luxembourg is not a "perfect" paradise! Rather an ambiguous or even ambivalent Eden where the best and the worst would seem to combine into a recipe for the good…

FM What is good for one person is not necessarily so for another. But an imperfect paradise is surely a better place to live in than a perfect hell. And paradise isn't necessarily restricted to geographical borders—in this case Luxembourg's. In my view, France, Germany, Poland, the European countries are part of the same paradise, even if the present context highlights our difficulties in trying to overcome the concept of national identities. Ambiguity pervades every part of society. We party, we dance, we consume, but at the same time you'd think that we have plenty of reasons to cry. In this regard Luxembourg appears like a perfect sample of European society. An ambiguous Eden, it shapes and symbolizes our conception of Europe today as a place that functions "beyond good and evil," as Nietzsche put it.

PA The first problem you're likely to face is that of aestheticization. How to express *your vision of Luxembourg* visually? You work in different media, from drawing and painting to video and installation, but you are also a musician…

FM The starting point for "Paradiso Lussemburgo" is a film I've been shooting since last autumn, which draws on various aesthetics as well as film and theater references. It starts with the history of Luxembourg, but as it unfurls spectators enter into a dream-like or even surrealistic realm. Some sequences are very classical, referring to what lies at the very heart of the

country—the cathedral,
for instance. Catholicism is
firmly anchored in
Luxembourg society—and so it
is, incidentally, in Poland,
the country where my parents
were born. Or take the
Chamber of Deputies, as the
House of Parliament that
sits at the center of Luxembourg
politics is known… I use
these actual places as readymade
film sets. But Luxembourg
also has popular bars,
which are put on an equal
footing in the film.

The underlying principle
of the film is to create contrasts
that highlight ambiguities
within society, based on which
I can ask questions about
the general state of society.

WE PARTY, WE DANCE, WE CONSUME, BUT AT THE SAME TIME YOU'D THINK THAT WE HAVE PLENTY OF REASONS TO CRY.

I may for example start with
a sequence related
to literature or classical theater
and end up with a scene
reminiscent of a sitcom.
Similarly, I can apply the
conventions of documentary
film to a karaoke bar.
Music plays a key role in the
film, starting with the
rhythmical composition of the
sequences. The film also
branches out into a series of
drawings and installations
in the spaces of the pavilion
surrounding the projection

room. "Paradiso Lussemburgo"
is an installation that I want
to stage like a symphony, like a
grand musical composition.

REFLECTION VERSUS ENTERTAINMENT?

PA Let us focus on the issues you will
be addressing at Ca' del Duca,
the Luxembourg Pavilion at Venice.
Your exhibition is conceived like a
theatrical play in space, with different
"acts" unfolding as visitors walk
through the rooms…

FM The issues are addressed
through a variety of
formal means. You are right,
the exhibition uses the
space in such a way as to unfold
like a theatrical play.
Upon entering the pavilion,
visitors are confronted
with the key issue, the cardinal
issue of power. My aim
is to question the various
layers of power within society
by using Luxembourg as
an emblematic model—power
that is wielded and manifests
itself to a large extent through
heritage, the image, the
logo. But I don't approach this
issue in a descriptive
or mimetic way. I feel it's more
important to use drawing
as a technique to look at what
constitutes the framework
of a given image. The issue of
power thus reemerges
throughout the pavilion under
various guises, ranging
from the absurd to the dramatic,
so as to generate a poetics
of entertainment in and for our
liberal world. I believe that
the quintessentially Anglo-Saxon

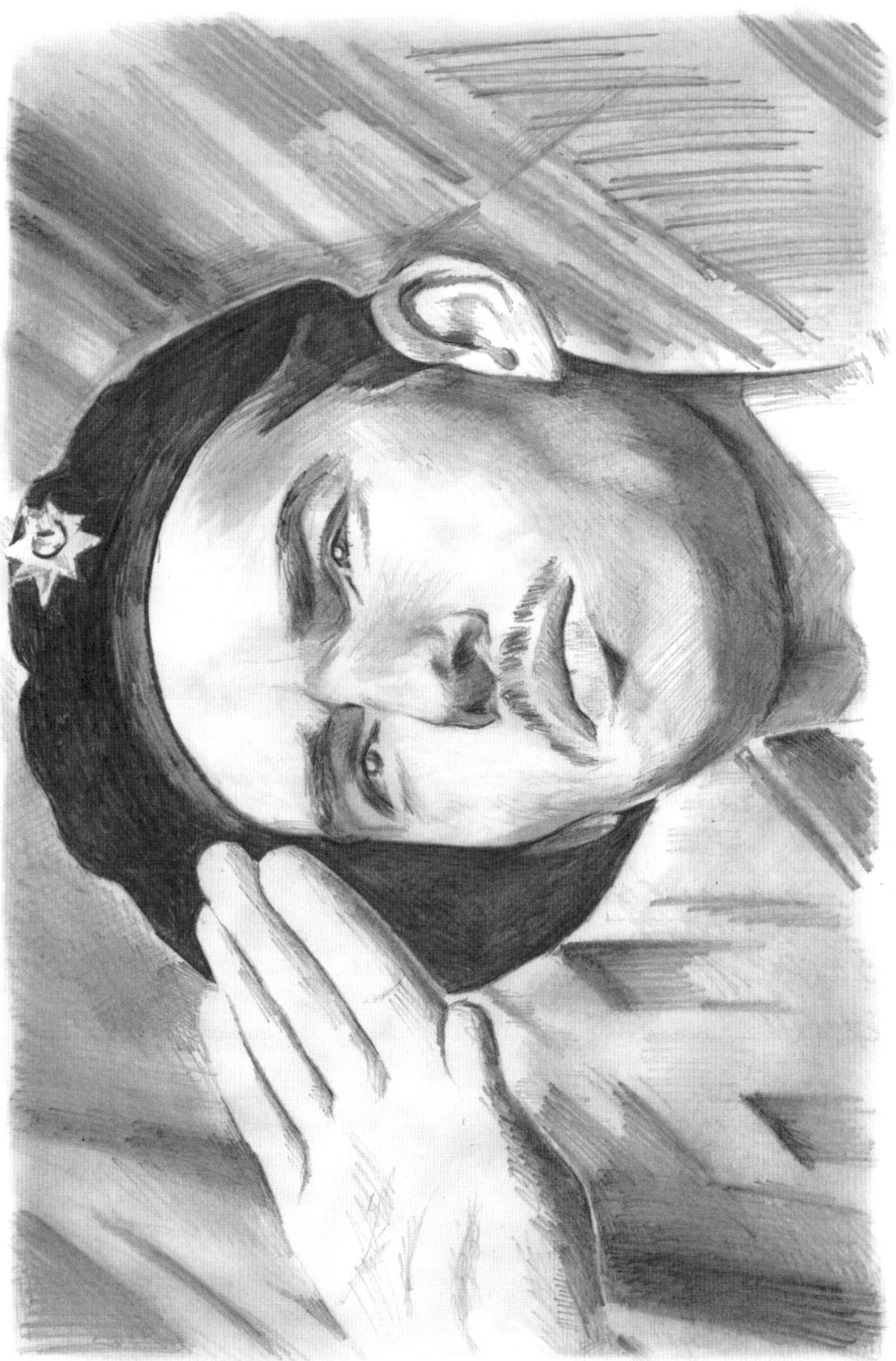

idea of *entertainment* is key to the balance of the liberal system. To appreciate this, one has only to take a closer look at the history of Hollywood to find that there are numerous parallels to the history of political power. It's through entertainment that we catalyze our existence. Today pop culture is the soft propaganda of capitalism.

WHETHER POLITICS OR POP CULTURE—EVERYTHING TRAVELS THROUGH THE SAME DIGITAL CHANNEL.

PA Is not art itself, particularly when exhibited in the festive framework of the Venice Biennale, a key element in this propaganda?

FM It is indeed. The Venice Biennale is an international exhibition of art, but it's also a tourist attraction which, as a competition between nations, carries within itself the historical consequences of colonialism. The festive nature of the openings in the countless pavilions is part and parcel of the soft propaganda that few people would want to miss today. It's a consummate Dionysiac moment. To underline this aspect, I wanted to include a "disco room" in the installation, where visitors are entertained while they engage in the kind of reflection that exhibitions generally encourage. Maybe dancing and singing at the end of the exhibition will result in some

form of asceticism, who knows? This kind of shift is symptomatic of the way the art world functions today, which is how MTV functioned in the 1980s and '90s. It's not a coincidence that there are now TV reality shows based on visual art practice. Art itself is turning into a form of entertainment. On the other hand we shouldn't forget that art, at least since Antiquity, has had a festive component— although today this aspect would appear to be more ostentatious.

PA What strikes me in your work in general is the conflation of idioms, forms, and perspectives. Paintings of rock record covers appear next to paintings of fetishized news imagery… Is this a way of saying that *entertainment* levels everything out?

FM I'm not sure if entertainment levels everything out, but we know that today everything is communicated through one and the same flow of information and imagery. Whether politics or pop culture— everything travels through the same digital channel. An image of Syrian refugees is therefore given the same importance than an advertisement for Daft Punk. As spectators we consume these various images in the same way and on the same platforms, and we are at will to react to, be outraged at, or approve of them. The reactions on social media on the Israel-Gaza conflict in summer 2014 is a perfect illustration of this: petitions were circulated, messages of indignation were posted, and so forth. This inflation of comments lasted two or three weeks—until the crisis in Ukraine worsened and commentators started focusing again on the Ukrainian question. Next came a series of executions by the Islamic State, closely followed by the release of U2's latest album and the iPhone 6, both massively commented. All the while the Israeli-Palestinian conflict had been all but forgotten and disappeared from the headlines. The fact that pop culture and neoliberal doctrine are distilled through the same social media channels implies that the impact of any political comment is equivalent, for example, to that of a T-shirt with an effigy of Che Guevara. The events and crises that we experience by proxy become new forms of entertainment— a fact we hardly notice anymore.

TRANSLATION

PA On the whole your work is simultaneously lighthearted and serious, playful and political. Much of its content is left to the appreciation of the spectator. You don't offer any message, but the possibility of a very "open" reading…

FM I mainly try to "translate" what is happening in my time. I believe we are going through a transitional period in the history of our civilization. And I'm not sure what it is that we are currently experiencing, between the crises and joys we witness day by day.

…I'D SAY THAT I'M LIKE A DJ AT A DODGY EVENING THAT EVERYONE MOANS ABOUT, YET EVERYONE TAKES PART IN.

Because although I analyze this era, I'm also a part of it, which means I can't exactly define it—I'm too closely involved. My aim as an artist is to confront different worlds that exist in parallel but essentially ignore each other. And as far as interpreting the things I stage is concerned, this is the spectators' task.

PA It's in fact as if spectators had to complete the work for themselves… You don't prescribe any way of reading the work, but at the same time, you hold up a mirror to them, which isn't necessarily flattering.

FM I like the idea of spectators completing my work and thereby becoming a part of it. My work often happens in a moment of exhaustion, when the subconscious takes over. In other words, I only do what the subconscious tells me to do. But as I'm also a spectator, I'm holding up this mirror to myself as well.

THE QUESTION IS MUCH MORE IMPORTANT THAN THE ANSWER.

The mirror is probably the key of "Paradiso Lussemburgo"— this is owing to the spirit of the times, I guess. The mirror of individualism and reproduction. The mirror of endless images.

PA Do you, as an actor in "Paradiso Lussemburgo," represent yourself in the pavilion? If so, in which capacity? Master of Ceremonies? Critical Mind? Exterminating Angel?

FM If I had to define myself in terms of the casting of "Paradiso Lussemburgo," I'd say that I'm like a DJ at a dodgy evening that everyone moans about, yet everyone takes part in. Or to put it differently, I see myself as an abstract journalist who combines real stories to write a surrealist article. The question is much more important than the answer.

THE ENGAGED GAZE (HISTORY IS EVERYWHERE)

PA Take us back to the beginning of your career as an artist. What was your initial motivation?

FM When I started out I wanted to bring art closer to society, and to achieve this, I decided to conceal myself behind a mask or a *mise en scène*. Right from the beginning I wanted to comment on society, but to do so by looking at what lies behind the mirror. While I've always had a keen interest in art history, my roots lie mainly in popular entertainment. I lacked the courage to go into show business, although Raftside—a solo project around the stage persona of a rock star that has accompanied me since my studies—partly caters to that desire. I saw much more freedom in the arts than in music or theater. In art, humor, failure, or imperfection can be

seen as aesthetic qualities— a conception which opened my mind, thanks also to my teachers Éric Laniol, Germain Roesz, and Jean-François Robic. My time in art school was marked by a playful but engaged atmosphere. This allowed me to open up and question my well-established beliefs. Initially I was inspired by German Expressionism and its freedom of expression, which was so decisive in the crisis-ridden era of the early twentieth century—a time that produced a vast and free, though at times glacial, often violent, and always poetical iconography. I believe our era is similar. I started studying art one month after 9/11, and I immediately sensed there was plenty of work to be done.

PA You belong to a generation of "sampling" artists, who embodied and lived under the specific poetic regime of technoculture—a regime characterized by quotation, appropriation, and found imagery, among others. The latter is very present in your work. Is this also true for "Paradiso Lussemburgo"?

FM Thanks to MTV, or maybe because of it, I learned to analyze images from a very young age. Video clips are my classical painterly references, so to speak. In my view there are parallels between a painting of Gustave Courbet and a clip by Jonathan Glazer. In "Paradiso Lussemburgo," I confront a borrowed iconography with my own iconography. I try to conjoin two seemingly different worlds and eventually put them on the same level—particularly in

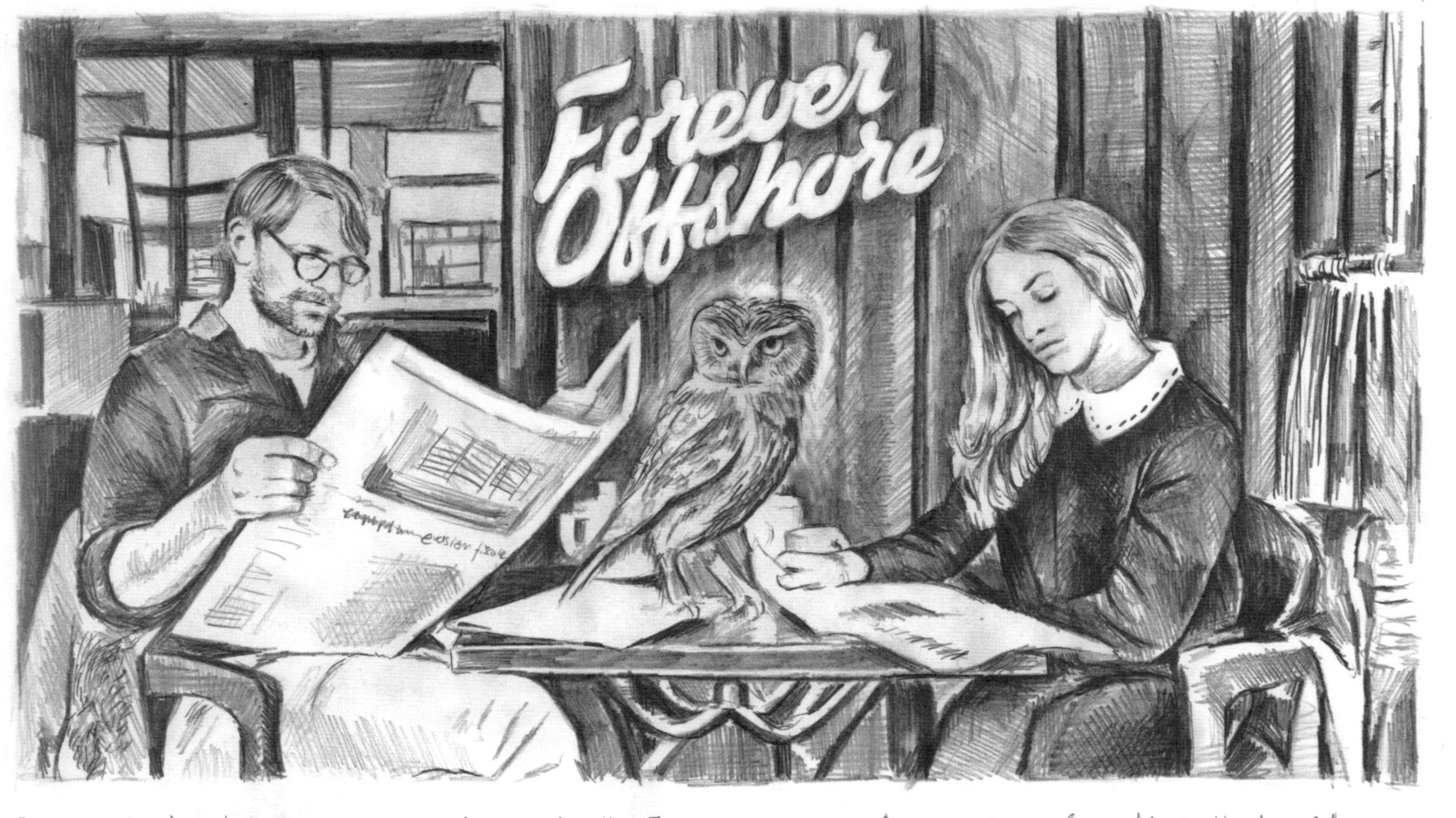

Pressure is already building on Luxembourg after the European Commission launched a formal investigation into whether Amazon's tax arrangements in the Grand Duchy amount to unfair state aid.
The Luxembourg tax arrangements of Italian carmaker Fiat's finance unit are also under official scrutiny by Brussels.

THIS IS PART OF MY AIM TO MAKE A PLACE FOR HISTORY IN THE REALM OF ENTERTAINMENT AND BRING ENTERTAINMENT CLOSER TO HISTORY.

the drawings. Some images are a contraction or combination of images from the film at the center of the installation, and sampled or found images which, in turn, may be allegories of the dialogues in the film. Speaking of sampling: it's a technique that's been used since the early days of art. Prehistoric cave drawings have been reproduced thousands of times in the course of history. The history of art as a whole has been sampling itself up to the present day.

PA As someone in their early thirties, you are from a generation that is often accused of showing little interest in history or grand finalistic theses, a generation that prefers to play with signs in a devious, disenchanted way. Do you recognize yourself in this description?

FM I suppose I'm straddling the two. I've always listened to a lot of Bob Dylan, The Cure, or Joy Division—pop-cultural bands or artists whose songs explicitly addressed history and made it popular. I was "inoculated" with history at a very early age: moving between Luxembourg and communist Poland, I quickly understood that there were two worlds out there—a realization that sparked an early interest in history. I started to compare these two worlds—Western Europe and the Eastern Block—their signs, their identifiers, their respective iconographies, their use of fetish colors, and so forth. Not to forget the existential problems of daily life in Poland, with its endless queues, omnipresent militia, systematic bag checks, and corrupt authorities. The history of Poland is also "my" history of Europe, a substantial part of my identity as an artist.

When I was eleven, I was profoundly marked by a visit to the Auschwitz Concentration Camp with my parents. It dawned on me that, beneath their aesthetic surface, signs and images always have a deeper meaning. In my works I sometimes deviate the meaning of signs to refer to our neoliberal world, while simultaneously using signs and slogans that refer to history. This is part of my aim to make a place for history in the realm of entertainment and bring entertainment closer to history. ●

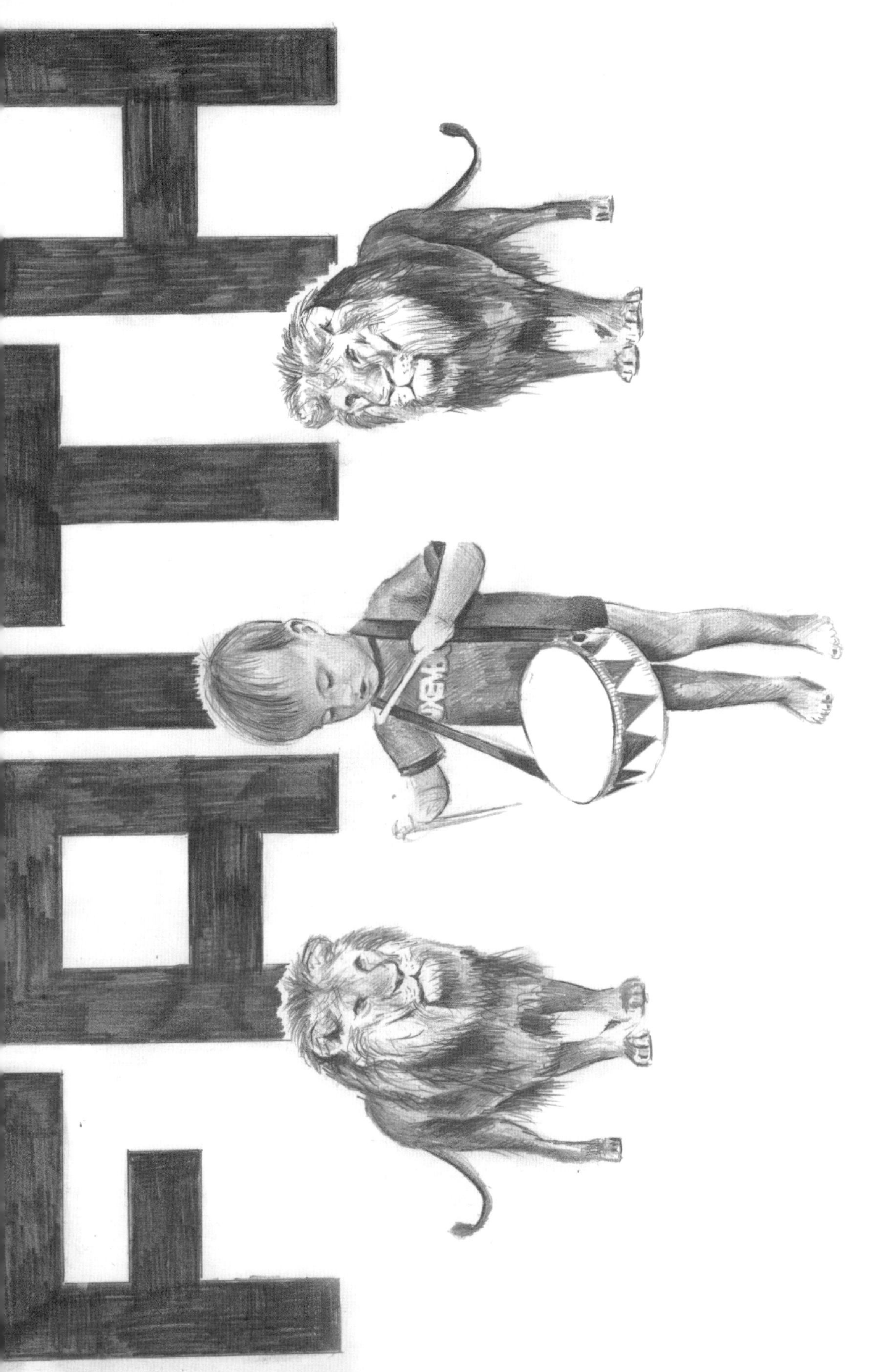

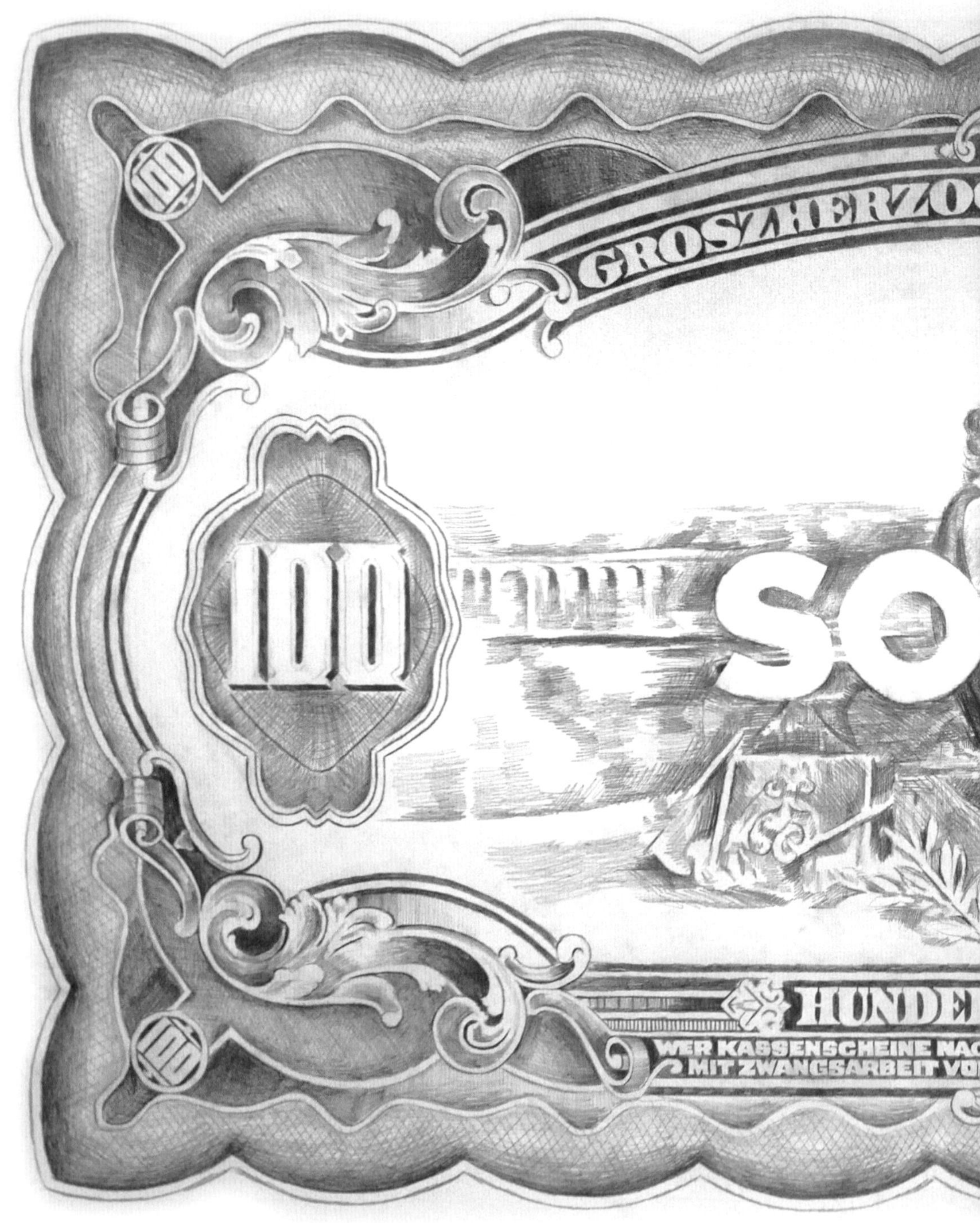
100
GROSZHERZO
100
SO
HUNDE
WER KASSENSCHEINE NAC
MIT ZWANGSARBEIT VO
100

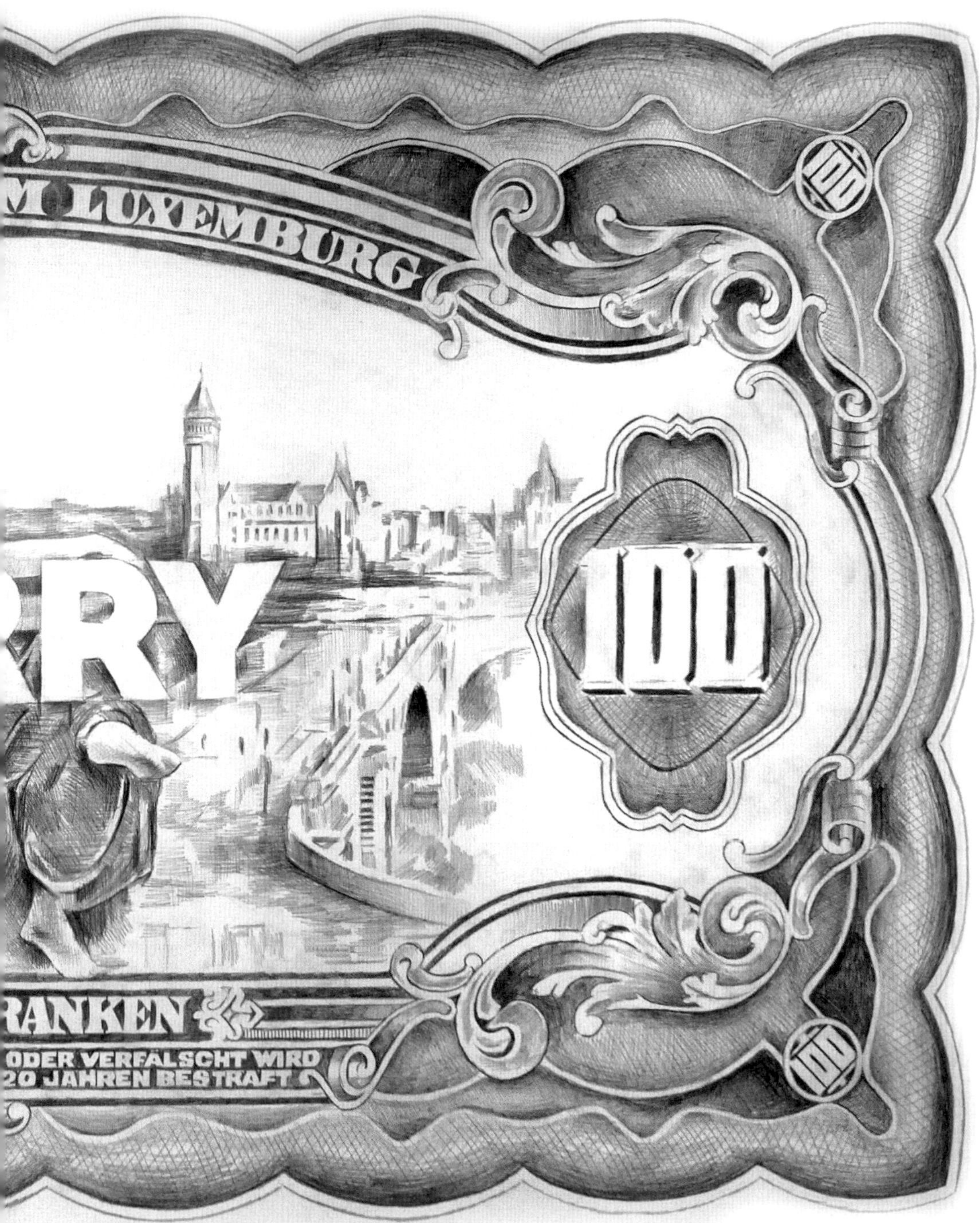
M LUXEMBURG
100
RRY
100
RANKEN
ODER VERFÄLSCHT WIRD
20 JAHREN BESTRAFT
100

Démasquer
les propagandes douces

Entretien avec Filip Markiewicz par Paul Ardenne

PAUL ARDENNE Vous avez intitulé votre installation pour la participation luxembourgeoise à la 56ᵉ Biennale de Venise « Paradiso Lussemburgo », (Paradis Luxembourg) ? Pouvez-vous expliquer cet intitulé ?

FILIP MARKIEWICZ À mon sens, il y a différentes façons de lire ce titre et, ainsi, de considérer le « paradis ». Le paradis est un concept biblique, et c'est aussi la partie finale de la *Divine Comédie* de Dante. Le fantasme paradisiaque, issu de différentes mythologies, se rapproche également beaucoup, de nos jours, du monde des finances et de ses promesses matérielles. Le Luxembourg est souvent réduit par les étrangers à un paradis fiscal, et ce, plus encore depuis les révélations de LuxLeaks, en novembre 2014. Je trouve intéressant de me focaliser sur cet aspect. Choisir un titre en italien, enfin, est une bonne manière de donner au projet un côté proche d'un conte ambigu.

Ce qui m'intéresse, ce sont les contradictions, les contrastes qui peuvent apparaître dans une société. « Paradiso Lussemburgo » est la confrontation entre un concept biblique et un système économique.

PAR-DELÀ LE BIEN ET LE MAL

PA Mais le Luxembourg n'est pas un paradis « parfait » ! Plutôt un Éden ambigu, ambivalent même, où le meilleur et le pire conjugués donneraient la formule du Bien…

FM Le Bien pour l'un n'est pas forcément le Bien pour l'autre. Mais reste qu'un paradis imparfait est sans doute meilleur à vivre qu'un enfer parfait. Et que le paradis ne se limite pas forcément à ses frontières géographiques – celles du Grand-Duché, en l'occurrence. La France, l'Allemagne, la Pologne, les pays européens font selon moi partie de ce même paradis, même si le contexte actuel témoigne d'un mal certain à dépasser la notion d'identité nationale. L'ambiguïté, dans notre société, se retrouve partout. Nous faisons la fête, nous dansons, nous consommons mais en même temps, nous aurions bien des raisons de pleurer. À cet égard, le Luxembourg apparaît comme un échantillon parfait pour parler de notre société. Cet Éden ambigu façonne et incarne symboliquement l'idée de ce qu'est l'Europe d'aujourd'hui – une Europe qui fonctionne de façon nietzschéenne, *par-delà le Bien et le Mal*.

PA Se pose d'emblée le problème de l'esthétisation. Comment, plastiquement parlant, faire passer un tel message? Vous êtes familier de multiples médiums, du dessin à la vidéo, de la peinture à l'installation. Vous-même êtes musicien, de surcroît…

FM Le point de départ de « Paradiso Lussemburgo », c'est un film, tourné en amont de l'exposition, depuis l'automne dernier. Un film qui pioche dans différentes esthétiques, dans diverses références cinématographiques et théâtrales. Ce film part de l'histoire du Luxembourg, mais son développement nous entraîne vers quelque chose d'onirique, voire de surréaliste. Certaines séquences sont très classiques et font référence au cœur même du Luxembourg. La cathédrale par exemple. Parce que le catholicisme est bien ancré dans la société luxembourgeoise, de la même manière qu'il l'est, soit dit en passant, dans le pays dont mes parents sont originaires, la Pologne. Ou encore la Chambre des députés, qui est le cœur de la politique luxembourgeoise… Je conçois ces lieux réels, dans le film, comme autant de ready-mades que j'utilise comme des plateaux de tournage. Mais il y a aussi, au Luxembourg, les bars populaires, que je mets dans ce contexte à un niveau équivalent.

Le principe du film est de fixer des contrastes afin de mettre en évidence une ambiguïté et, par rebond, de poser des questions sociétales. Je peux ainsi partir d'une scène proche de la littérature ou du théâtre classique et aboutir à une séquence qui rappellera une sitcom. Ou pareillement, faire passer le principe documentaire dans un bar karaoké. Ainsi, la musique dans le film est fondamentale, ne serait-ce que dans l'idée de la composition rythmique des séquences. Aussi, le film est décliné à travers une série de dessins et d'installations dans les salles mêmes du pavillon qui entourent la salle de projection. « Paradiso Lussemburgo » – une installation que j'essaie de mettre en scène sur un registre symphonique, comme une grande composition musicale.

PENSÉE VS DIVERTISSEMENT ?

PA Venons-en justement aux contenus de l'exposition de la Ca' del Duca, le pavillon luxembourgeois de Venise. Celle-ci est conçue comme un théâtre spatial, avec différents « actes », à mesure que le spectateur s'avance en elle…

FM Le contenu prend des formes hybrides. L'espace tel que je l'occupe se développe, effectivement, comme une pièce de théâtre. Dès l'entrée du pavillon, le spectateur est confronté à cette problématique centrale, cardinale : le pouvoir. Mon but : questionner les différentes couches du pouvoir dans notre société en partant du modèle emblématique de la société luxembourgeoise. Le pouvoir qui s'exerce et s'exprime en large part, à travers l'héritage, par l'image, par le logo. Mais je ne traite pas ce sujet de façon descriptive et mimétique. Plus important me paraît le fait de regarder, à travers la technique du dessin, ce qui fait le squelette d'une image. Ainsi, le sujet du pouvoir est décliné dans le pavillon à travers différentes formes, de l'absurde jusqu'au dramatique, afin de générer une poésie du divertissement dans et pour notre monde libéral.

Je conçois le divertissement, l'*entertainment* de la culture anglo-saxonne, comme la clé de l'équilibre du système libéral. Il suffit pour s'en rendre compte d'analyser au plus près l'histoire du cinéma hollywoodien et les parallèles qu'on y décèle avec l'histoire du pouvoir politique. C'est à travers le divertissement que nous catalysons notre existence. De nos jours la pop culture est la propagande douce du capitalisme.

PA L'art lui-même – présenté de surcroît dans le cadre festif de la Biennale de Venise – n'est-il pas un élément clé de cette propagande ?

FM Il en est un, effectivement. La Biennale de Venise, exposition internationale d'art, est aussi une attraction touristique. Qui porte en elle les séquelles historiques de ce

QUE CE SOIT LA POLITIQUE OU LA POP CULTURE, TOUT PASSE PAR LE MÊME TUBE DIGITAL.

colonialisme qui se traduit par une compétition entre nations. Le caractère festif des vernissages dans les différents pavillons est un moment qui fait intégralement partie de cette propagande douce dont bien peu de gens aujourd'hui accepteraient de se passer. C'est le moment du dionysiaque consommé. C'est pour le signifier que j'ai voulu inclure dans l'installation une salle « disco », afin que l'on puisse directement se divertir pendant que l'on s'adonne à la réflexion que ne manque pas de susciter toute exposition. Peut-être que le fait de danser et chanter dans l'exposition, pour finir, en fournira l'ascèse, qui sait ? Ce basculement est symptomatique. Le monde de l'art fonctionne aujourd'hui de la même manière qu'a fonctionné MTV dans les années 1980 à 1990. On crée actuellement, d'ailleurs, des émissions de téléréalité ayant comme base les arts plastiques. Ainsi l'art lui-même devient-il une sorte de divertissement. D'un autre côté, rappelons-le, le caractère festif dans l'art existe depuis l'antiquité. Aujourd'hui, la notion de vanité joue, sans doute, un rôle plus important.

PA Ce qui frappe, dans votre travail d'artiste en général, c'est le télescopage des idiomes, des formes, des points de vue. Des peintures de pochettes de disque rock côtoient par exemple d'autres peintures reproduisant, elles, des images de l'actualité devenues fétiches… Façon de dire que le « divertissement » nivelle tout ?

FM Je ne sais pas vraiment si le divertissement nivelle tout, mais nous savons cependant que tout passe actuellement par un seul et même flux d'informations et d'images. Que ce soit la politique ou la pop culture, tout passe par le même tube digital. Ainsi une image de réfugiés syriens a la même valeur qu'une image promotionnelle du groupe Daft Punk. En tant que spectateurs, nous consommons ces images de la même façon sur la même plate-forme, avec l'option de pouvoir aussi réagir, nous indigner ou approuver ces informations. Durant l'été 2014, le conflit israélo-palestinien à Gaza en était

comme un parfait symptôme, sur les réseaux sociaux : des appels à pétition furent lancés, des messages d'indignation postés… Cette inflation de commentaires a duré deux-trois semaines, jusqu'au moment où la crise ukrainienne s'est à nouveau amplifiée. Alors les commentaires se sont focalisés sur la question ukrainienne. Dans la foulée est venu le temps des exécutions commises par l'organisation terroriste État islamique (Daesh) suivi par les sorties du dernier album de U2 et du nouvel iPhone 6, massivement commentées. Du coup le conflit israélo-palestinien a été oublié et est sorti de l'actualité médiatique. Le fait que la culture pop et l'essence du néolibéralisme passent par cette même source que sont les réseaux sociaux rend chaque commentaire politique équivalent à l'impact que peut avoir, par exemple, un tee-shirt représentant Che Guevara. Les images d'actualités, les crises, les informations que nous vivons par procuration deviennent – malheureusement – souvent à notre insu des nouvelles formes de divertissement.

TRADUCTION

PA Votre création, dans son ensemble, est à la fois légère et grave, ludique et politique. Elle laisse pour le spectateur une large part à l'appréciation libre. Vous n'offrez pas des messages, mais la possibilité d'une lecture très « ouverte »….

FM J'essaie surtout de « traduire » mon époque. Je crois que nous sommes entre deux moments dans notre civilisation. Et je ne sais pas exactement ce que nous sommes en train de vivre, entre les crises et les joies dont nous sommes témoins quotidiennement. Car si j'analyse cette époque, j'en fais aussi partie et, du coup, je ne suis pas capable d'en donner une définition claire, du fait de ma proximité très investie. L'idée que je poursuis, en tant qu'artiste, c'est de confronter différents mondes qui vivent en parallèle mais qui a priori ne se regardent pas. L'interprétation de ce que je mets en scène, pour le reste, c'est l'affaire du spectateur.

PA Comme s'il revenait en fait au spectateur de parachever l'œuvre en son for intérieur… Pas de directivité donc. Mais dans le même temps, vous offrez à ce même spectateur l'équivalent d'un miroir. Un miroir non toujours flatteur.

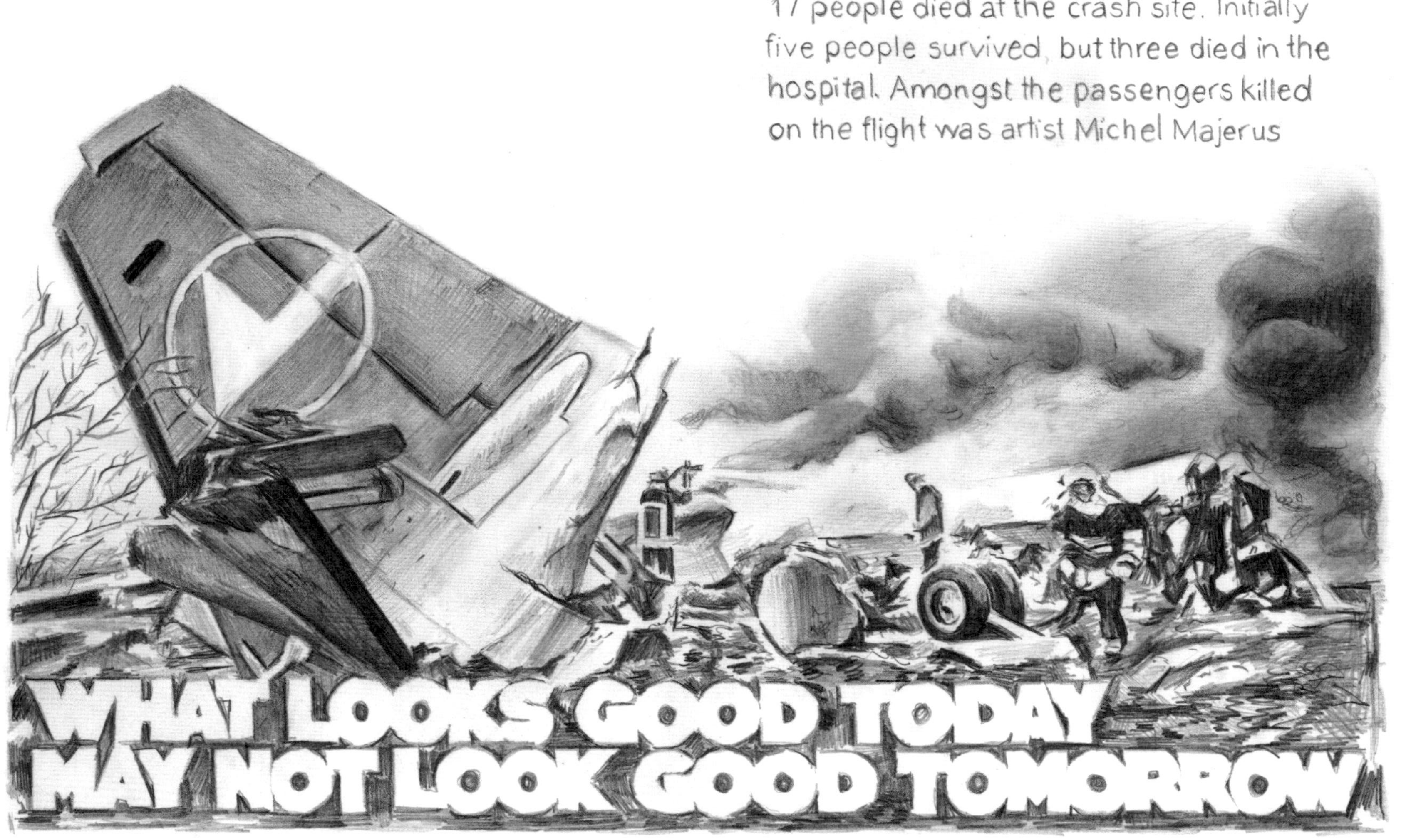

17 people died at the crash site. Initially five people survived, but three died in the hospital. Amongst the passengers killed on the flight was artist Michel Majerus

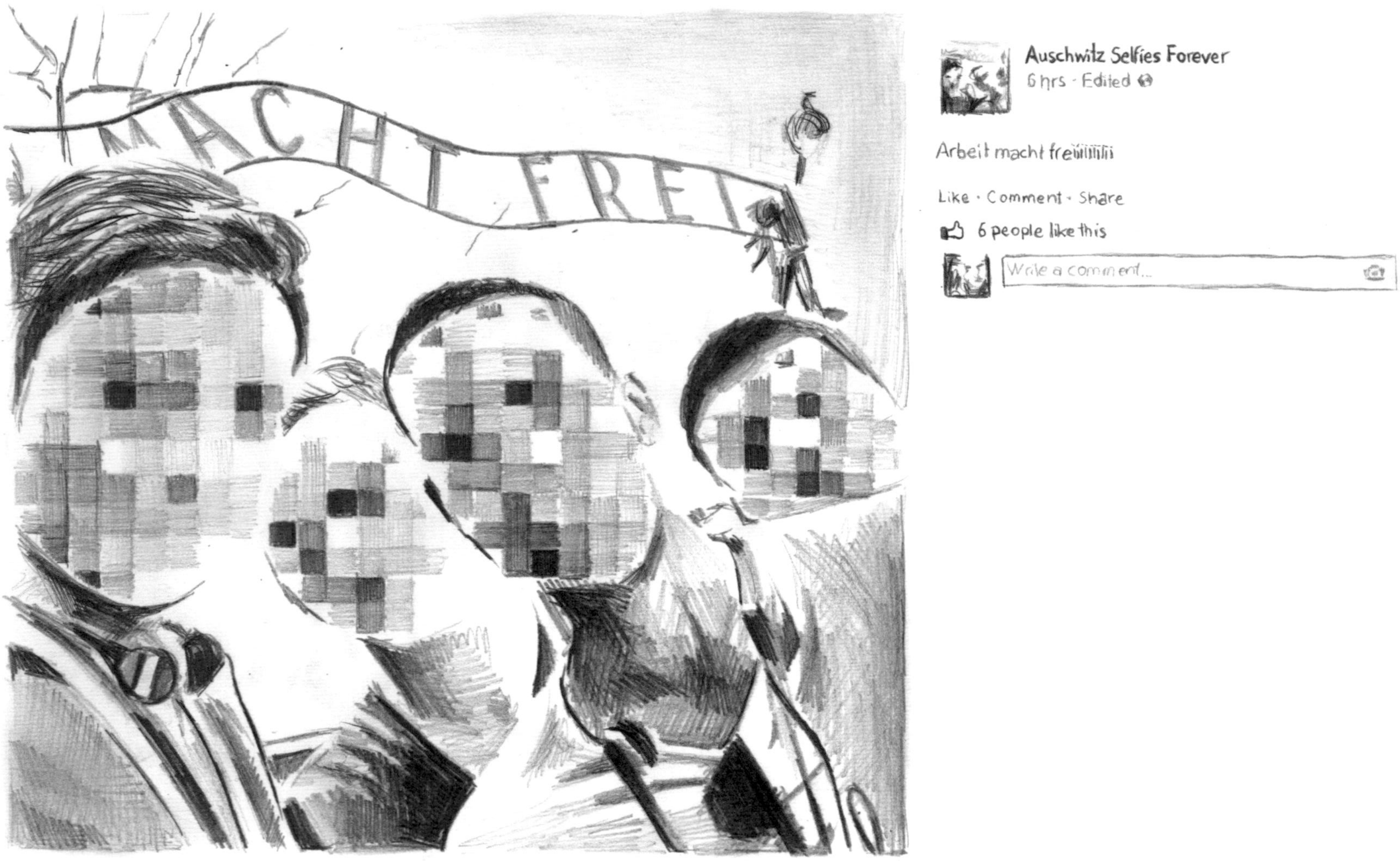

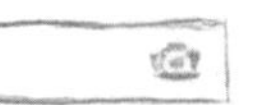

Auschwitz Selfies Forever
6 hrs · Edited

Arbeit macht freiiiiiiiii

Like · Comment · Share

6 people like this

Write a comment...

FM J'aime l'idée que ce soit le spectateur qui termine mes créations, et donc, en fasse partie. Souvent, mes travaux se font dans l'épuisement, quand l'inconscient prend le dessus. Ainsi, je ne fais qu'exécuter ce que mon inconscient me dit. Mais, puisque je suis aussi spectateur, ce miroir m'est aussi destiné. Le miroir est sans doute la clé de toute l'installation « Paradiso Lussemburgo », il me semble que c'est l'époque qui le veut. Le miroir, l'individualisme, la reproduction. Le miroir des images à la chaîne.

PA Vous représentez-vous vous-même, en tant qu'acteur de « Paradiso Lussemburgo », dans le pavillon ? Si oui, à quel titre – Monsieur Loyal ? L'Esprit critique ? L'Ange exterminateur ?

FM Si je devais me définir dans le casting de « Paradiso Lussemburgo », je dirais que je suis une sorte de DJ d'une soirée un peu malsaine que tout le monde critique, mais à laquelle tout le monde participe. Pour le formuler autrement, je me positionne davantage comme une sorte de journaliste abstrait, qui croise des sujets réels afin de créer un article surréaliste. La question est beaucoup plus importante que la réponse.

LE REGARD ENGAGÉ

(L'HISTOIRE EST PARTOUT)

PA Revenons à vos débuts dans l'art. Qu'est-ce qui vous motive, d'emblée ?

FM Ce qui me motive à mes débuts, c'est de rendre l'art proche de la société et ce, en me masquant derrière une mise en scène. Dès le départ, j'ai souhaité produire un commentaire sur la société, mais en regardant ce qui se trouve derrière le miroir. L'histoire de l'art, certes, m'a toujours passionné, mais ma source se trouve plutôt dans le spectacle populaire. Je n'ai pas eu assez de courage pour me lancer dans le spectacle, même si mon projet Raftside (un projet pop rock en solo dont le personnage scénique est une sorte de fausse star du rock qui m'accompagne depuis mes études) remplit ce besoin. J'ai vu dans l'expression de l'art beaucoup plus de liberté que dans le monde de la musique ou du théâtre. L'humour, l'échec, l'inachevé peuvent être considérés comme des qualités esthétiques, cela m'a beaucoup ouvert l'esprit, grâce notamment à mes professeurs Éric Laniol, Germain Roesz et Jean-François Robic. J'ai vécu pendant mes études

une atmosphère ludique mais engagée. Cela m'a permis de m'épanouir et de me confronter à mes certitudes apparentes. À mes débuts, je me suis inspiré de l'expressionnisme allemand et de sa liberté d'expression, décisive en cette époque de crise que fut le début du XXe siècle : une période qui a engendré la création d'une vaste iconographie très libre, parfois glaciale, souvent violente et toujours poétique. Je crois que notre époque actuelle est similaire. J'ai commencé mes études artistiques un mois après les attentats du 11 Septembre à New York, j'ai senti d'office qu'il y aurait du pain sur la planche.

PA Vous appartenez à une génération d'artistes « samplers » qui ont incarné et subi la poétique propre à la technoculture, celle de l'emprunt, de l'appropriation, de l'image « trouvée » notamment. Ce type d'images est très présent dans votre œuvre. Est-ce le cas aussi dans « Paradiso Lussemburgo » ?

FM Effectivement, j'ai appris à analyser les images dès mon plus jeune âge grâce ou à cause de MTV. Les clips sont en quelque sorte mes grandes peintures classiques de référence. Il y a selon moi des parallèles entre la peinture de Gustave Courbet et un clip de Jonathan Glazer. Dans « Paradiso Lussemburgo », je confronte une iconographie empruntée à une iconographie créée.

J'essaye d'associer deux mondes qui sont a priori de nature différente pour, au final, les mettre à un niveau égal. Surtout dans les dessins. Certaines images sont la contraction ou la combinaison d'images issues du film central de « Paradiso Lussemburgo » avec des images trouvées ou samplées, images qui sont peut-être à leur tour des allégories des dialogues du film. Pour revenir au « sampling » : il existe en fait depuis le début de l'histoire de l'art. L'art pariétal a été repris des milliers de fois à travers l'histoire. Toute l'histoire de l'art s'est constamment samplée jusqu'à nos jours.

TOUTE L'HISTOIRE DE L'ART S'EST CONSTAMMENT SAMPLÉE JUSQU'À NOS JOURS.

PA Votre âge – la petite trentaine – vous lie à une génération que l'on dit volontiers peu réceptive à l'Histoire, aux grandes thèses finalistes, et qui préfère jouer avec les signes, endécalé, de façon désabusée. Vous reconnaissez-vous dans cette filiation ?

FM Je crois que je suis à cheval entre les deux. J'ai toujours beaucoup écouté Bob Dylan, The Cure ou Joy Division, qui sont selon moi des groupes ou des artistes de la pop culture qui ont toujours traité de l'Histoire et qui l'ont rendue populaire. L'Histoire m'a été « injectée » dès mon plus jeune âge, mes aller et retour entre le Luxembourg et la Pologne à l'ère communiste m'ont fait comprendre qu'il y avait deux mondes et m'ont amené à m'intéresser à l'Histoire très tôt. J'ai commencé à comparer ces deux mondes, l'Europe de l'Ouest et le Bloc de l'Est : les signes, les identifiants, leur iconographie respective, l'utilisation de leurs couleurs fétiches… Ajoutons, en Pologne même, les difficultés existentielles éprouvées – files d'attentes interminables, la milice présente partout, la fouille systématique des bagages, la corruption des autorités. L'histoire de la Pologne c'est aussi « mon » histoire de l'Europe, une grande partie de mon identité artistique.

À onze ans, la visite avec mes parents du camp d'extermination d'Auschwitz m'a profondément marqué. J'ai commencé à comprendre inconsciemment que l'utilisation des signes et des images a toujours une signification plus profonde que ce que donne à voir la surface esthétique. Dans mes travaux, il m'arrive ainsi de jouer par moments avec les signes de façon décalée, en référence à notre monde néolibéral, tout en utilisant de concert signes et slogans faisant référence à l'Histoire. Cela fait partie de mon objectif, qui est de placer l'Histoire dans le divertissement et de rendre le divertissement proche de l'Histoire. ●

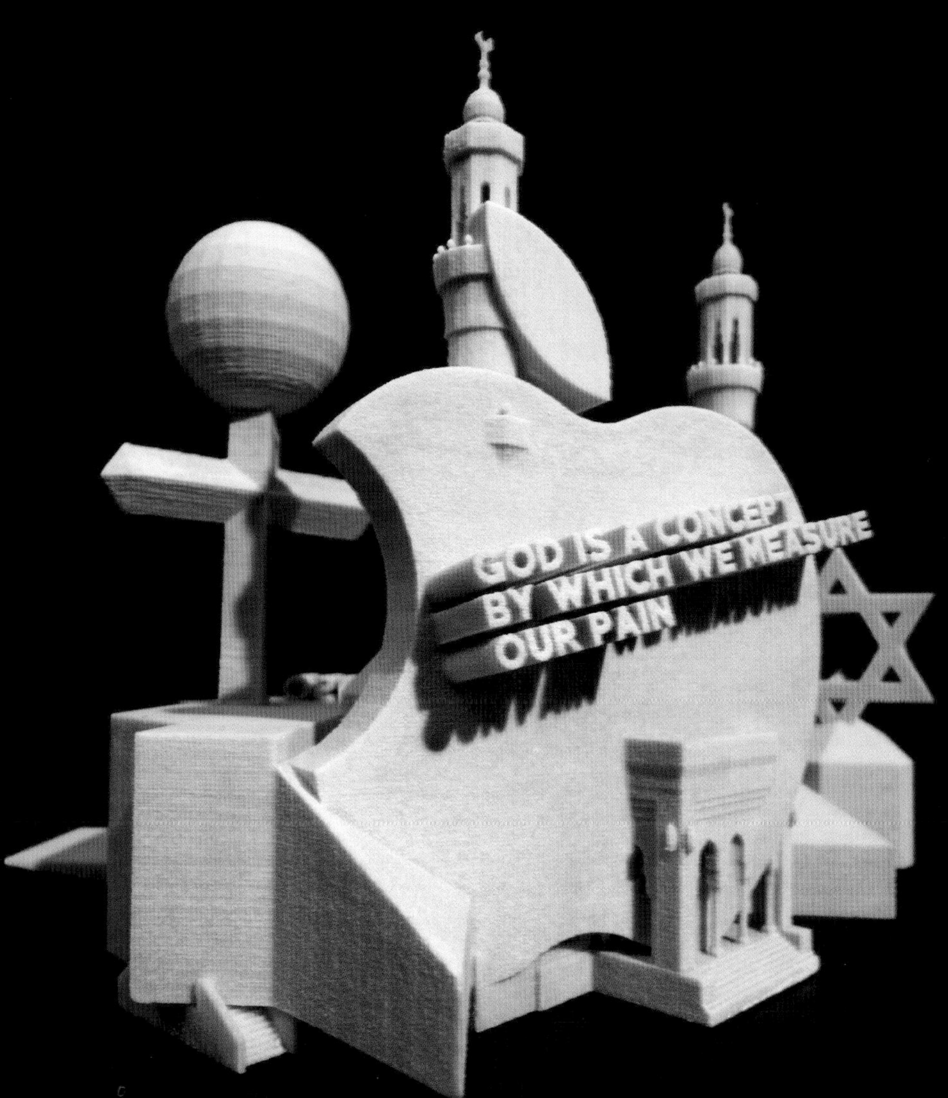
GOD IS A CONCEPT
BY WHICH WE MEASURE
OUR PAIN

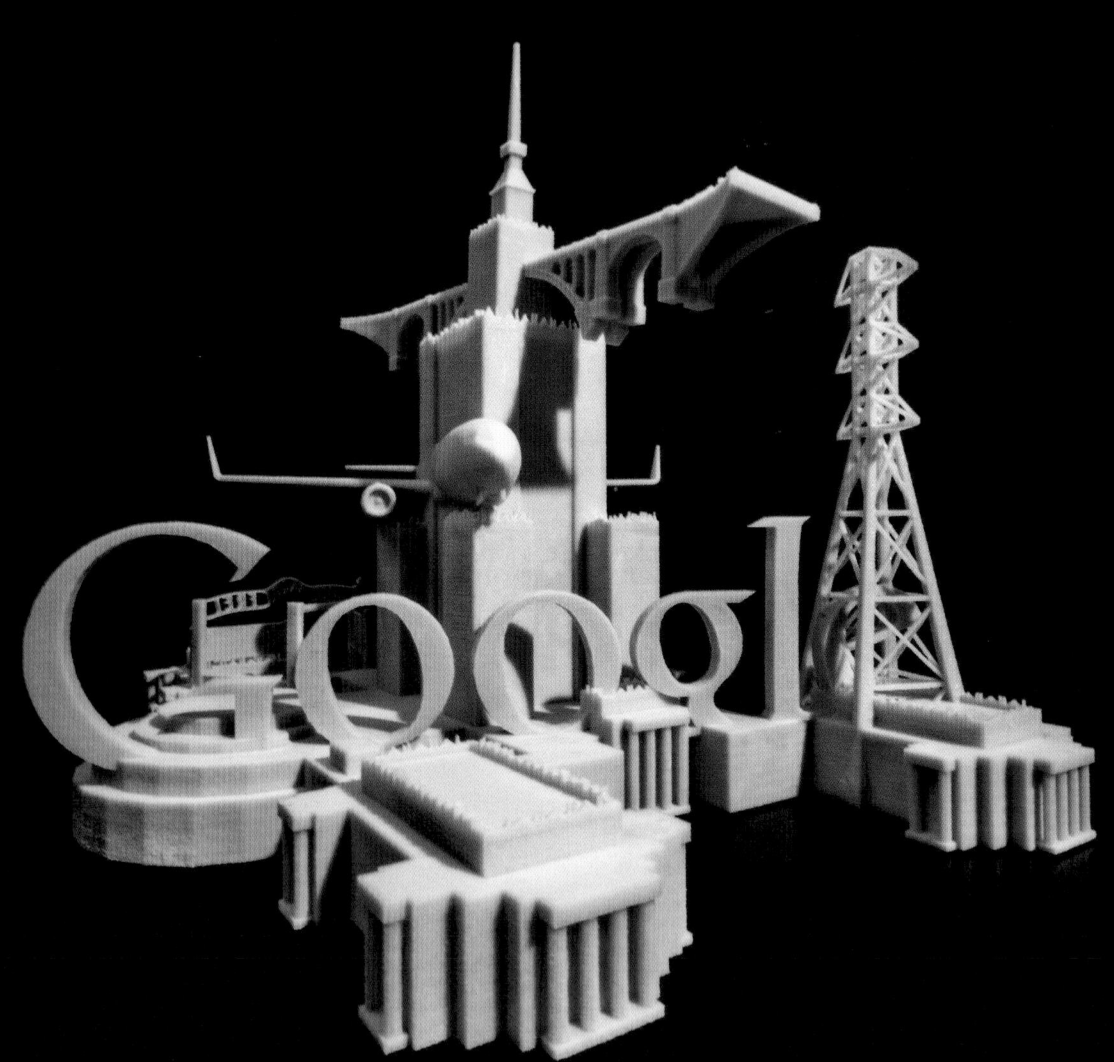

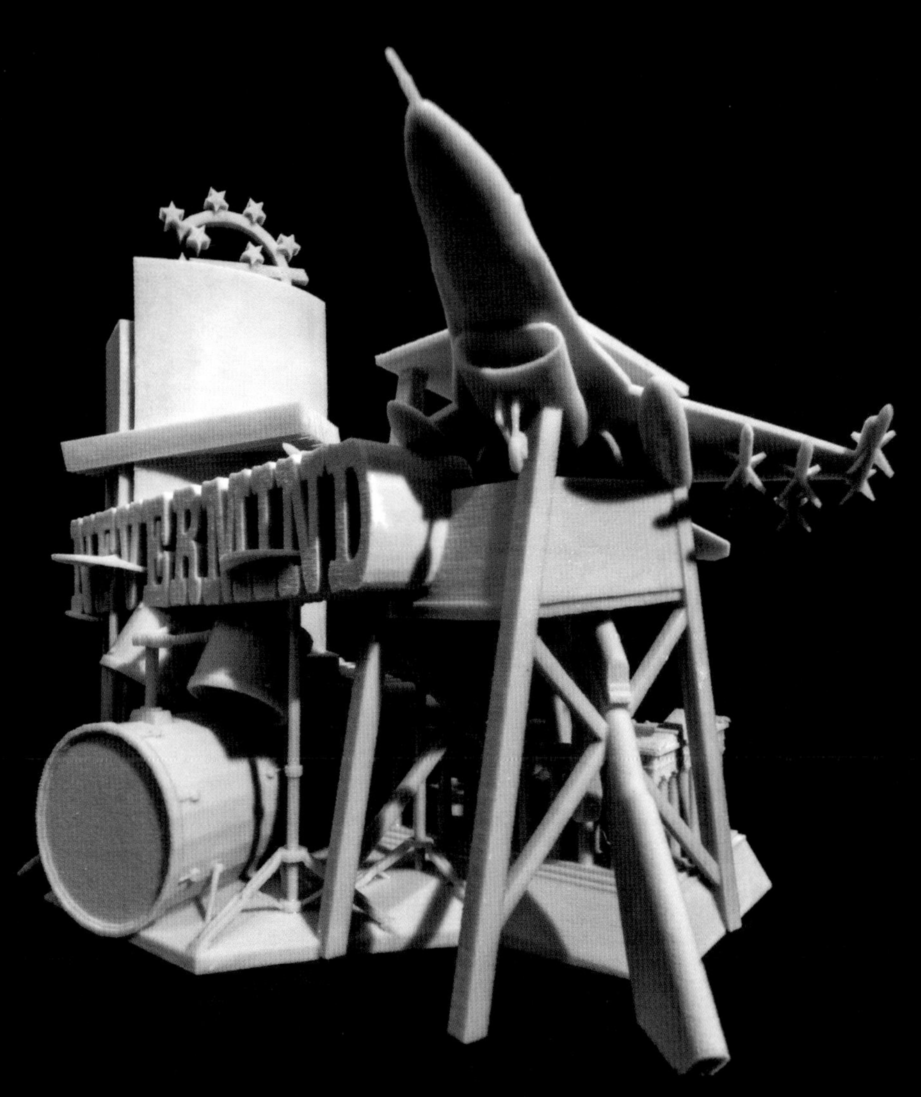

NEVERMIND

Journey to the End of

WRITTEN &

DIRECTED BY

Filip Markiewicz

CAMERAS BY

Sven Becker

Filip Markiewicz

STARRING

Leila Schaus

Luc Schiltz

Tania Soubry

Nuno Brito

Gino Ricca

FILM EDITING BY

Filip Markiewicz

SOUNDTRACK BY

Nuno Brito

Cathy Krier

Raftside

Marcin Wierzbicki

an Identity

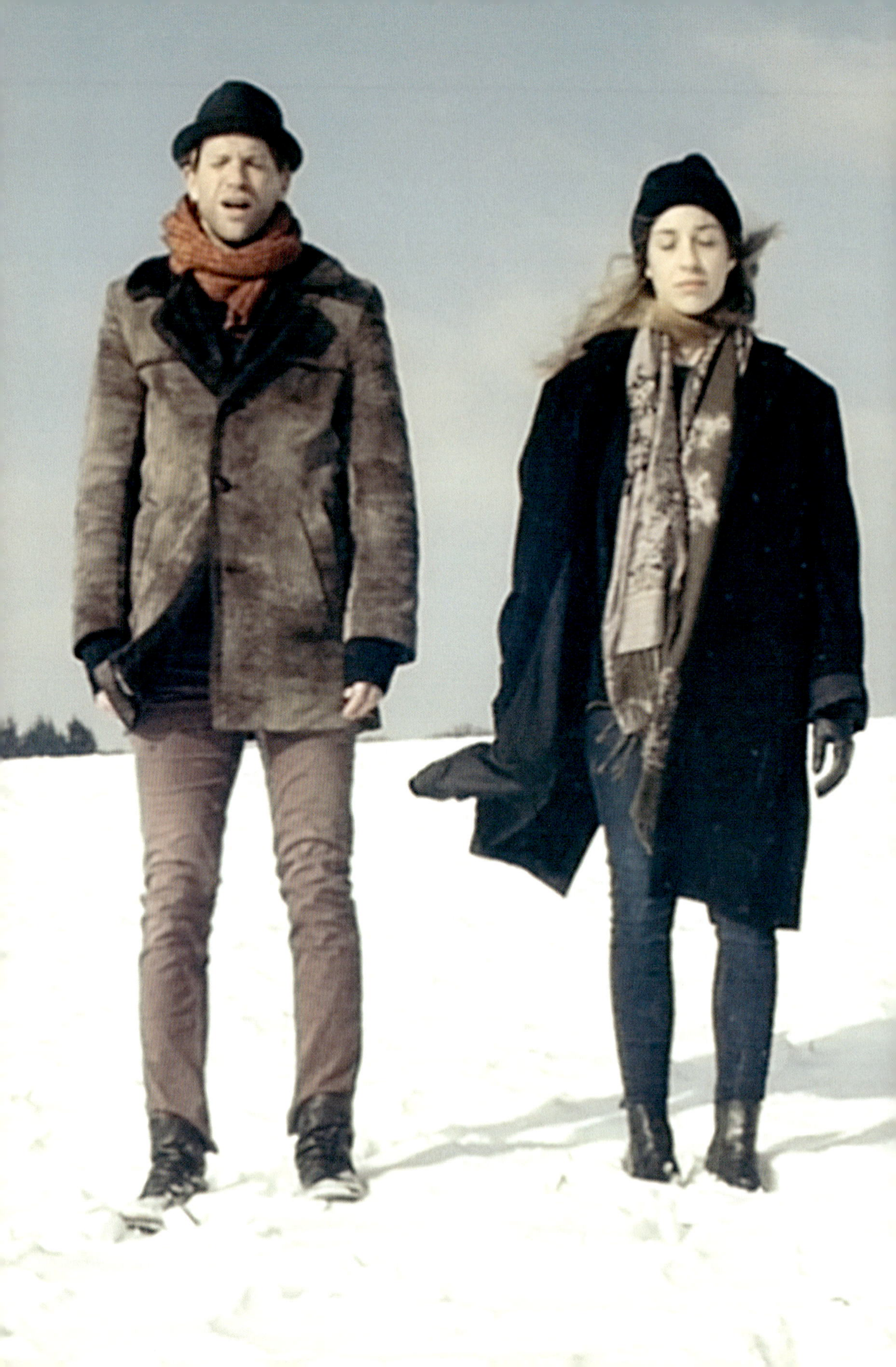

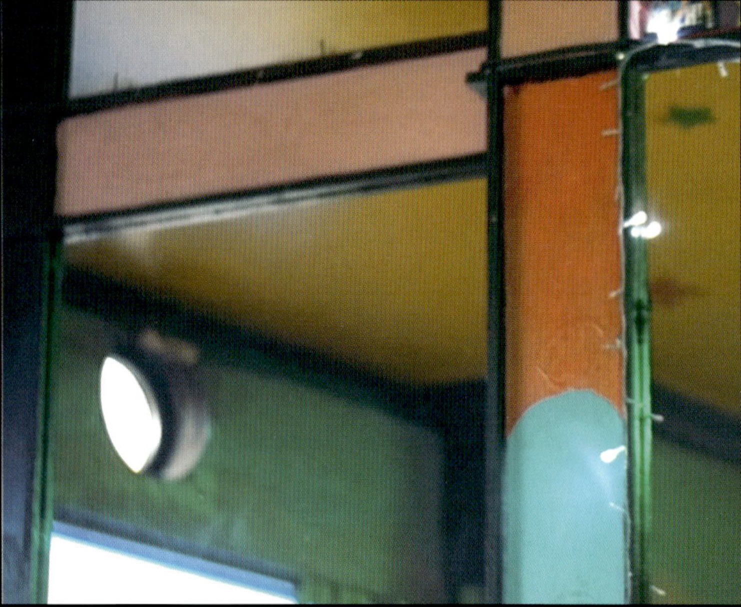

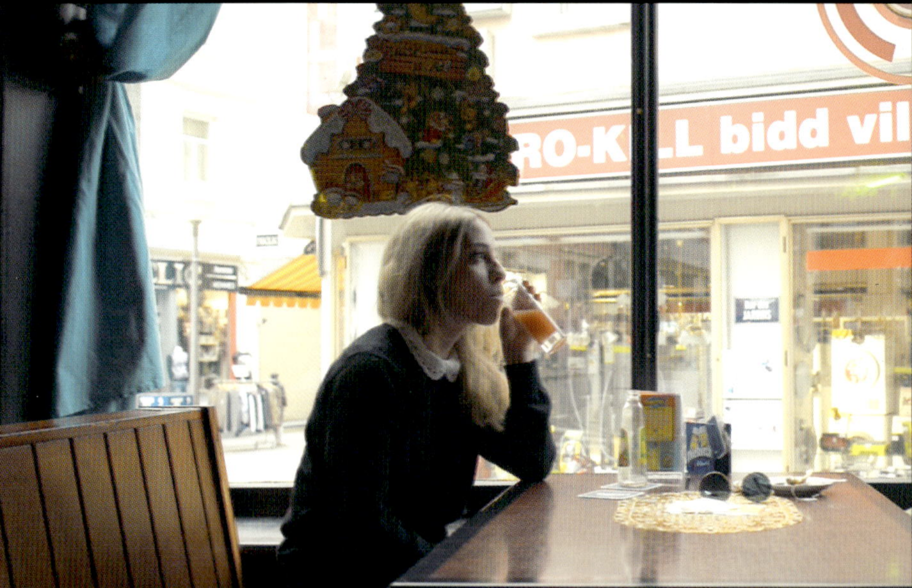

RO-K.LL bidd vil

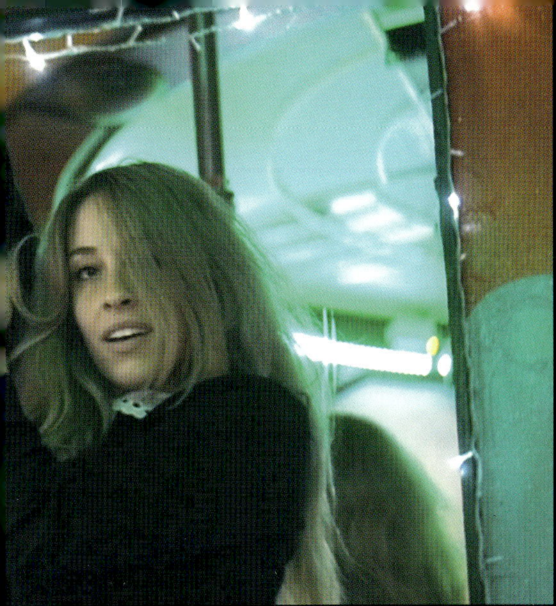

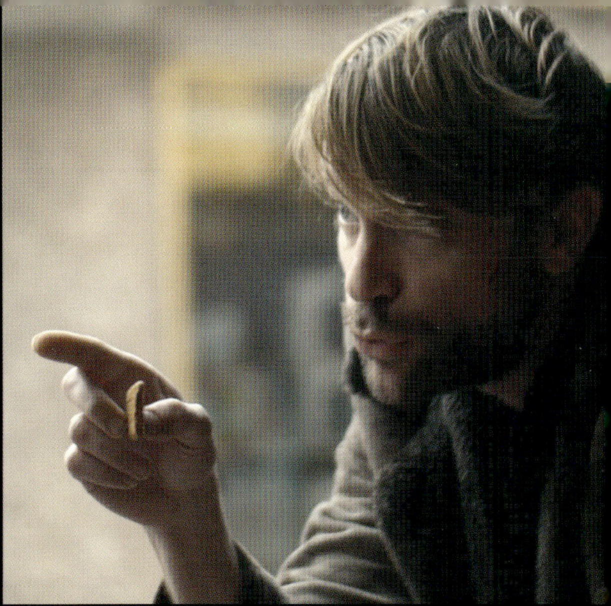

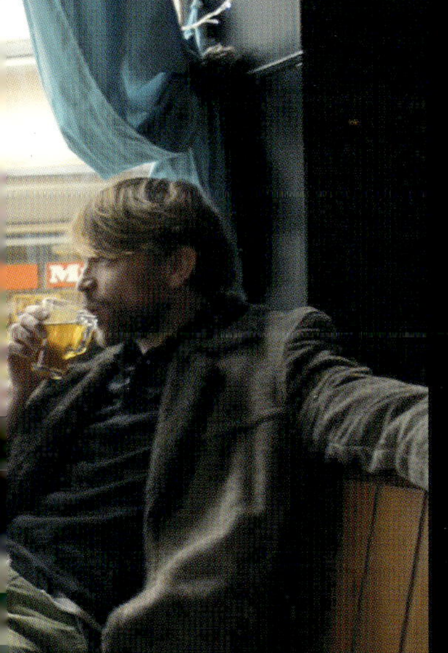
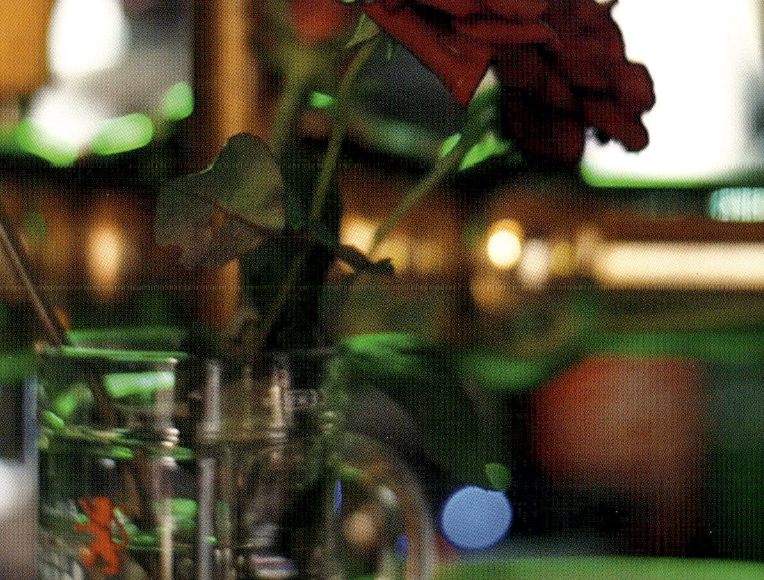

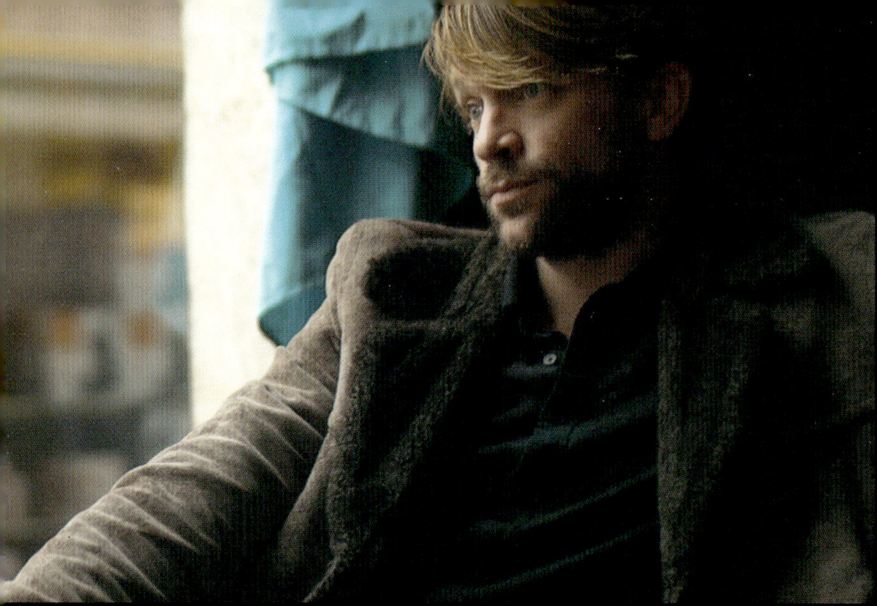

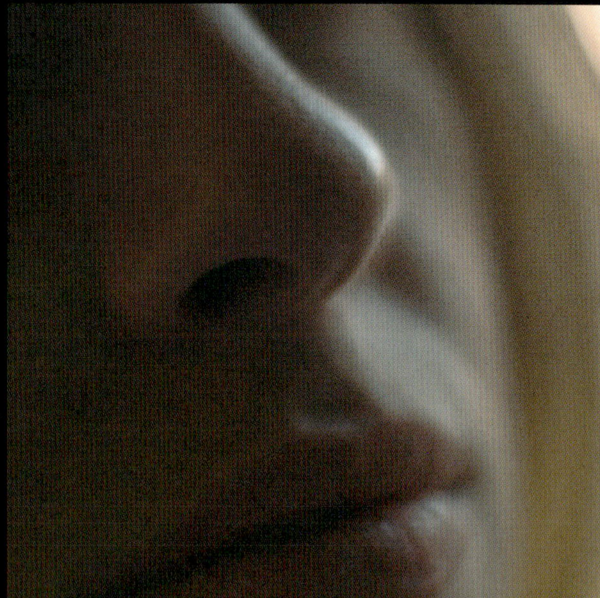
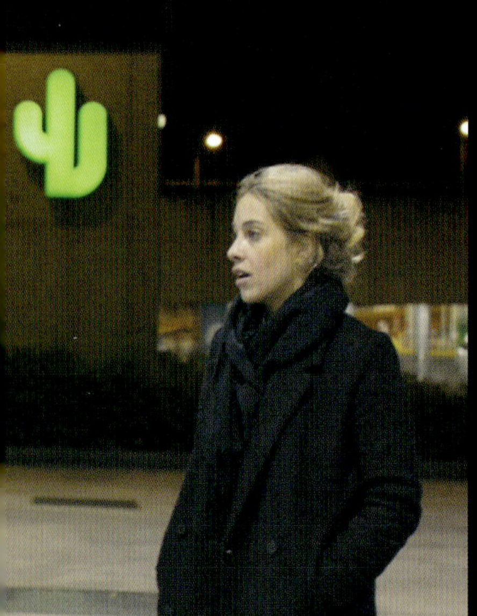

CHAPTER 1: A CROSS-SECTION OF EUROPE

YOUNG MAN Where are we? What is this country? This city?
Who are these people? I am constantly trying to find out where
I come from, but I only understand it when I'm somewhere else.

YOUNG WOMAN Somewhere else is where everybody goes.
Incidentally, I come from there as well. You always have to
ask yourself these absurd questions in order to define
yourself.

YM I changed my nationality when I was twelve. My parents
were naturalised, and today Luxembourg is my heart. Poland is
my lungs.

YW And what is your limbic system?

YM My limbic system is Europe. It's pleasure, fear,
aggressiveness, but also the construction of memory.

YW Do you think people would be the same if this country
were somewhere else? Why don't countries move? Belgium to
Switzerland, Greece to Germany, France to Austria?

YM People are never the same. Take a walk around Central
Station in Luxembourg: people there are not the same.
There are all these people who live on the sidelines. People
in other countries think of Luxembourg as one huge bank.
Yes, in a bank there is money. But in a bank, there are also
Portuguese cleaners, technicians, commuters from Thionville
and Trier. And then there are all these bank accounts that are
in the red.

YW Red… like the red lion. *Roude Léiw*… This desire to change
flags. It's become the flag of the Schleck brothers now.
Andy and Fränk, they are Luxembourg. Two brothers, like the
Roman deity Janus, god of beginnings and ends. Two brains, one
machine. Fränk and Andy, the Lumière brothers of cycling…

YM More than anything else, Luxembourg is a cross-section
of Europe. A drop of water for many people. But a drop
can also be a tear. And tears are history. Grand Duchess
Charlotte… WWII, the Résistance… The beginning of the European
story. I grew up alongside Portuguese people, Cape Verdeans,
Belgians, Germans, Luxembourgers, English people, Indians,
Yugoslavs, Poles, French people, Italians, Spaniards… During
the 1990 World Cup, I became Italian for a month. Baggio!
Roberto Baggio, the Italian Zidane. OK, better not talk about
the Luxembourg football team…

YW Football is silly anyway. It's a bank with a grass pitch.

YM Football should be part of art. Like when art was part
of the Olympics. In 1928 the Luxembourgish painter Jean Jacoby
won a gold medal in drawing. Drawing is both life and work.

YW All of us are in constant competition. Everything must
be won. That's how it is. Even babies quickly understand this.
Jean-Claude Juncker was no doubt quickest to understand it.
He was Prime Minister for most of my life. Like a resident DJ.
Luxembourg is a huge nightclub, where the music is a mixture
between Lou Reed and André Rieu.

YM Europe is a competition. Each country is a competition.
Sometimes I prefer to watch the Eurovision Song Contest rather
than political debates. Conchita Wurst summed up a whole
European era in three minutes. A man-woman, the masculine in
the feminine, the feminine in the masculine. By the way,
Europe is a woman who must manage the men's money.

YW Luxembourg is a man. Sometimes he's young, he's twenty-five.
Sometimes he's old. But he's about to turn into a woman.
A beautiful woman, with origins from everywhere. She will be
made of gold.

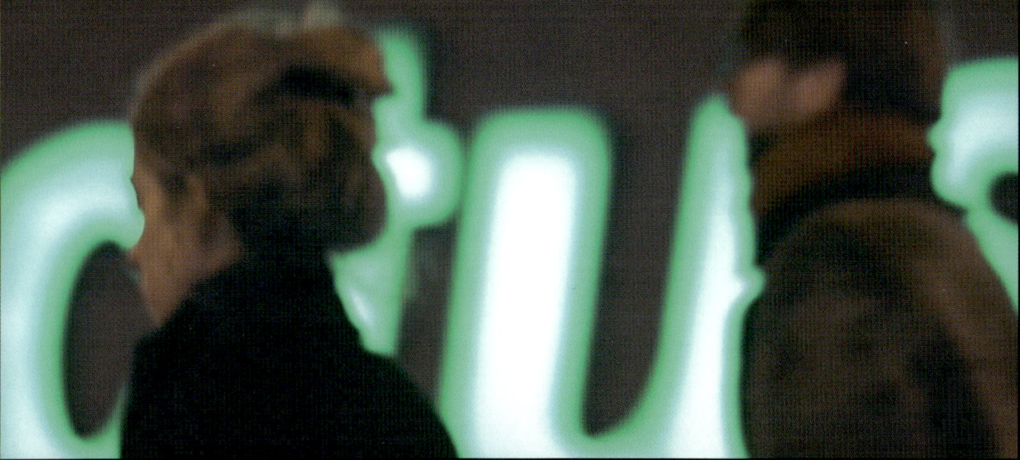

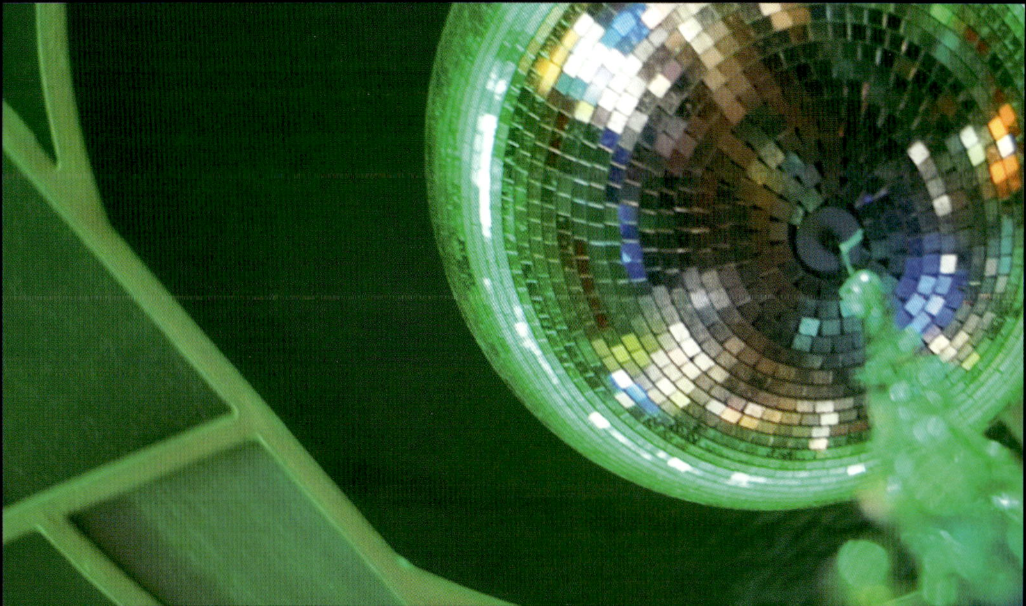

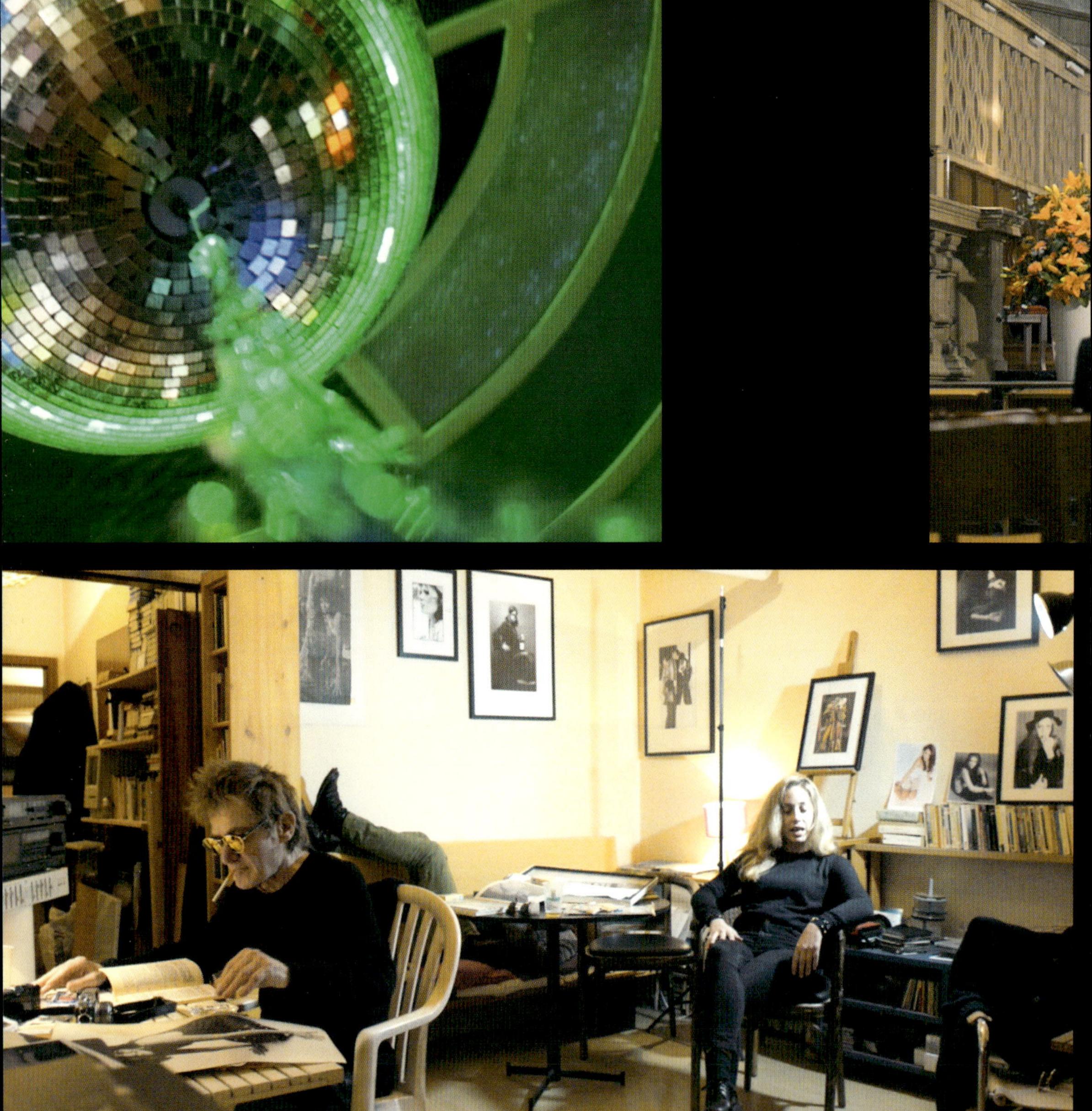

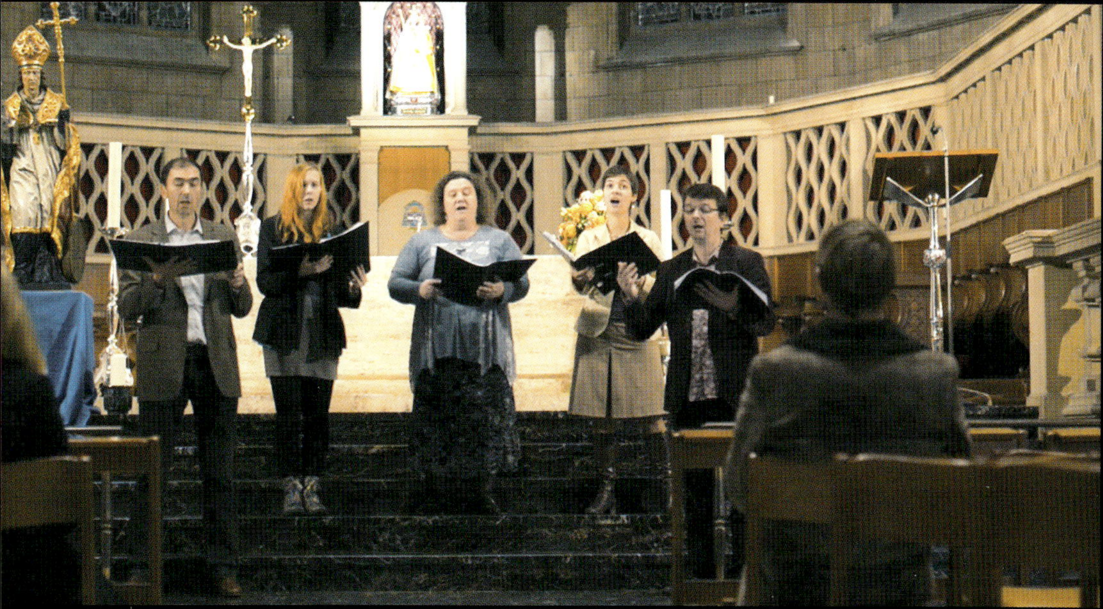

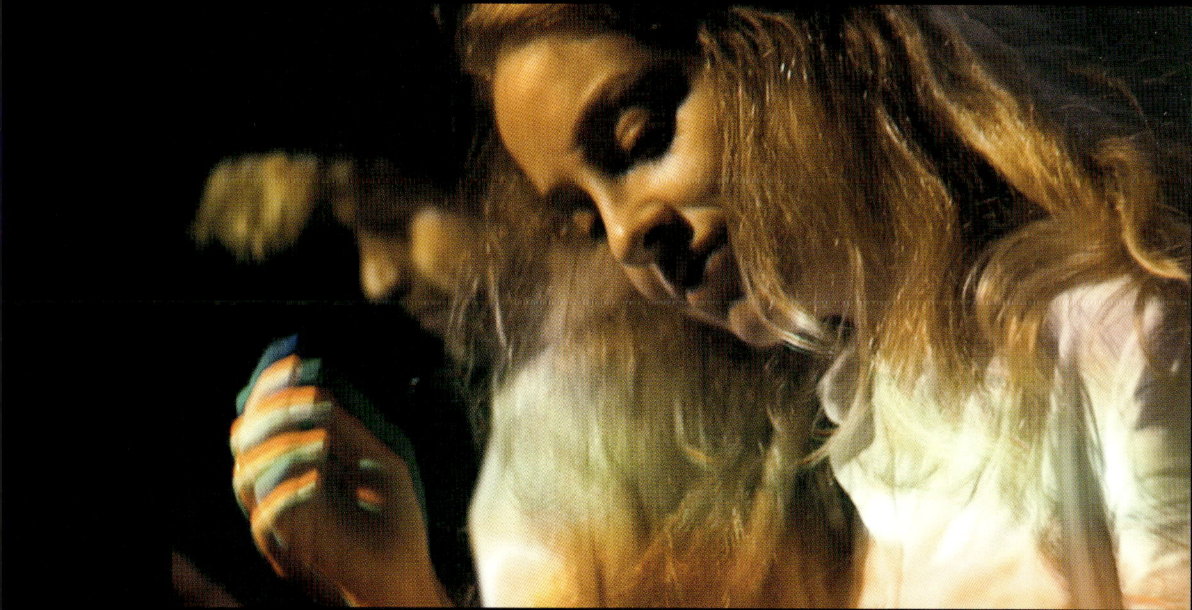

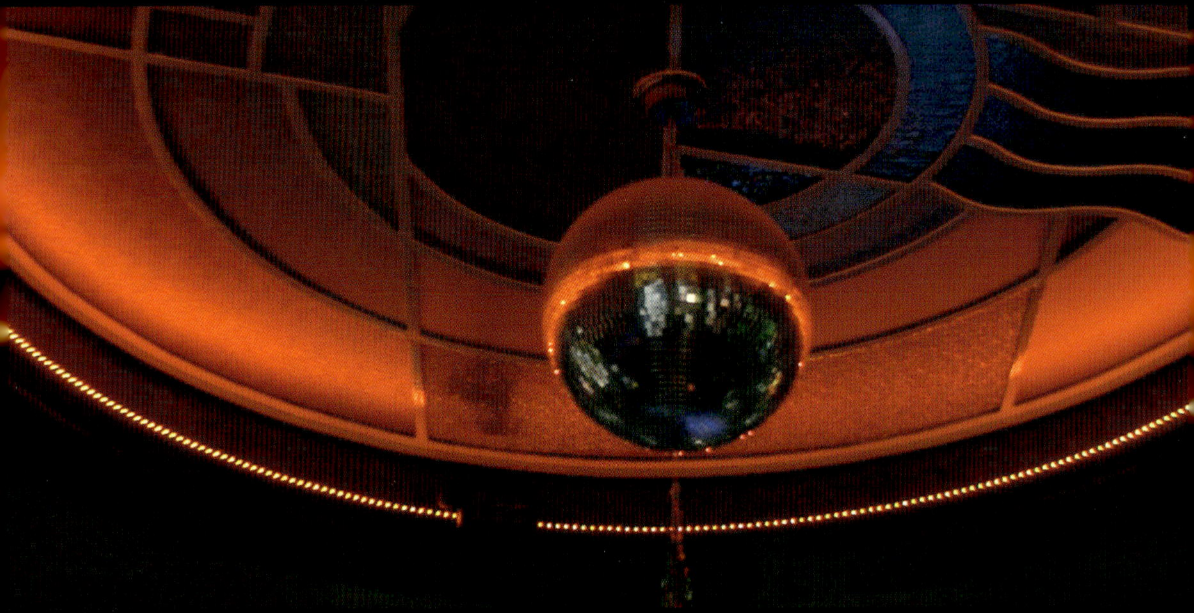

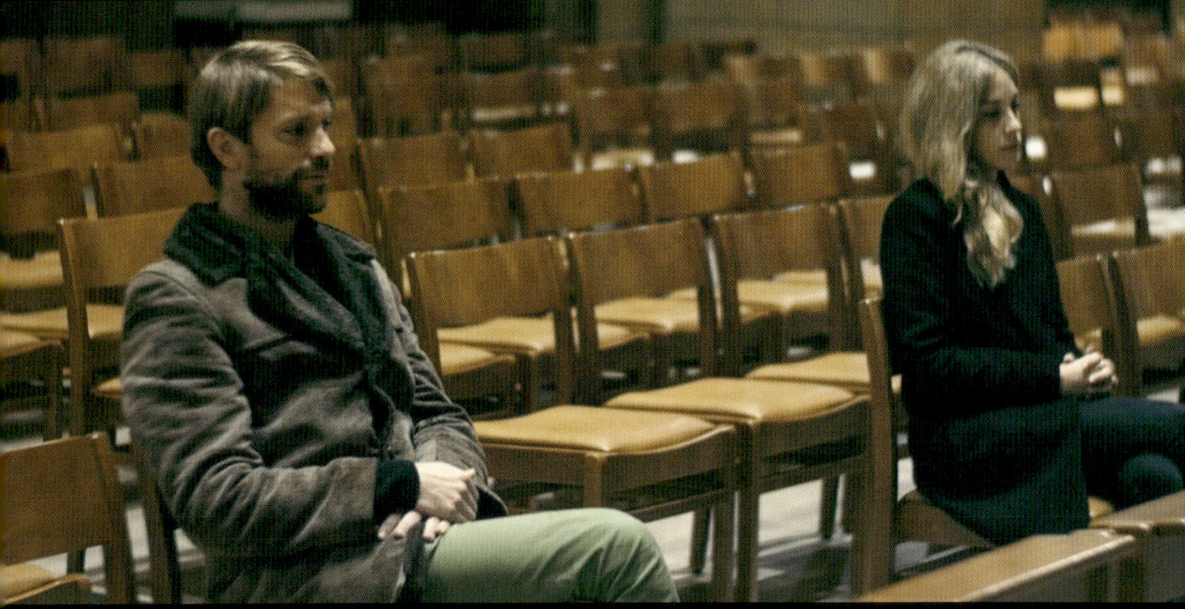

CHAPTER 2: LET ME LIVE THAT FANTASY

YW The newspapers write about crisis all the time. It's even started in the Luxembourgish press recently.

YM I suppose you have to talk about something. Well, the crisis is that I can't update my iPhone…

YW There is no such thing as a crisis. We want to move forward into a new era, but a part of the era doesn't move. And our brains have become used to an era… when Europe was a Hollywood heroine. Like Nico in The Velvet Underground. The German accent even found its place in New York.

YM I get tired of all this. I just want to go for a beer, to live without asking myself questions. What are all these existential, pseudo-intellectual problems about? Philosophy doesn't work. We have to stop thinking and torturing ourselves. Slavoj Žižek: revolution with a whiff of Nirvana. OK, at least he's funny. But anyway, our brain works more at night than is necessary. Everything depends on your metabolism. If you eat too much before going to bed, you get nightmares. That's the crisis, and that's all.

YW Eating makes me tired, but dreaming doesn't. But I would love to eat at Léa Linster's. She's managing the metabolism like a princess. The Grand Duchy's gastronomic goddess…
She saves us from nightmares…

I've never seen a diamond in the flesh
I cut my teeth on wedding rings in the movies
And I'm not proud of my address
In a torn-up town, no postcode envy

But every song's like gold teeth, grey goose, trippin' in the
bathroom
Blood stains, ball gowns, trashin' the hotel room
We don't care, we're driving Cadillacs in our dreams
But everybody's like Cristal, Maybach, diamonds on your timepiece
Jet planes, islands, tigers on a gold leash
We don't care, we aren't caught up in your love affair

And we'll never be royals (royals)
It don't run in our blood
That kind of luxe just ain't for us
We crave a different kind of buzz

Let me be your ruler (ruler)
You can call me queen Bee
And baby I'll rule, I'll rule, I'll rule
Let me live that fantasy

YM The nineties were fun after all. We were teenagers, and everything was possible. Life was a blockbuster with a permanent happy end.

YW Yes, but since then the towers have fallen, and then Lehman Brothers went bust. Damien Hirst's skull has replaced the dollar, the euro has become a kind of abstract hope, and then came the Arab Springs… We all took part in the revolution, posting YouTube videos from the couch.

YM Occupy my mind… I don't give a damn about revolutions. It's the same as with the metabolism: it's important to sleep and to forget everything, to start from scratch. Emotion degree zero, that's the secret.

YW You remind me of a teenager who spends too much time surfing the Internet.

YM My brain is occupied… like Syria, Ukraine. Iraq is back… All these conflicts, I want to empty my trashcan…

YW The part of my brain in charge of what I'm unable to say with my mouth has turned liquid. Actually, I believe society has turned liquid. At the same time, I don't think there's much left to say with the mouth. Everything is said with our fingers as they touch our screens. We're constantly stroking our touch screens, but there's nothing: no love, no emotion. Degree zero…

YM In fact, now I'm struggling to understand what comes out of your mouth. My grandmother always told me that you should look ahead of you. And that you should dance whenever you have a chance to do so. You should never stop dancing… Even if you fall flat on your face, you have to continue. Building nightclubs that are open all day long, putting DJs into offices, museums, train stations… Work is always punishment: what a load of bullshit!

What about churches? Sometimes I miss the silence… When I was young, there were moments when I was able to turn myself off. I was empty… in standby mode, like my MacBook Air, which is here, but it has gone quiet…

Now I never take a break. I need lots of screens all the time, with images, pixels, information, films, colors, clips, mails… I've turned into a living liquid crystal cable… I want more future, I want more "likes." If he were alive today, Joseph Beuys would explain selfies to a dead rabbit…

YW Watch it, you'll end up in *Star Wars*…

YM *Star Wars* is ancient history, mythology. Today we live in a war of mirrors… That's it, the war of the selfies… Everything is a mise en abyme: we are in the film about the film. We're in the Luxembourg Pavilion, and you're looking at me…

YW The European elections were a perfect reflection of this situation. We have to be aware of this. It's the end of an empire… In the USA, Bret Easton Ellis is saying that it's the age of post-empire. But it's important that you never stop dancing, even if you think there's no hope left. Laughing while crying, crying while laughing. Because in the end, all we can do is to draw with the body, to the movement of sequenced silence. The heart at 120 bpm in a nightclub in Berlin. Surely, life is a theater, and the backstage area is a reflection of our mind.

YM Supposing we have a mind… Sometimes I think I don't have one. And I don't want one. Yes, dancing… But what do we do about Europe at war?

YW Europe is not at war. Europe is just trying to understand WWII, and that will still take some time. We haven't even come to terms with the sequence of the pram slowly tumbling down the Odessa Steps in *Battleship Potemkin*, let alone with WWII… A major case… Dancing also means falling, and falling mainly means getting back up again. Maybe Europe will one day get back up again.

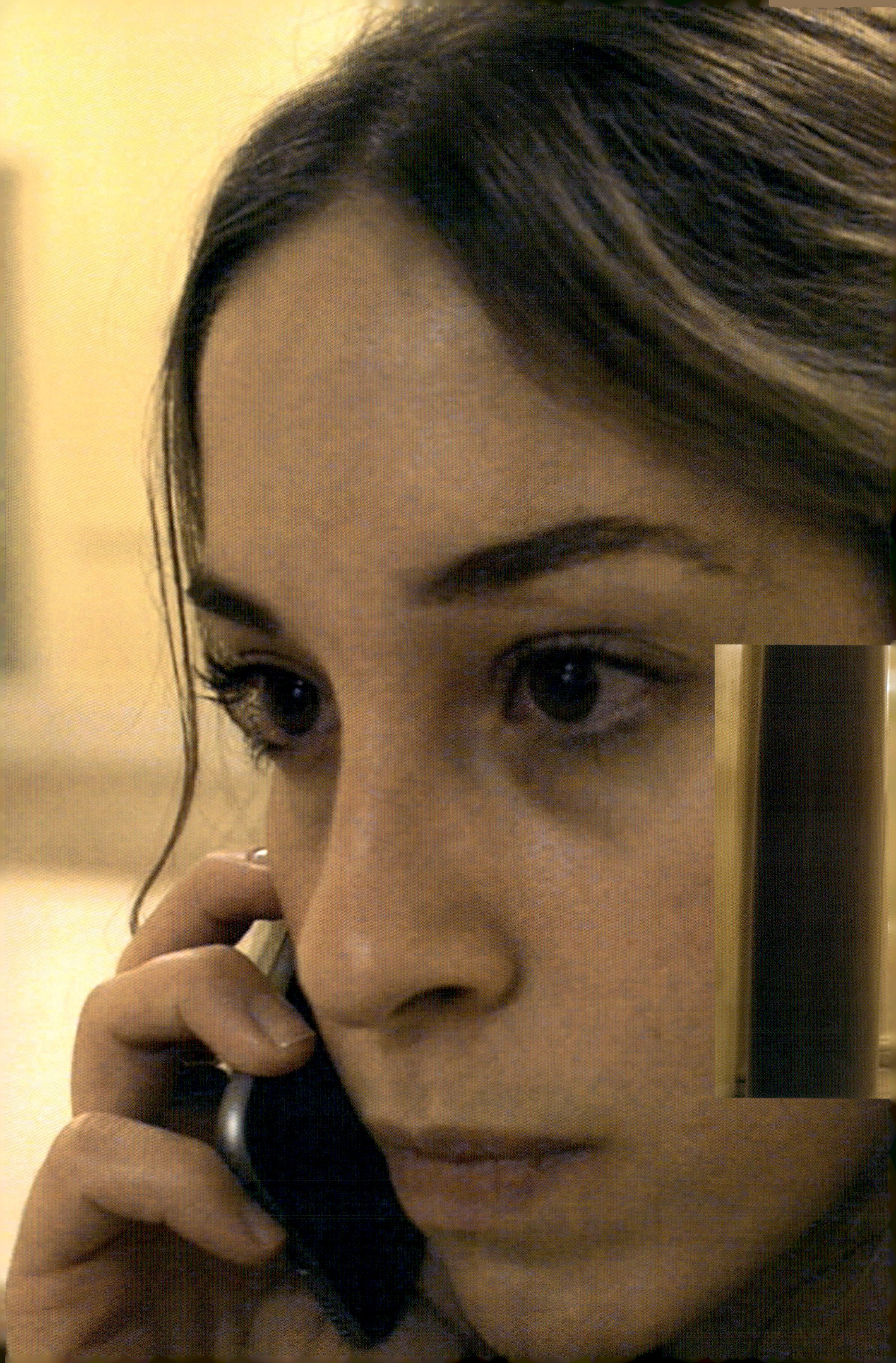

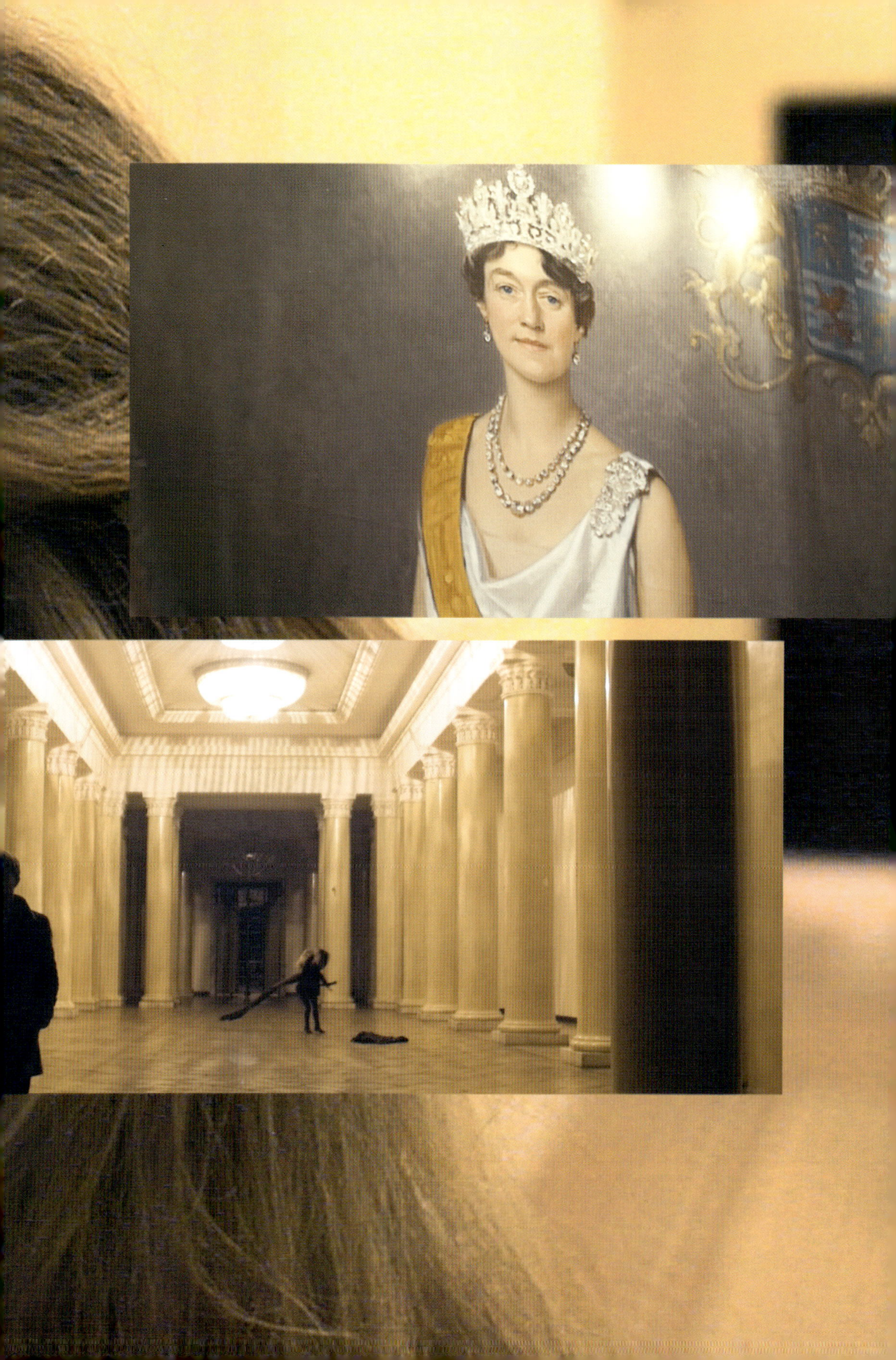

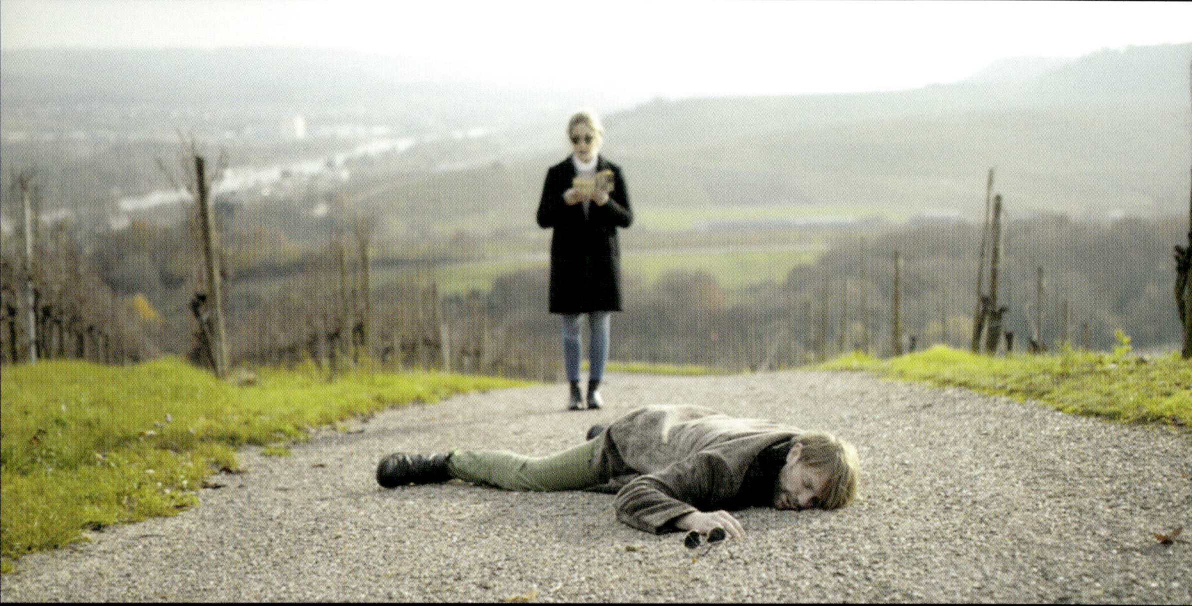

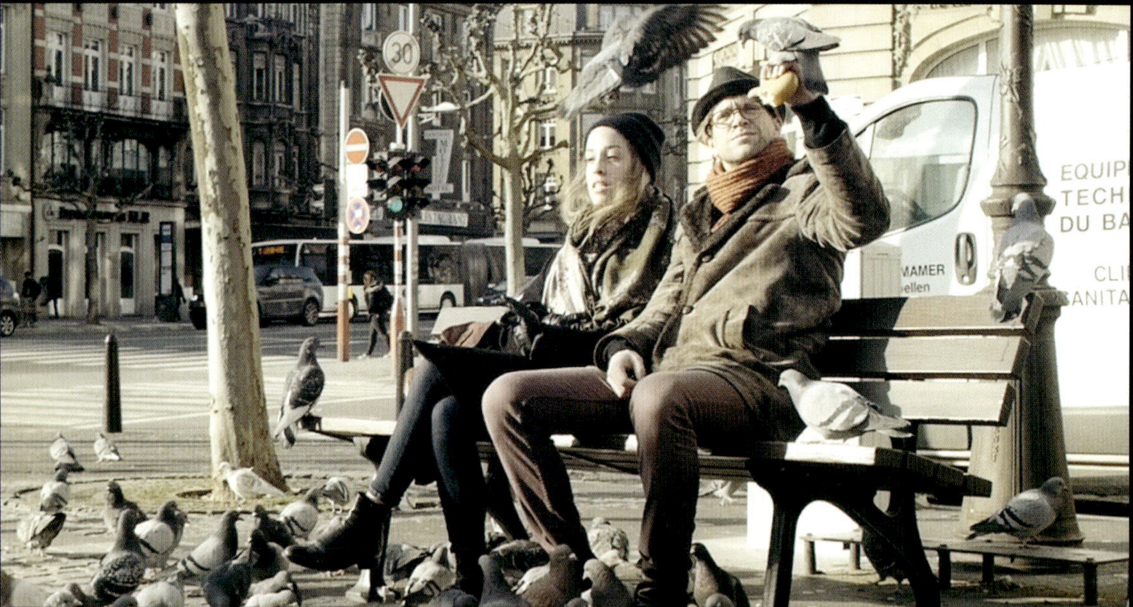
30
EQUIP
TECH
DU BA
MAMER
ellen
CLI
ANITA

CHAPTER 3: PARADISE IS
WHEN THERE'S A COMMERCIAL BREAK

YM What color has an image when it emerges in our mind? Does it have a color? Is it black and white? Or is it a sound that comes before the image? Words are also images that function like icons in painting. Words are at the beginning of each image. I'd love to see what happens when I dream… to take a picture… How to represent a dream? Francisco de Goya represented a nightmare; today it's Google Sleep that produces monsters… What will we do with this iconographic archive? Will we witness more auto-da-fés as during the Spanish Inquisition or the Nazi occupation? The auto-da-fé of digital files? A formatting of memory? But our memory depends on Google.

The fabric of the pictures taken with my iPhone 5 is peculiar because the objective constantly simulates a wide angle. There is no such thing as a wide angle in reality. Reality is distorted by a computer calculation. Digital reality is a veil of light and color, but the pixels have disappeared. There is no more place for Impressionism. Monet's light is romantic nostalgia. We live in the world of Duane Hanson. The Hyperrealism of selfies.

Everything happens in high definition on our flat screens, but real life unfurls on a 35 mm film roll. Real life is cinema. The truthfulness of cinema. Luckily we have Instagram to simulate the nostalgia of our existence…

How to photograph an emotion? How to film a lightning strike? Robert Doisneau's *Kiss by the Hôtel de Ville* was staged… The highlights of our existence happen only once. We are either behind the camera, or the camera has become our eye, and our memory therefore depends solely on the 32 gigabytes of the hard disk. I feel as though I'm living in Greek mythology. We have all become digital Cyclopes.

Paradise is sometimes close to hell. It took Rodin a lifetime to create *The Gates of Hell* from the *Divine Comedy*. A total artwork, an entire existence to create one image, a door… This is the end, my only friend… The doors of perception. Texture develops organically. Today the doors of hell open every night during the news. A window to the world. They represent the doors of Europe. The images of Independence Square in Kiev become icons. Syria is just a digital texture on our screens, the explosions and the tear gas are reproduced in high definition, 1920 by 1080 pixels. The representation of death is a digital file. Paradise is when the news broadcast ends. Paradise is when there's a commercial break. Apple, Windows, Google: maybe they are the best painters of our time.

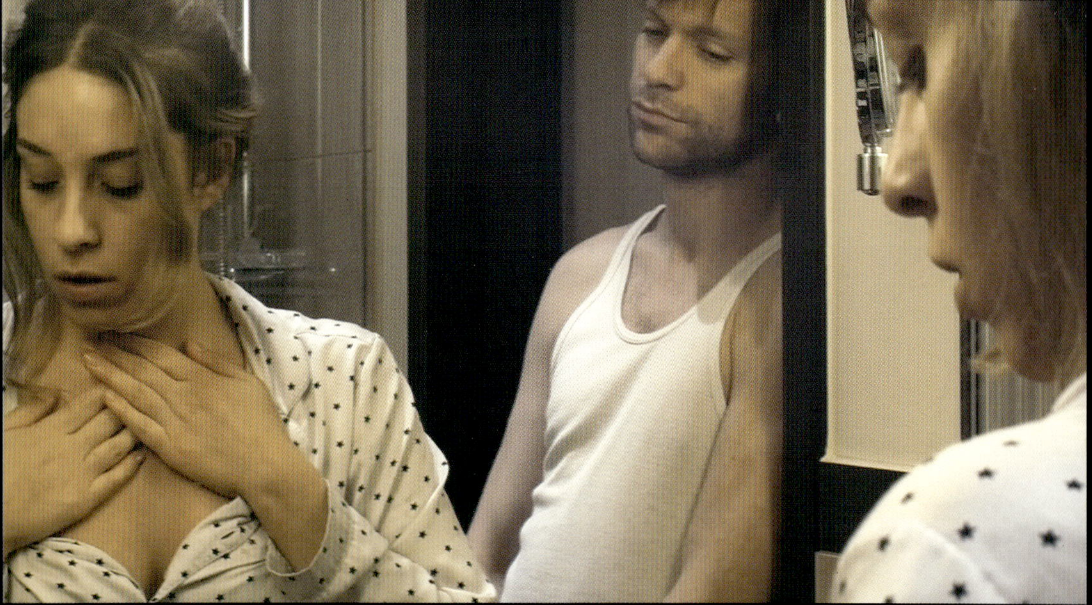

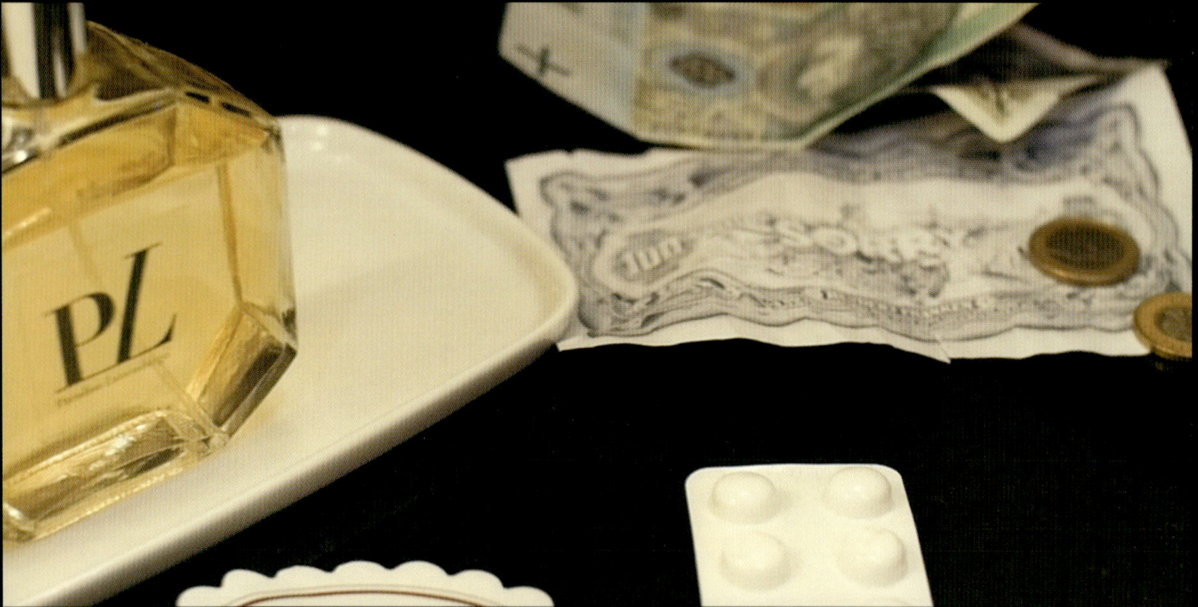

CHAPTER 4: A WEAPON OF MASS CONSTRUCTION

YW I don't really have the time to follow what's going on in the world.

YM Neither do I. I don't want no TV, no smartphone, no Facebook, no Twitter, nothing! I don't want to know anything… Nothing!

YW Around here, you don't need all that to understand what's going on.

YM Right? Why is that?

YW Here, European history is inscribed in the walls.

Do you think I'm pretty?

YM Yes… but not all European history. Warsaw is just a part of it, even though today's Europe is a consequence of what happened here for fifty or so years.

YW Polish people hate the Palace of Culture in Warsaw. It's the symbol of communist oppression. At the time, people said that "the only happy inhabitant of Warsaw is the caretaker of the Palace of Culture… Because when he looks out of the window, he's the only one who can't see it."… It frightens me, but I like to look at it.

YM A little bit like the European Parliament in Luxembourg?

YW Not sure. The Soviet Communist Party had a certain idea of Europe, but I believe in Warsaw it was more a matter of authority.

YM It looks like a rocket. I don't know why, but it reminds me of Stanley Kubrick's films. A kind of bizarre anachronism. Maybe because of the Starbucks around it?

YW It's part of our era, which sits between two times, ambiguous and indefinable.

YM It's a little bit like in Houellebecq's latest novel: we're subjected to our own existence.

YW Right, Houellebecq is slightly misogynistic, but I like him… Since January 7, 2015 the whole world has become a forbidden caricature. Everything is just an impression, except that you can't see the colors—contrary to Monet's paintings.

YM The world has finally understood that drawing is the last weapon of resistance.

YW Drawing is dangerous… A Weapon of Mass Construction.

CHAPTER 5: SOMETIMES I FEEL LIKE EUROPE IS FOREVER STUCK IN A TEENAGE IDENTITY CRISIS

YW It's crazy to see all these neo-Fascist movements pop up all around Europe.

YM It doesn't surprise me. Unemployment's high everywhere, so rightwing extremist parties throughout Europe have an excuse to stigmatize strangers. Before them, it was the Jews…

YW Alright, but the worst thing is that Pegida in Germany is not even a political party. It's a movement that calls itself popular.

YM "We are the people!" Ridiculous. And then that guy who dresses up as Hitler. It's the same thing in France with the rallies against same sex marriages. Bunch of fascists.

YW You realize it's no better in Luxembourg when you start reading readers' comments on *RTL.lu*.

YM Luckily, I don't have Internet.

YW Europe's a curious thing, though. It's hardly been twenty-five years since the Iron Curtain came down, and there are still Auschwitz survivors who can testify. And yet here we are doing the same mistakes again. Sometimes I feel like Europe is forever stuck in a teenage identity crisis.

YM I'm going to read you a manifesto:
Imagine a human body that does not belong to any particular nation, but adopts the culture of the country in which it finds itself.

YW Imagine a human body that does not belong to any particular religion, but respects all religions as mankind's philosophical heritage rather than dogmas.

YM Imagine that a human body's right to live in a country does not depend on another human body's decision. Imagine that each human body has the right to live a dignified life in the country it has chosen to live in.

YW Imagine a country that does not belong to any human body. Imagine that no country belongs to anyone. Imagine that countries are depoliticized geographical territories with individual historic cultures, respected by all human bodies.

YM Imagine that Europe is based on a culture of peoples, on history instead of economy. Imagine that Europe is a place where the human body lives with the economy rather than being dominated by it.

VW Imagine a culture in which artistic creation by human bodies is not subject to passing fads dictated by big money and mass media. Imagine a culture in which artistic creation supplies all human bodies with philosophical interrogations that can make life in society better.

YM Imagine the language of a group of human bodies that are not subjected to any politicized notion of *jus soli* or territory. Imagine that languages and nations are shifting to accommodate the migrations of human bodies.

VW Imagine a school system that is not based on the prison system. Imagine a school free from punishment, grading, and competition. Imagine a school that helps human bodies live their lives instead of disciplining them.

YM Imagine a human body that does not feel superior to nature. Imagine a human body that is no longer dependent on the capitalist system and refrains from unlimited consumption.

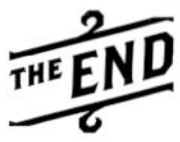

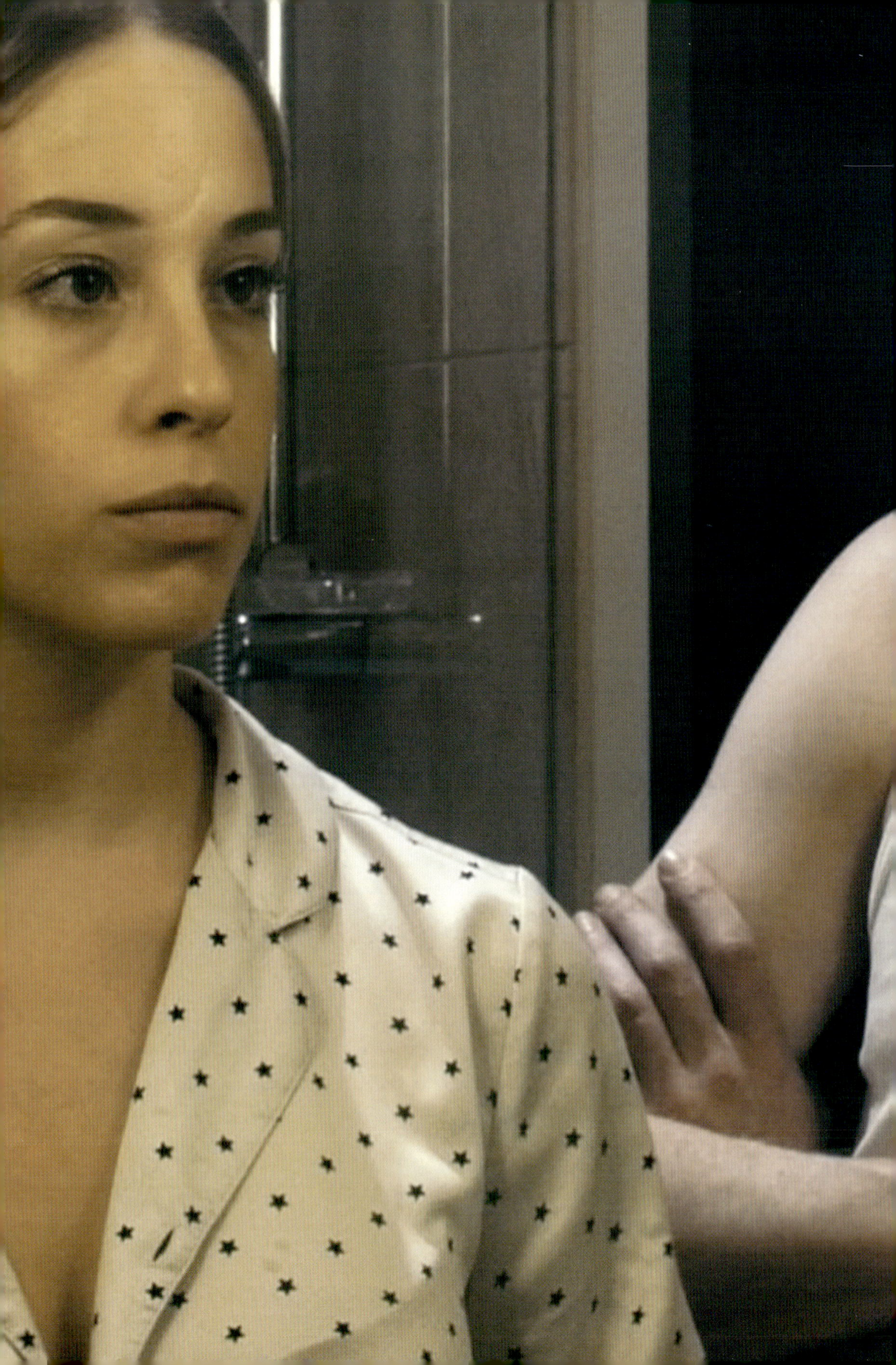

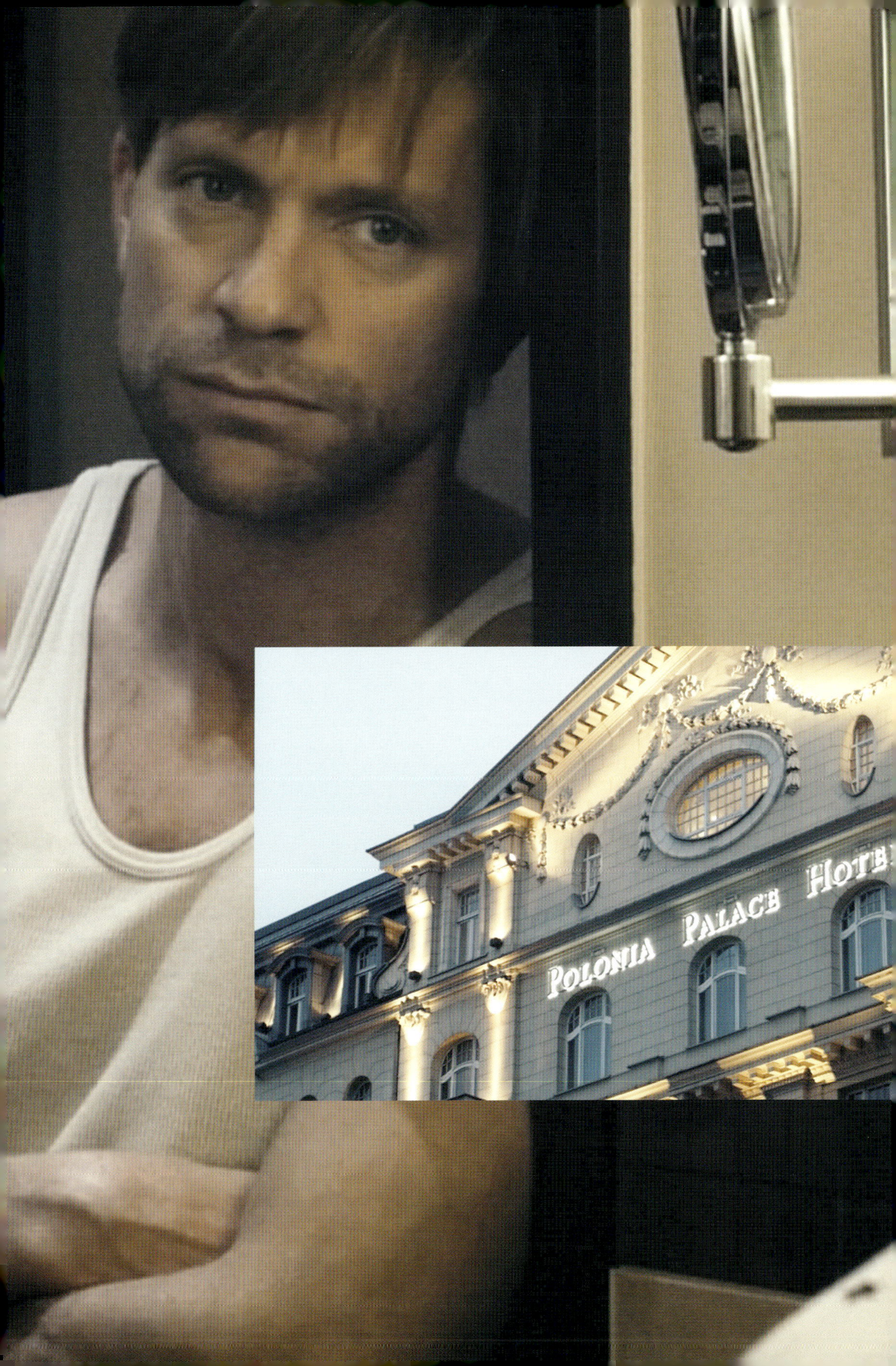
POLONIA PALACE HOTEL

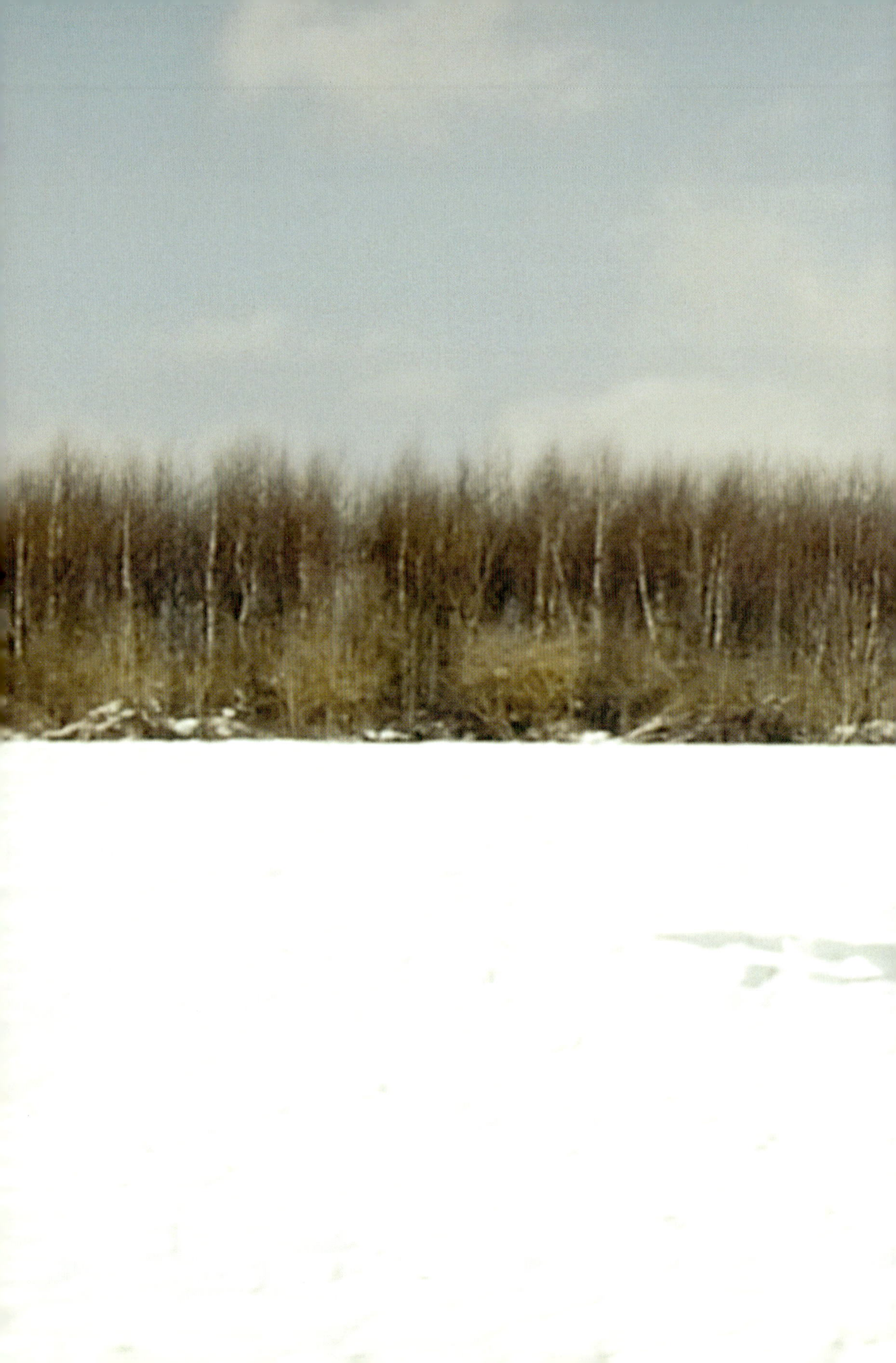

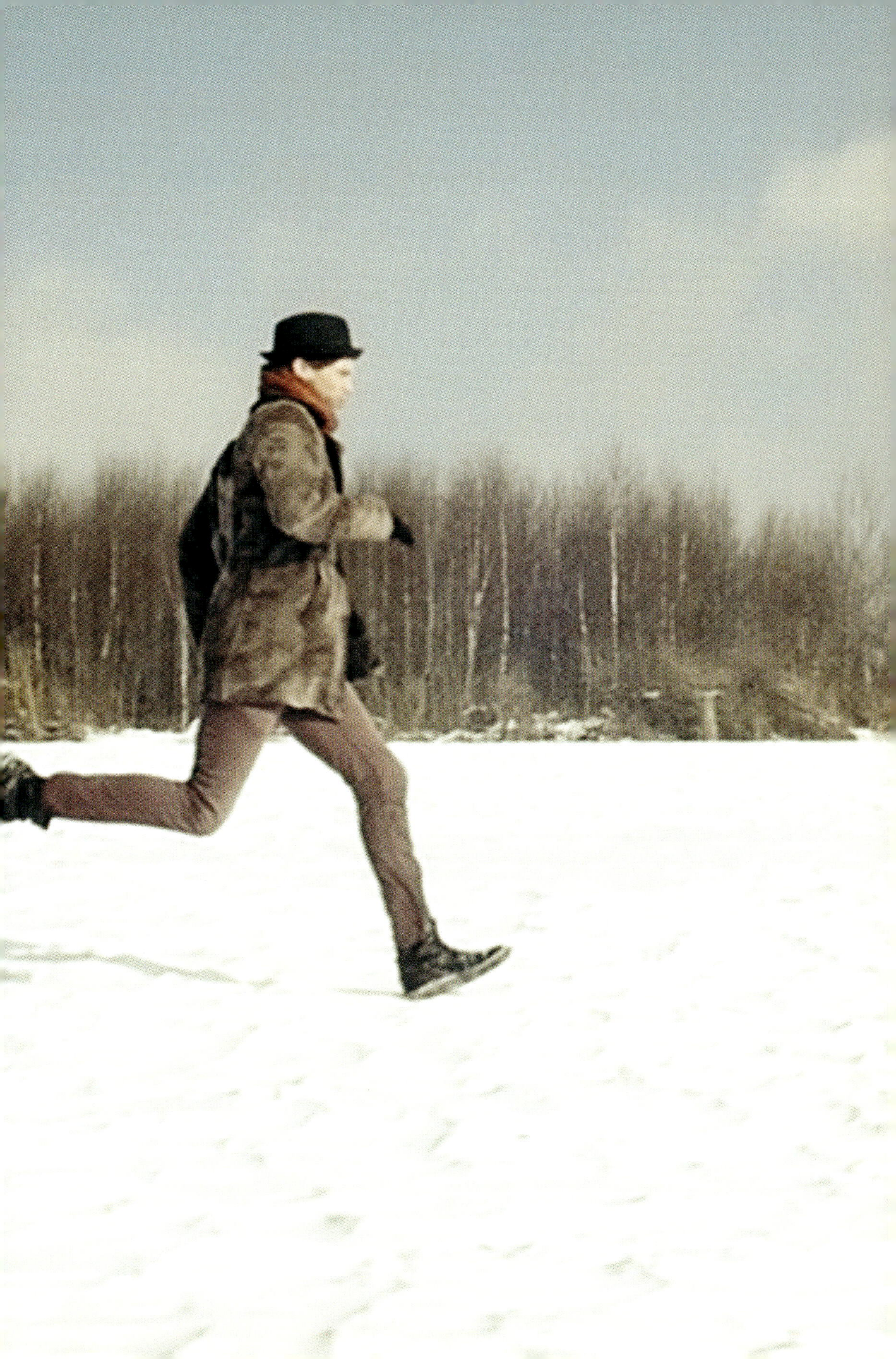

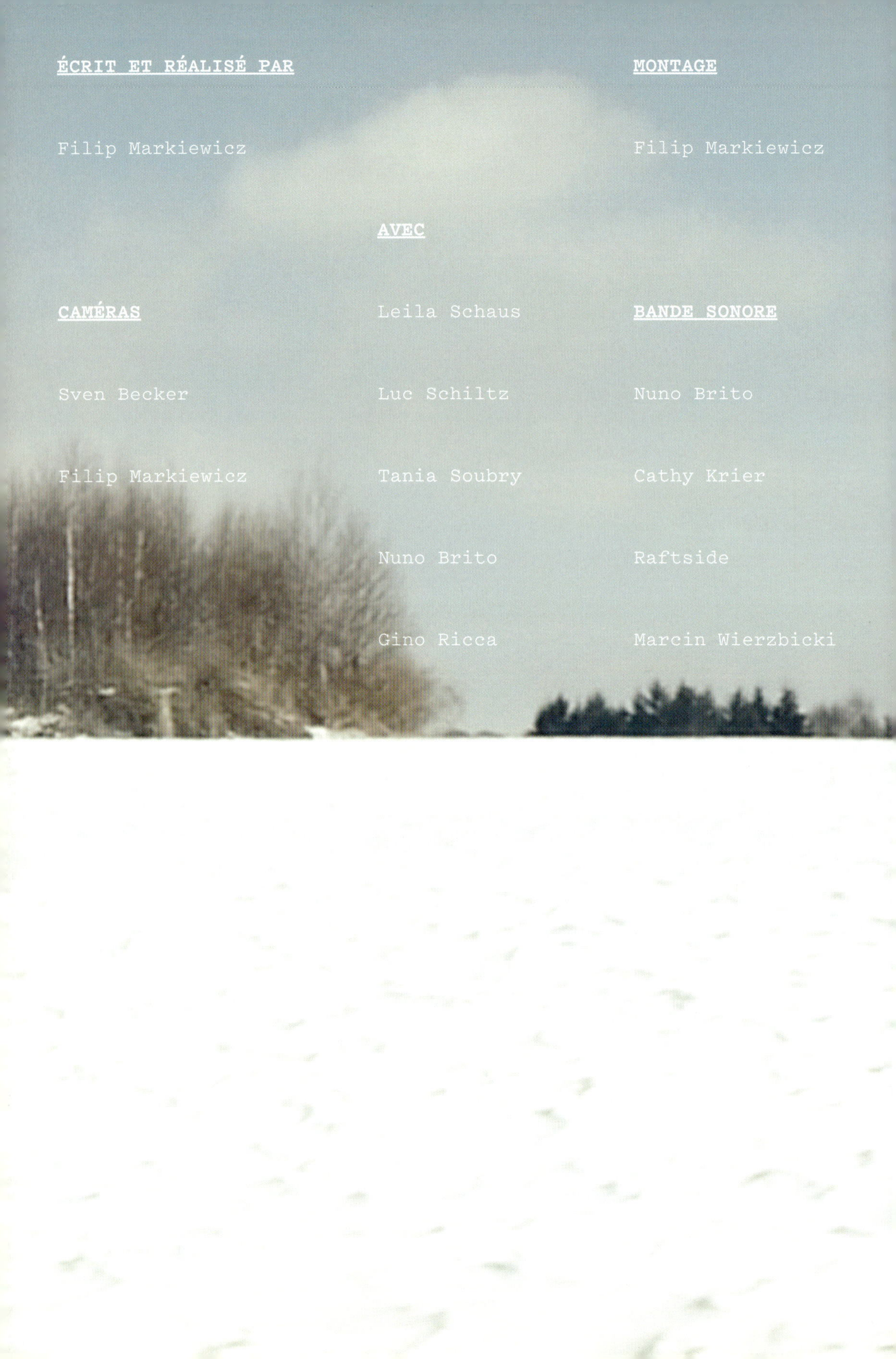

ÉCRIT ET RÉALISÉ PAR

Filip Markiewicz

MONTAGE

Filip Markiewicz

AVEC

CAMÉRAS

Sven Becker

Filip Markiewicz

Leila Schaus

Luc Schiltz

Tania Soubry

Nuno Brito

Gino Ricca

BANDE SONORE

Nuno Brito

Cathy Krier

Raftside

Marcin Wierzbicki

VOYAGE AU BOUT D'UNE IDENTITÉ

Chapitre 1 : Un échantillon de l'Europe

JEUNE HOMME Où sommes-nous ? C'est quoi ce pays ? Cette ville ? Ces gens ? J'essaie constamment de chercher d'où je viens, mais je le comprends seulement quand je suis ailleurs.

JEUNE FEMME Ailleurs, c'est là que tout le monde va. D'ailleurs, je viens de là aussi. Il y a toujours ces questions absurdes, qu'il faut se poser pour pouvoir se définir.

JH J'ai changé de nationalité quand j'avais douze ans, mes parents se sont fait naturaliser, et maintenant le Luxembourg c'est mon cœur. La Pologne, c'est mes poumons.

JF Et ton système limbique c'est quoi ?

JH Mon système limbique c'est l'Europe, c'est le plaisir, la peur, l'agressivité, mais c'est aussi la formation de la mémoire.

JF Tu crois que les gens seraient pareils si ce pays était ailleurs ? Pourquoi les pays ne bougent-ils pas ? La Belgique en Suisse, la Grèce en Allemagne, la France en Autriche ?

JH Les gens ne sont jamais pareils, fais un tour au quartier de la gare à Luxembourg, les gens ne sont pas pareils. Il y a tous ces gens qui vivent à l'écart. À l'étranger on pense toujours que le Luxembourg est une énorme banque. Oui, dans une banque il y a de l'argent, mais dans une banque il y a aussi les femmes de ménages portugaises, les techniciens, les frontaliers de Thionville, de Trèves et puis il y a aussi tous ces comptes en banque qui sont dans le rouge.

JF Rouge… comme le lion rouge… *Roude Léiw*… cette envie de changer de drapeau, c'est devenu le drapeau officiel des frères Schleck à présent. Andy et Fränk, c'est eux le Luxembourg, deux frangins, comme Janus, la divinité romaine, dieu des commencements et des fins… deux cerveaux, une machine… Fränk et Andy, les frères Lumière du vélo…

JH Le Luxembourg c'est surtout un échantillon de l'Europe. Une goute d'eau pour beaucoup de gens… Mais une goute peut aussi être une larme. Et une larme, c'est l'histoire. La Grande-Duchesse Charlotte… la seconde guerre mondiale, la résistance… le début de l'histoire européenne. J'ai grandi avec des Portugais, des Cap-Verdiens, des Belges, des Allemands, des Luxembourgeois, des Anglais, des Indiens, des Yougoslaves, des Polonais, des Français, des Italiens, des Espagnols… Pendant la Coupe du monde de 1990, en l'espace d'un mois je suis devenu italien. Baggio ! Roberto Baggio, le Zidane italien. Bon ok, on ne va pas parler de l'équipe luxembourgeoise…

JF C'est naze le foot de toute façon. C'est une banque avec un gazon.

JH Le foot devrait faire partie de l'art. Comme à l'époque où l'art faisait partie des Jeux olympiques. En 1928 le peintre luxembourgeois Jean Jacoby avait gagné une médaille d'or en dessin. Le dessin c'est la vie et c'est le travail en même temps.

JF On est tous en compétition permanente, tout doit se gagner. C'est comme ça.
Même les nourrissons le comprennent très vite. Jean-Claude Juncker est sans
doute celui qui l'a compris le plus tôt. Presque toute ma vie, il était Premier ministre.
Comme un DJ en résidence. Le Luxembourg est une énorme discothèque où la
musique est un mélange de Lou Reed et d'André Rieu.

JH L'Europe est une compétition, chaque pays est une compétition, quelques fois
je préfère regarder l'Eurovision que les débats politiques. Conchita Wurst a résumé
une époque européenne en trois minutes. Un homme-femme, le masculin dans
le féminin, le féminin dans le masculin. D'ailleurs, l'Europe est une femme, qui doit
gérer le fric des hommes.

JF Le Luxembourg est un homme, quelque fois il est jeune, il a vingt-cinq ans,
quelques fois il est vieux. Mais il est en train de devenir une femme. Une belle femme,
avec des origines de partout. Elle sera en or.

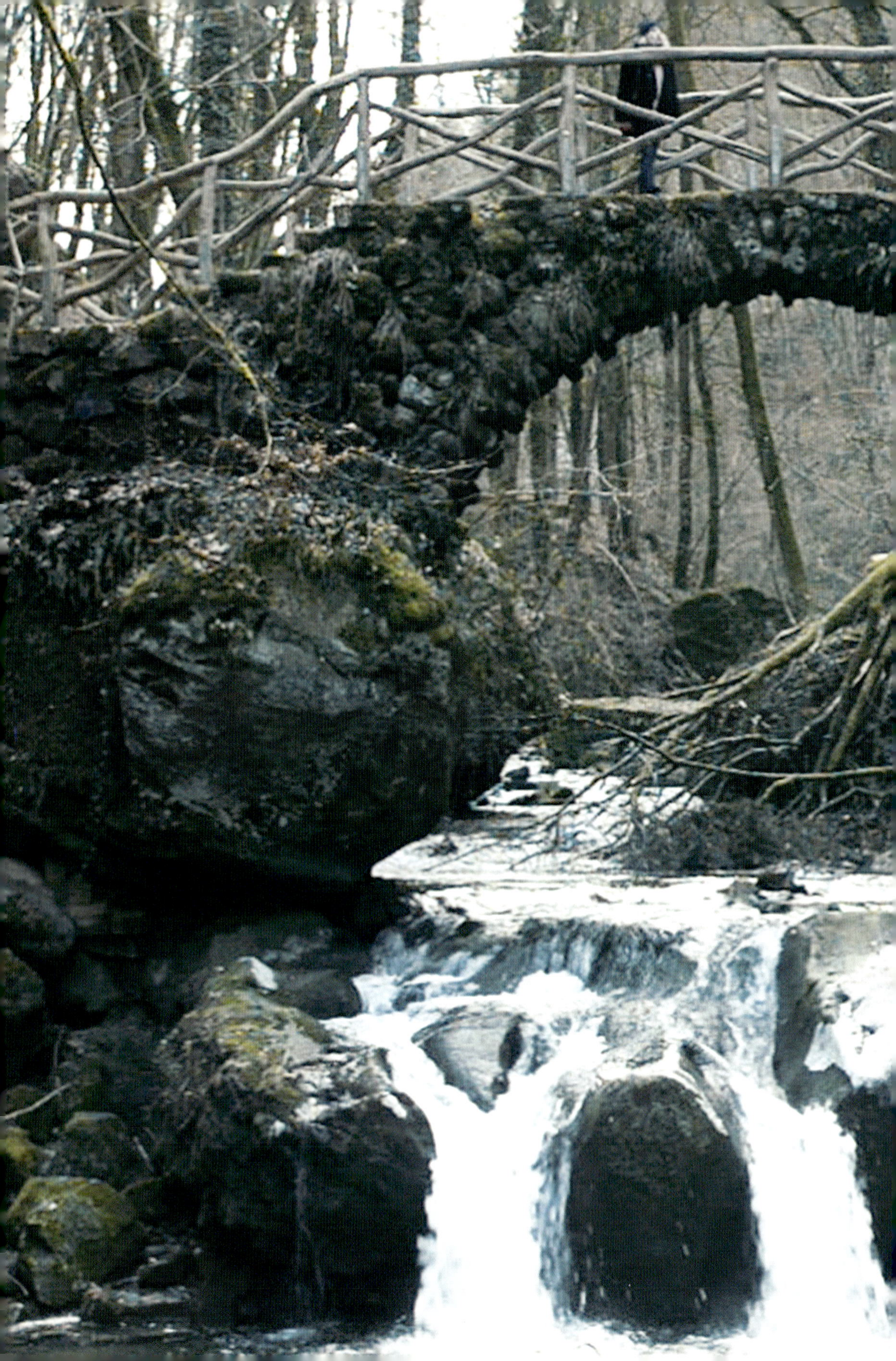

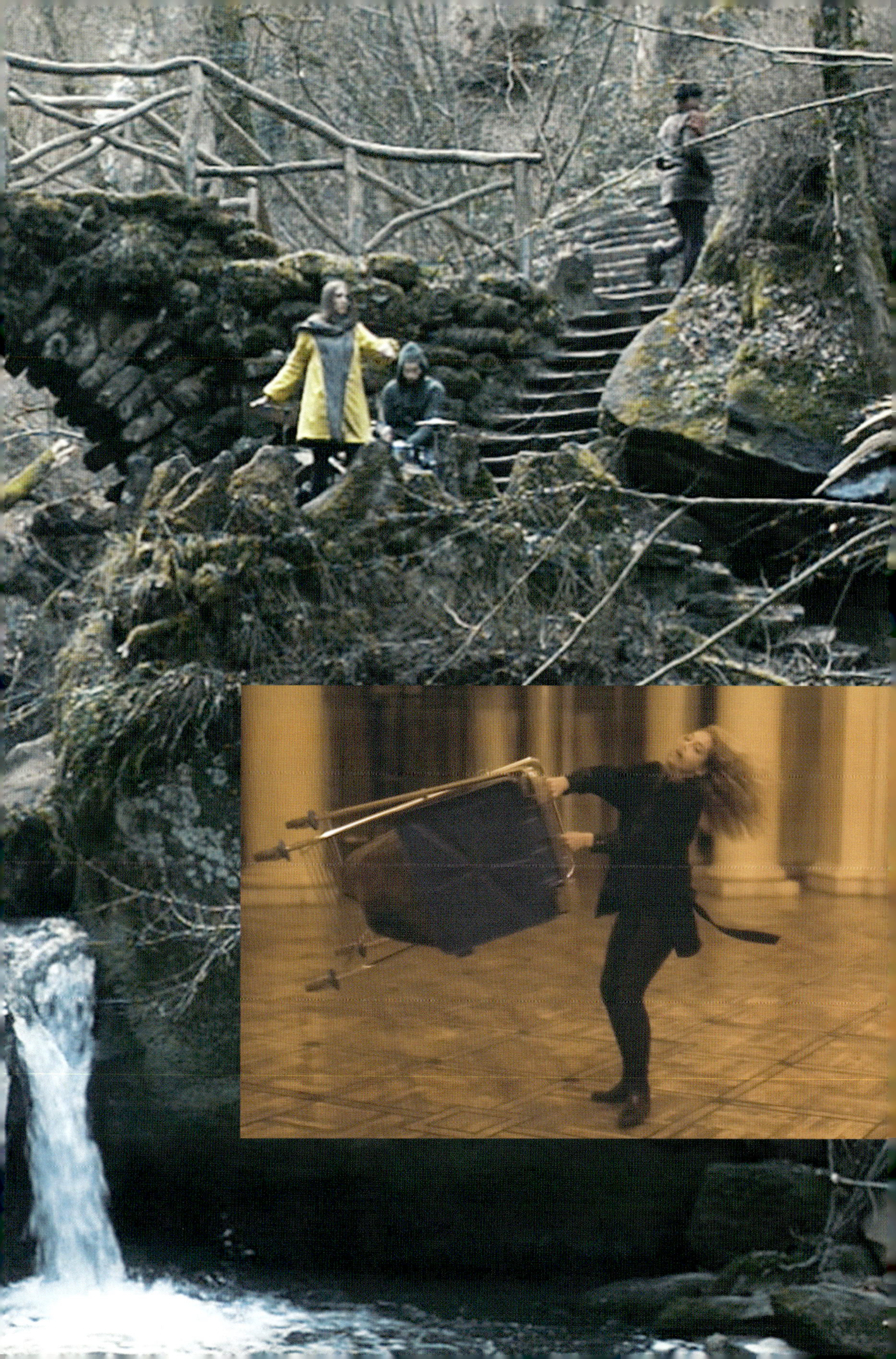

Chapitre 2 : Let me live that fantasy

JF On parle constamment de crise dans les journaux… même la presse luxo s'y est mise depuis quelque temps…

JH Il faut bien parler de quelques choses… Mais bon la crise c'est que je n'arrive pas à mettre à jour mon iPhone…

JF Elle n'existe pas la crise, on veut avancer vers une nouvelle époque, mais une partie de l'époque n'avance pas… Et nos cerveaux se sont habitués à un temps… où l'Europe était une héroïne hollywoodienne… comme l'a été Nico dans The Velvet Underground. L'accent allemand avait même trouvé sa place à New York.

JH Ça me fatigue tout ça, j'ai juste envie d'aller boire une bière, de vivre sans me poser aucune question. C'est quoi tous ces problèmes existentiels, pseudo intello… La philosophie, ça ne marche pas, il faut arrêter de réfléchir et se torturer. Slavoj Žižek, la révolution avec un fond de Nirvana, oui d'accord, au moins il est marrant… Mais de toute façon, la nuit, notre cerveau fonctionne plus qu'il ne le faut… Tout dépend de notre métabolisme, si tu manges trop avant de te coucher, tu fais des cauchemars… C'est ça la crise et c'est tout.

JF Moi ça me fatigue de manger, mais ça ne me fatigue pas de rêver… Mais j'adorerais aller dîner chez Léa Linster, elle gère le métabolisme comme une princesse… la déesse gastronomique du Grand-Duché… Elle nous fait éviter les cauchemars…

I've never seen a diamond in the flesh
I cut my teeth on wedding rings in the movies
And I'm not proud of my address
In a torn-up town, no postcode envy

But every song's like gold teeth, grey goose, trippin' in the bathroom
Blood stains, ball gowns, trashin' the hotel room
We don't care, we're driving Cadillacs in our dreams
But everybody's like Cristal, Maybach, diamonds on your timepiece
Jet planes, islands, tigers on a gold leash
We don't care, we aren't caught up in your love affair

And we'll never be royals (royals)
It don't run in our blood
That kind of luxe just ain't for us
We crave a different kind of buzz

Let me be your ruler (ruler)
You can call me queen Bee
And baby I'll rule, I'll rule, I'll rule, I'll rule
Let me live that fantasy

JH C'était quand même sympa les années quatre-vingt-dix, on était ado, et tout était possible... La vie était un blockbuster avec un happy end permanent.

JF Oui, mais depuis les tours sont tombés, et puis Lehmann Brothers s'est cassé la gueule... Le crâne de Damien Hirst a remplacé le dollar, l'euro est devenu une sorte d'espoir abstrait, et puis les printemps arabes sont arrivés... On a tous fait la révolution depuis notre salon, en postant des vidéos YouTube...

JH *Occupy* mon esprit... Je m'en fous des révolutions, c'est comme le métabolisme. Ce qui compte c'est de dormir et de tout oublier, recommencer à zéro... Le degré zéro de l'émotion, c'est ça le secret.

JF Tu me fais penser à un adolescent qui a passé trop de temps sur Internet...

JH Mon cerveau est en occupation... comme la Syrie, l'Ukraine, l'Iraque est de retour... Tous ces conflits, je veux vider la corbeille...

JF Chez moi, la partie de mon cerveau qui se charge de ce que je n'arrive pas à prononcer avec ma bouche, est devenue liquide... D'ailleurs je crois que la société est devenue liquide... En même temps, à mon avis, il n'y a plus grand-chose à dire avec la bouche... Tout se dit avec nos doigts qui touchent nos écrans, on caresse constamment nos *touchscreens*, mais rien, pas d'amour, pas d'émotion. C'est le degré zéro...

JH Ah oui, là j'ai du mal à comprendre ce qui sort de ta bouche... Ma grand-mère m'a toujours dit qu'il faut regarder devant soi... et si on en a l'occasion : danser, il ne faut jamais s'arrêter de danser... et de dessiner, écrire, chanter, mais surtout, il faut danser... Même si tu te casses la gueule, il faut continuer... Construire des boîtes de nuits qui sont ouvertes toute la journée, placer des DJ's dans les bureaux, dans les musées, dans les gares... Le travail est toujours une punition, quelle connerie !

Et dans les églises ? Le silence, c'est ce qui me manque parfois... Quand j'étais petit j'avais des moments où j'arrivais à m'éteindre consciemment, j'étais vide... en *stand-by*, comme mon MacBook Air qui est là, mais qui ne dit plus rien... Il entend tout, mais il est éteint...

Maintenant, je ne m'arrête plus, il me faut plein d'écrans constamment, avec des images, des pixels, des infos, des films, des couleurs, des clips, des mails... Je suis devenu un câble à cristaux liquides vivant... Je veux plus de futur, je veux plus de *likes*, de nos jours Joseph Beuys expliquerait le *selfie* à un lièvre mort...

JF Fais gaffe, tu vas finir dans *Star Wars*...

JH La guerre des étoiles, c'est de l'histoire antique, une mythologie... Maintenant on vit dans la guerre des miroirs... Oui exactement, on vit dans la guerre des *selfies*... Tout est une mise en abyme, on est dans le film du film, là on est dans le pavillon luxembourgeois et toi tu me regardes...

JF Les élections européennes ont été un parfait miroir... Faut en être conscient... c'est la fin d'un empire... Aux États-Unis, Bret Easton Ellis dit que c'est l'époque post-empire.. Mais il ne faut surtout jamais s'arrêter de danser, même si on croit qu'il n'y a plus vraiment d'espoir... Rire en pleurant, pleurer en riant... Car à la fin, tout ce qui reste c'est de dessiner avec le corps, sur le mouvement du silence à la chaîne...

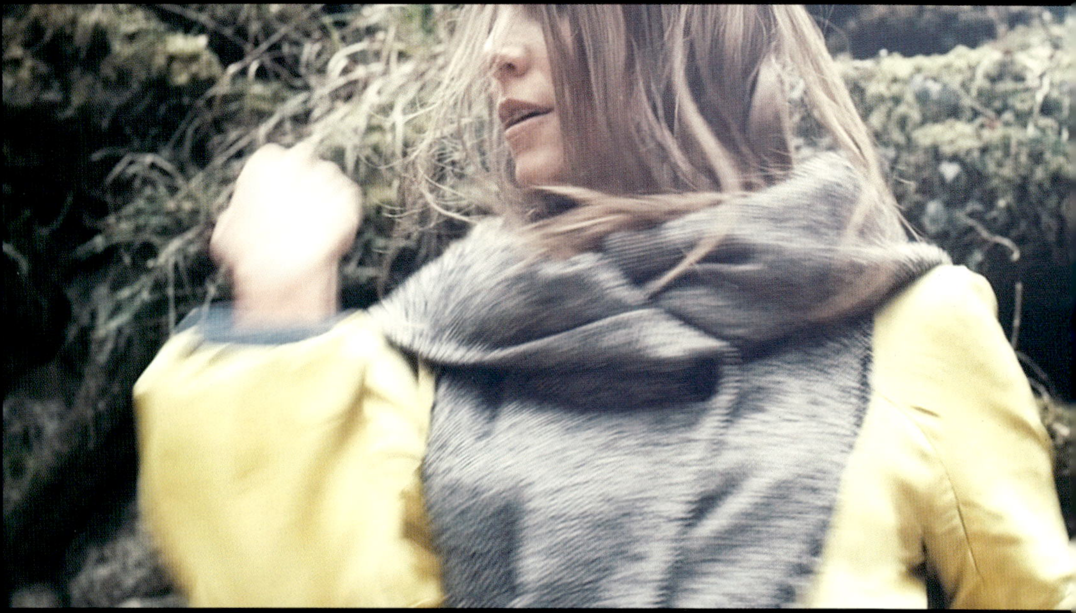

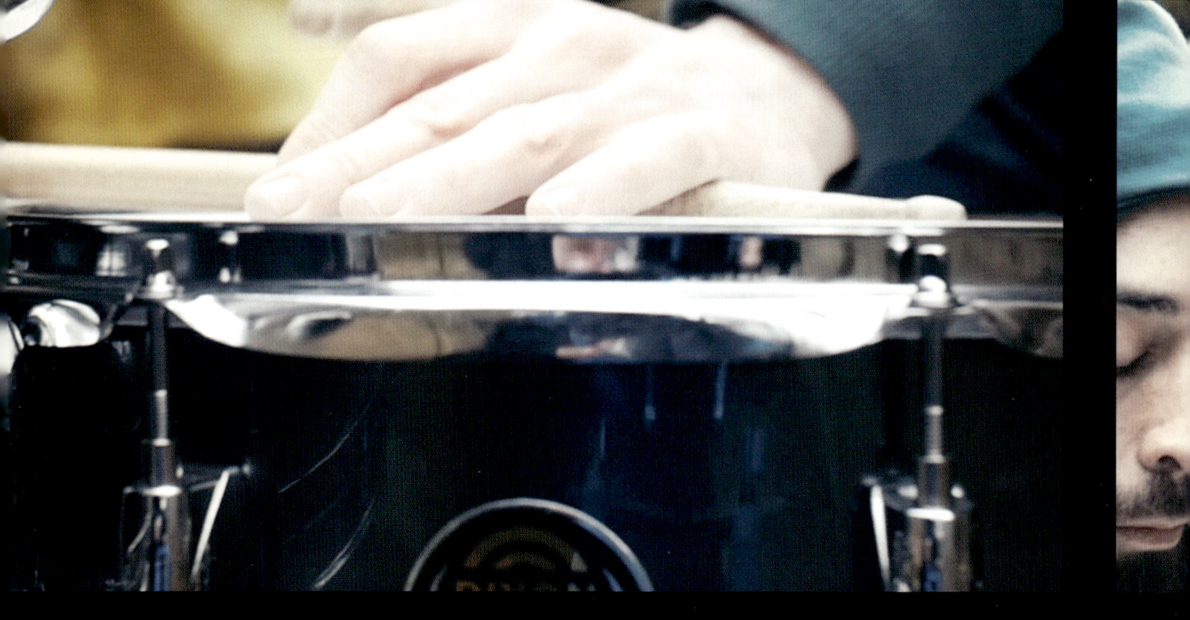

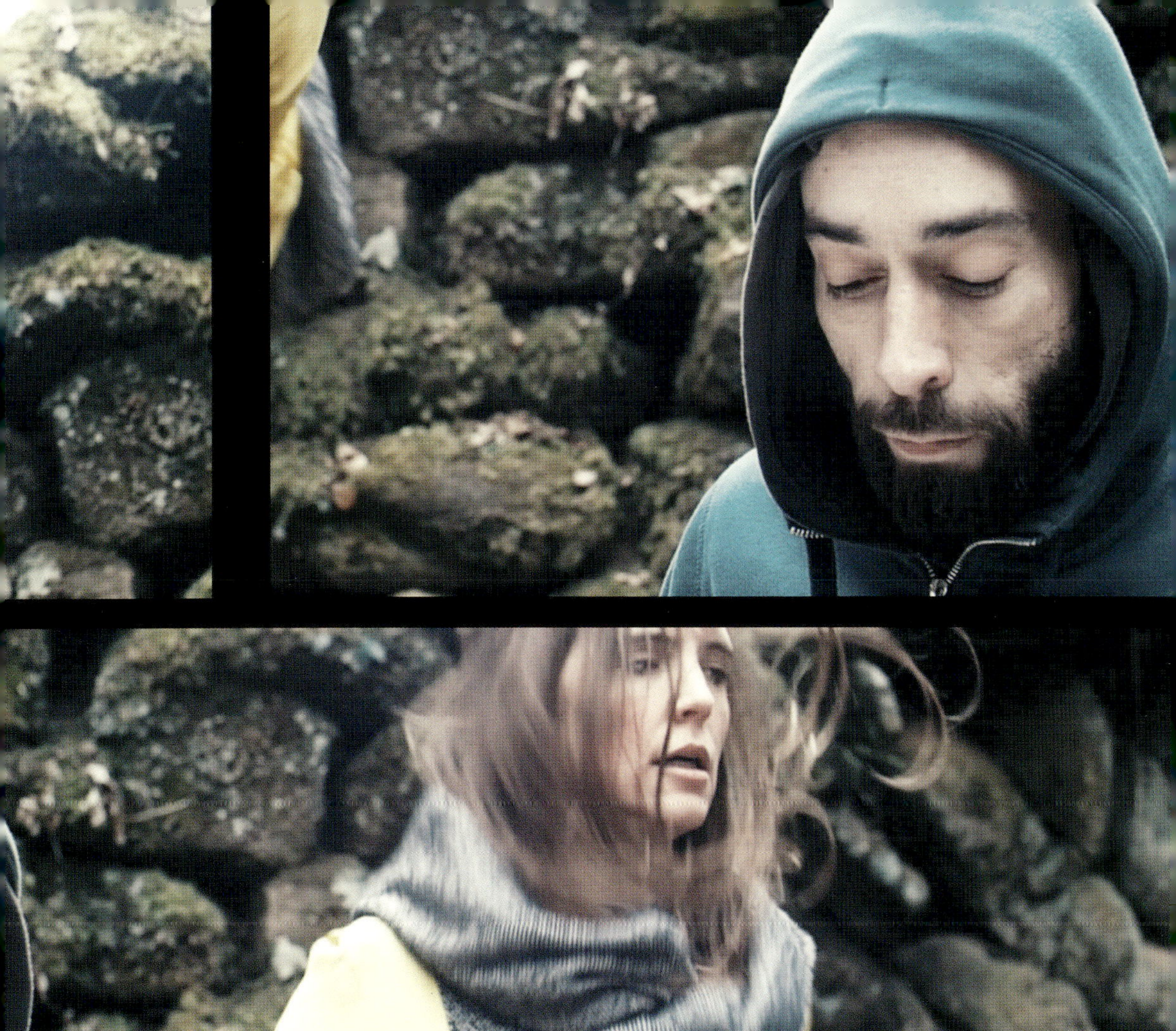

Le cœur à 120 bpm dans une boîte à Berlin… La vie est sans doute un théâtre et les coulisses sont le miroir de notre esprit…

JH Encore faut-il avoir un esprit… Quelque fois je me dis que je n'en ai pas… et que je n'en veux pas, oui danser… Mais on fait quoi de l'Europe en guerre ?

JF L'Europe n'est pas en guerre, l'Europe essaie juste de comprendre la seconde guerre mondiale, et ça va encore prendre un peu de temps… Même la scène du landau qui tombe lentement des escaliers d'Odessa dans *Le Cuirassé Potemkine* n'est pas encore digérée, alors la seconde guerre mondial… un gros dossier… Danser c'est aussi tomber, et tomber c'est surtout se relever. L'Europe va peut-être se relever un jour.

Chapitre 3 : Le paradis c'est quand viennent les annonces publicitaires

JH Quelle est la couleur d'une image lorsqu'elle apparaît dans notre esprit. Y a-t-il de la couleur ? Est-elle en noir et blanc ? Ou est-ce un son qui vient avant l'image ? Les mots sont aussi des images, qui fonctionnent comme des icônes de la peinture… Les mots sont le début de chaque image… J'aimerai revoir ce qui se passe pendant que je rêve… Prendre une photo… Comment représenter un rêve ? Francisco de Goya a représenté le cauchemar, aujourd'hui c'est le sommeil de Google qui produit des monstres… Qu'allons-nous faire avec toute cette archive iconographique ? Y aura-t-il un jour à nouveau des autodafés comme pendant l'inquisition espagnol, ou pendant l'occupation nazi. L'autodafé du fichier numérique ? Un formatage de la mémoire. Mais notre mémoire dépend de Google.

La matière des photos de mon iPhone 5 est particulière car l'objectif simule constamment un grand angle, le grand angle n'existe pas dans la réalité, la réalité est déformée par un calcul informatique. La réalité numérique est un nuage de lumières et de couleurs, mais les pixels ont disparus. Il n'y a plus de place pour l'impressionnisme, la lumière de Monet est une nostalgie romantique, on vit dans le monde de Duane Hanson. L'hyperréalisme du *selfie*.

Tout se produit en haute définition à travers nos écrans plats, mais la vraie vie se déroule sur une pellicule de 35 mm. La vrai vie c'est du cinéma. La vérité du cinéma. Heureusement que nous avons Instagram pour simuler la nostalgie de notre existence…

Comment faire pour photographier une émotion ? Comment filmer un coup de foudre ? *Le Baiser de l'Hôtel de Ville* de Robert Doisneau est une mise en scène… Les moments forts de notre existence ne se produisent qu'une seule fois… soit on se trouve derrière la caméra, soit la caméra est devenu notre œil, et notre mémoire dépend alors uniquement des 32 giqabytes du disque dur. J'ai l'impression de vivre dans la mythologie grecque, on est devenu tous des cyclopes numériques.

Le paradis est quelque fois proche de l'enfer, lorsque Rodin réalise la *Porte de l'enfer* de la *Divine Comédie*, il lui faut toute une vie, une œuvre totale, toute une existence pour produire une image, une porte… *This is the end, my only friend… The doors of perception*… La texture se développe de manière organique. Aujourd'hui la porte de l'enfer est réalisée tous les soirs à 20h dans nos journaux télévisés, les fenêtres du monde, elles représentent les portes de l'Europe, les images de la place Maïdan deviennent des icônes, la Syrie est juste une texture numérique sur nos écrans, les explosions, les gaz lacrymogènes sont reproduits en haute définition 1920 sur 1080 pixels, la représentation de la mort est un fichier numérique. Le paradis c'est quand le journal télévisé se termine, le paradis c'est quand viennent les annonces publicitaires. Apple, Windows, Google ce sont peut-être eux les plus grands peintres de notre époque.

Chapitre 4 :
Une arme de construction massive

JF Je n'ai pas trop le temps de m'intéresser à tout ce qui se passe dans le monde.

JH Moi non plus, je ne veux pas de télé, pas de smartphone, pas de Facebook, pas de Twitter, rien ! Je veux rien savoir… rien !

JF Ici, tu n'as pas besoin d'avoir tout ça pour comprendre ce qui se passe.

JH Ah bon ? Pourquoi ?

JF Ici, l'histoire de l'Europe s'inscrit dans les murs.

Tu me trouves belle ?

JH Oui… mais pas toute l'histoire de l'Europe, Varsovie c'est juste une partie, même si les conséquences de l'Europe actuelle se sont jouées ici pendant une cinquantaine d'années.

JF Les polonais détestent le Palais de la Culture de Varsovie, c'est le symbole de l'oppression communiste. À l'époque, les Polonais disait que « le seul habitant heureux de Varsovie est le gardien du Palais de la Culture… car quand il se met à sa fenêtre, il est le seul à ne pas le voir »… Moi, il me fait peur, mais j'aime le regarder.

JH C'est un peu comme le Parlement européen à Luxembourg ?

JF Je ne sais pas trop, même si le parti communiste soviétique avait une certaine idée de l'Europe, je crois qu'il s'agissait à Varsovie davantage d'une question d'autorité.

JH On dirait une fusée, je sais pas pourquoi mais ça me rappelle les films de Stanley Kubrick. Une sorte d'anachronisme bizarre. C'est peut-être à cause des Starbucks qu'il y a autour ?

JF Ça fait partie de notre époque, située entre deux temps, ambiguë, indéfinissable.

JH Un peu comme dans le dernier roman de Houellebecq, on est soumis à notre propre existence.

JF Bon, Houellebecq est un peu misogyne sur les bords, mais je l'aime bien… Depuis le 7 janvier 2015 le monde est devenue une caricature interdite, tout n'est qu'une impression, sauf qu'on n'y voit pas les couleurs, contrairement aux peintures de Monet.

JH Le monde a finalement compris que le dessin est la dernière arme de résistance.

JF C'est dangereux le dessin… Une arme de construction massive.

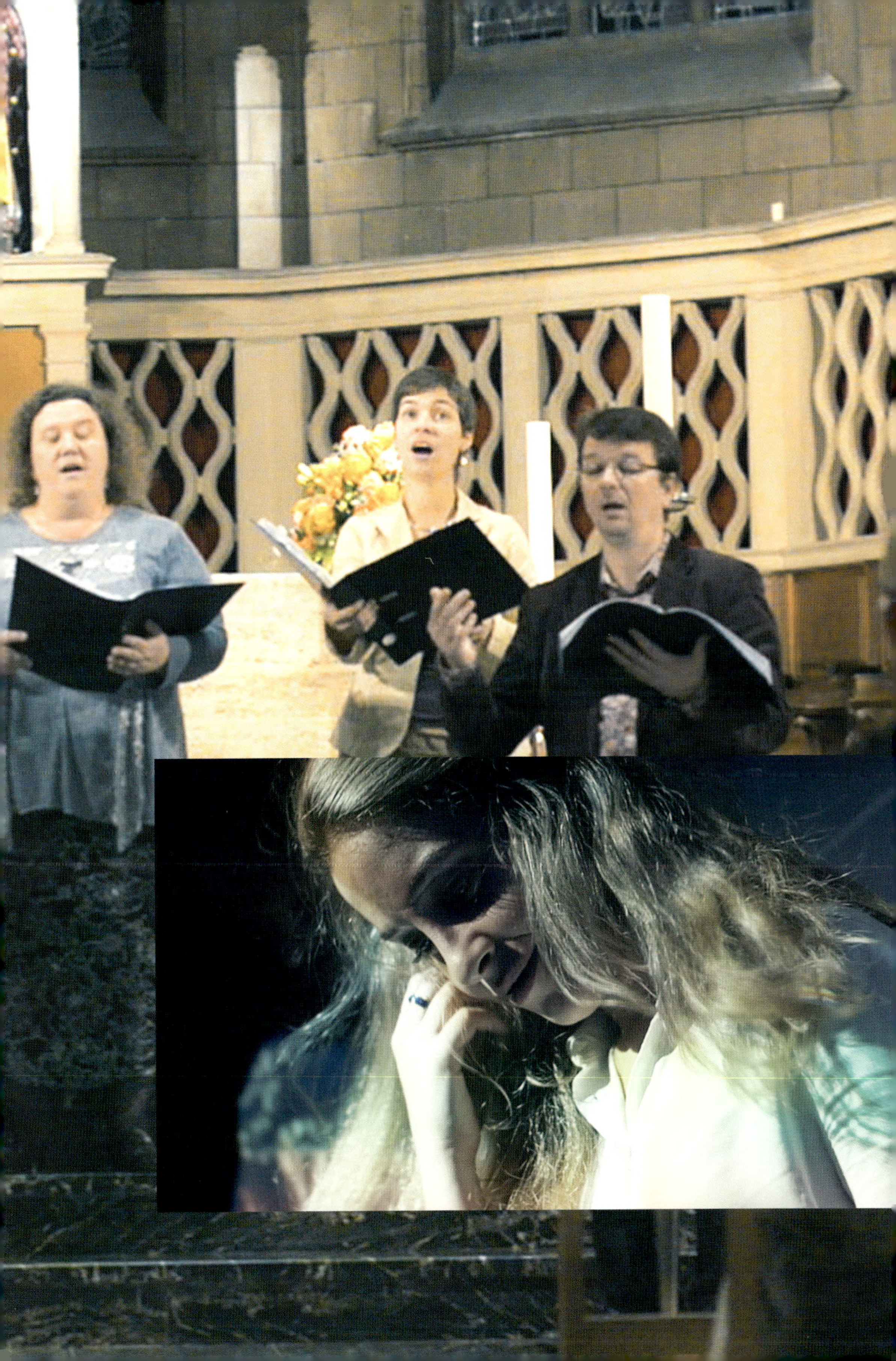

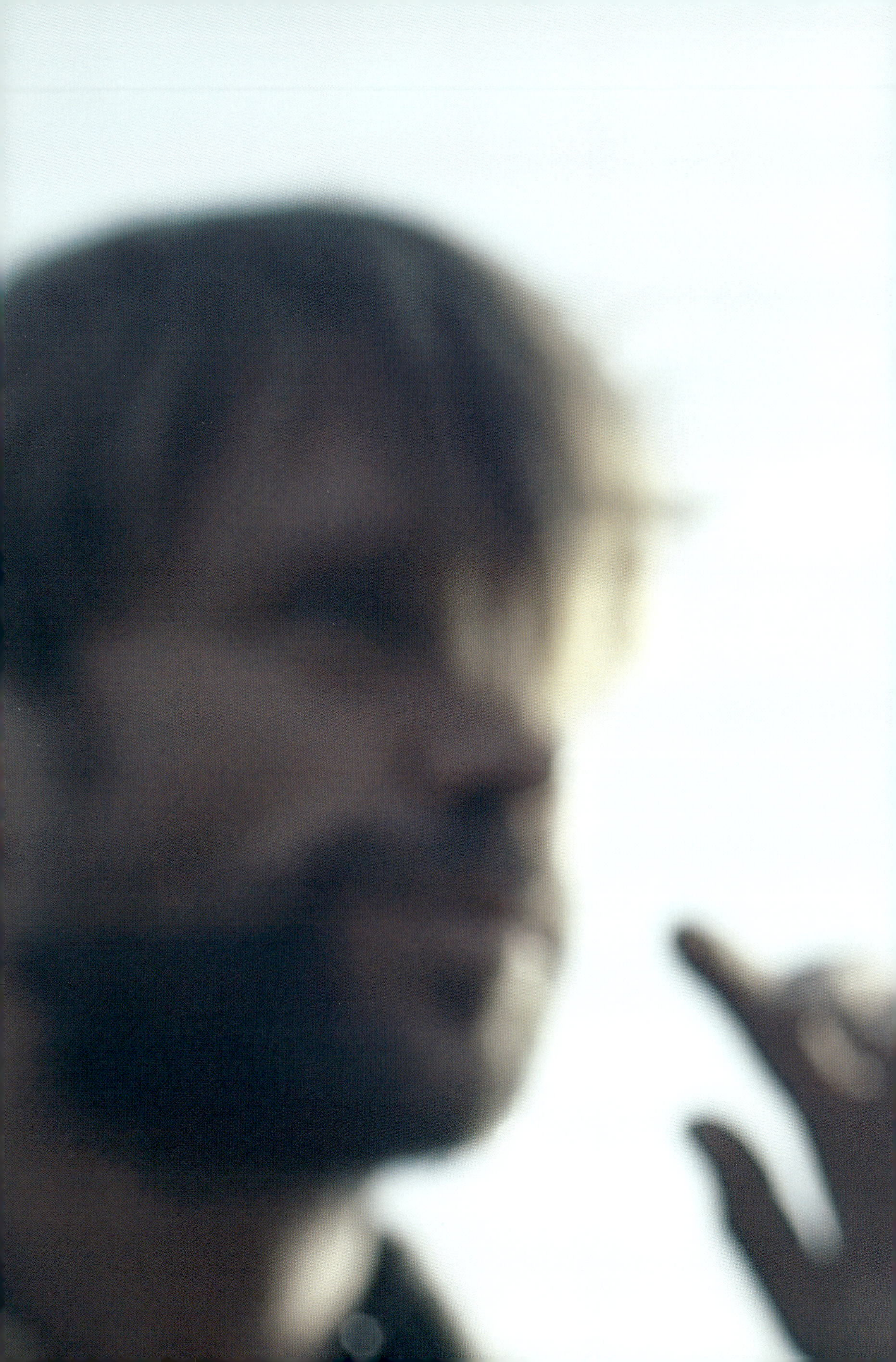

Chapitre 5 : Parfois je pense
que l'Europe est en permanence
dans une crise d'adolescence

JF C'est dingue tout ces mouvements néo-fascistes qui se créent un peu partout
en Europe.

JH Ça ne m'étonne pas, il y a un chômage élevé partout et du coup les parties
d'extrême droite en profitent un peu partout en Europe pour stigmatiser
les étrangers. Avant c'était les Juifs…

JF Oui, mais le pire c'est que le mouvement Pegida en Allemagne, ce n'est même pas
un parti politique, c'est à priori un mouvement qu'ils appellent populaire.

JH «*Wir sind das Volk*». Ridicule! L'autre qui se déguise en Hitler. En France c'était
pareil, avec les manfis contre le mariage pour tous, tous des fachos.

JF Oui, au Luxembourg on se rend compte que ce n'est pas mieux quand on passe
un peu de temps à lire les commentaires sur *RTL.lu*.

JH Heureusement que je n'ai pas Internet.

JF Elle est quand-même curieuse cette Europe, ça fait à peine vingt-cinq ans que le
rideau de fer est tombé, les derniers survivants d'Auschwitz témoignent encore, et on
refait les mêmes conneries. J'ai parfois l'impression que l'Europe est en permanence
dans une crise d'adolescence.

JH Je vais te lire un manifeste :
Imagine le corps humain n'appartenant à aucune nation particulière, le corps
s'appropriant la culture du pays dans lequel il se trouve.

JF Imagine le corps humain n'appartenant à aucune religion particulière, le corps
respectant toutes les religions en tant que patrimoine philosophique de l'histoire de
l'humanité et non pas en tant que dogme.

JH Imagine le corps humain ne pouvant être jugé par un autre corps humain sur
le droit de vivre dans un pays ou pas, imagine chaque corps humain ayant le droit de
vivre dignement dans le pays qu'il a choisi pour construire sa vie.

JF Imagine un pays n'appartenant à aucun corps humain, imagine tous les pays
n'appartenant à personne, imagine que les pays soient des territoires géographiques
dépolitisés possédant des cultures historiques que tous les corps humains
respecteraient.

JH Imagine une Europe basée sur la culture des peuples, sur son histoire et non pas
sur l'économie, imagine une Europe où le corps humain vivrait avec l'économie et non
pas sous la domination de celle-ci.

JF Imagine une culture où la création artistique des corps humains ne se baserait pas sur une politique de la mode dépendante de l'argent et des médias de masse, imagine une culture où toute la création artistique procurerait à tous les corps humains des interrogations philosophiques susceptibles d'améliorer la vie en société.

JH Imagine la langue d'un groupe de corps humains n'appartenant à aucun droit du sol politisé, à aucun territoire, imagine les langues et ainsi les nations, se déplaçant en fonction des déplacements des corps humains.

JF Imagine un système scolaire qui ne se baserait pas sur les fondements d'un système carcéral, imagine une école qui soit libérée des notions de punition, de notation et de compétition, imagine une école qui aiderait les corps humains à vivre et non pas à les sanctionner.

JH Imagine le corps humain ne se sentant pas supérieur à la nature. Imagine le corps humain n'étant plus dépendant du système capitaliste et ne consommant plus dans une abondance illimitée.

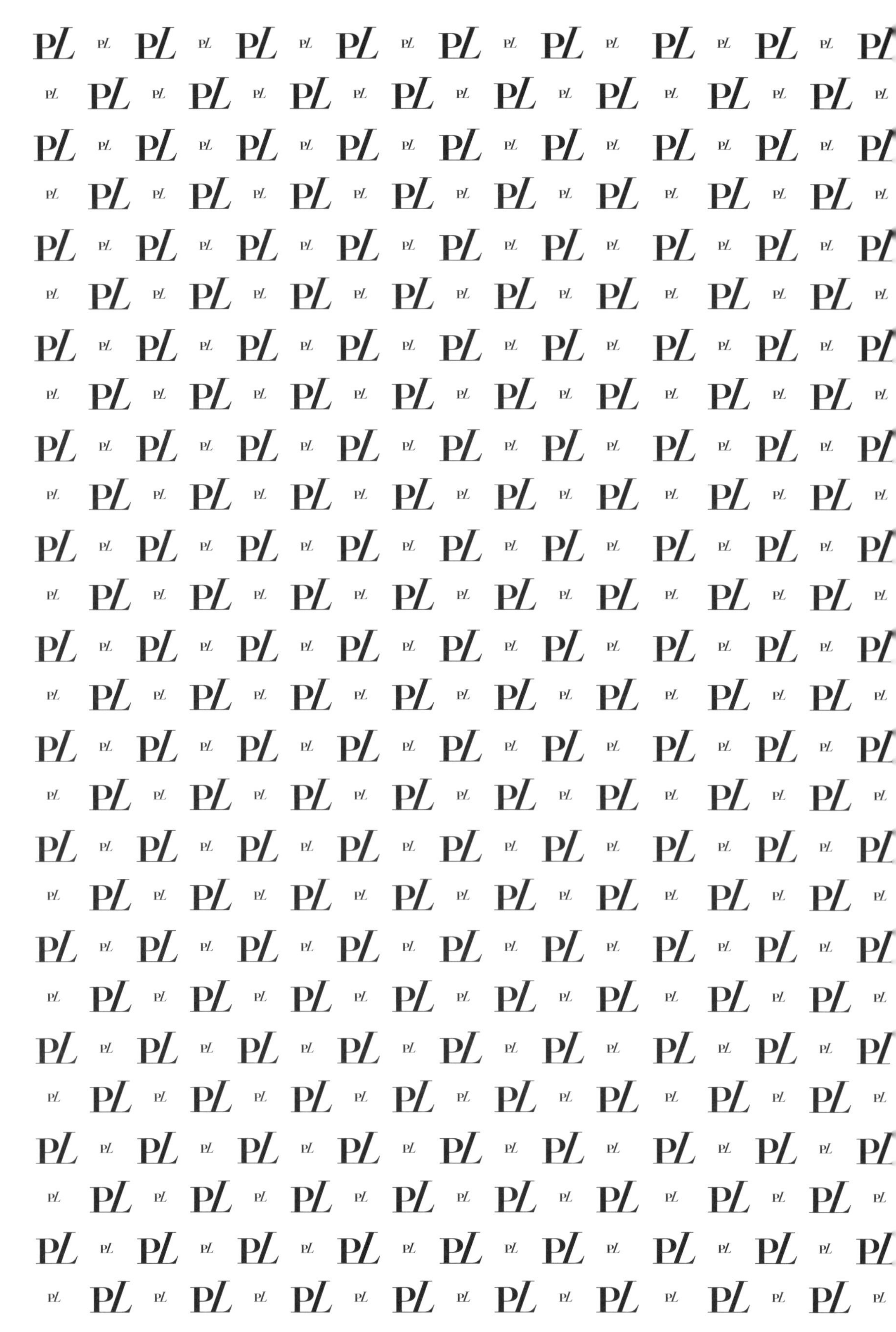

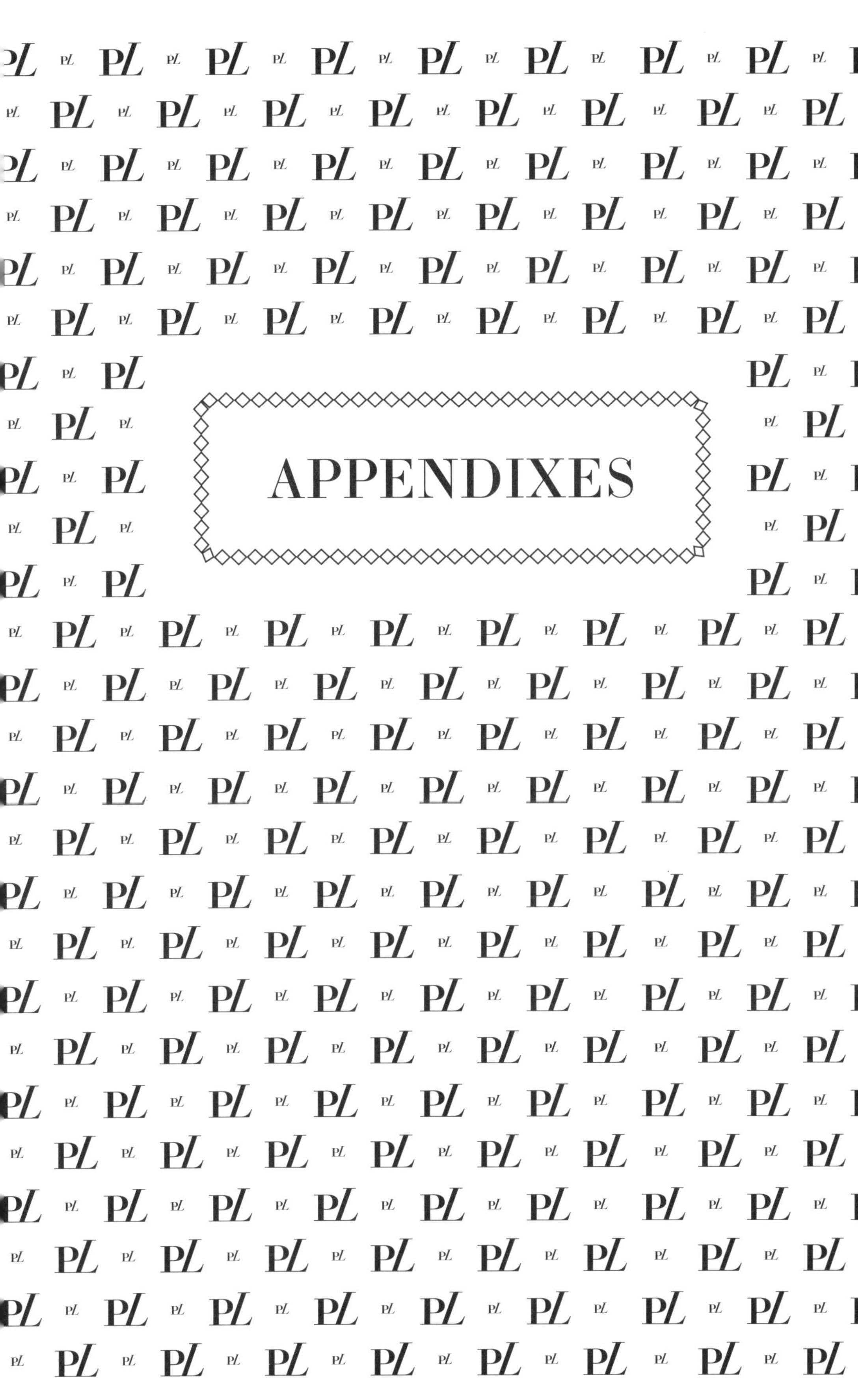

APPENDIXES

FILIP MARKIEWICZ

Filip Markiewicz is an artist, author and composer born in 1980 in Luxembourg. He holds an MA in Visual Arts from the University of Strasbourg for work dealing with the relationship between rock music and its visual representation.

In 2005, he made his first steps in the world of art with the performance *3x15 Minutes of Fame* drawn from his Raftside project at Casino Luxembourg–Forum d'art contemporain. At the invitation of Frac Alsace, he presented a similar performance at the opening of an exhibition by the artist Jan Kopp.

Invited in 2007 by the IAIS to occupy Luxembourg Kiosk and the public space, he produced the installation *Zollzeit* there, a setup involving the theme of immigration and the relationship between Poland in the 1970s and Luxembourg in the 2000s.

He is a founding member of the *Salzinsel* cultural magazine for which he writes texts and has created a graphic signature. Since 2008, he has concentrated mainly on drawing from a social and political point of view.

He was nominated for the Robert Schuman Art Prize in 2009. A year later, drawings from the exhibition "Alterviolence" at the Beaumontpublic gallery were added to the Collection Mudam Luxembourg.

The Luxembourg Ministry of Culture in Luxembourg invited him to produce a week-long guitar-voice-video performance entitled *Dreaming Golden Lady* at the Luxembourg Pavilion at Shanghai World Expo 2010. His *Mao Dollar* drawing, representing a monumental banknote was presented during the exhibition "I've dreamt about. Mudam Collection."

In 2012, he presented the "Silentio Delicti" exhibition on the theme of the rise of extremism and the history of WWII in Neumünster Abbey in Luxembourg. The same year, he produced the *You are an image* series of large-format drawings dealing with the relationship between spectators and major figures in the Luxembourg cultural scene for the hall of the Ministry of Culture in Luxembourg.

Early in 2013, he participated in the "Ricochet" drawing exhibition in Vitry-sur-Seine (Paris) with artists including Robert Longo, Emmanuel Régent, and Alain Declercq. Art historian Paul Ardenne wrote the text for the catalogue, defining drawing as "a form of resistance."

Since 2013, he has regularly collaborated with the weekly *d'Lëtzebuerger Land* for which he makes drawings and writes essays.

In 2014, Markiewicz was invited to spend two months in residence at the

Biermans-Lapôtre Foundation in Paris where he prepared his solo exhibition "Le Retour du Plombier Polonais," presented at Centre d'art Nei Liicht in Dudelange and produced the first part of his docu-fiction film project *Low Cost Symphony* with the actors Luc Schiltz and Laure Roldan. During the same year he participated in the collective exhibition "Angste Povera" at Carré Rotondes in Luxembourg with his drawing installation entitled *The Limbic System* and the video *Streik*.

For the permanent collection of the Œuvre Nationale de Secours Grande-Duchesse Charlotte, he made a neon portrait of Grand Duchess Charlotte. The same year, Enrico Lunghi, director of Mudam Luxembourg, nominated him for the Canson Prize 2014. In 2015, he presents a solo show with the Brussels gallery ÆROPLASTICS contemporary at the Art Brussels fair.

Filip Markiewicz est un artiste, auteur, compositeur, né en 1980 à Luxembourg. Il est diplômé d'une Maîtrise en Arts Visuels de l'Université de Strasbourg, dans laquelle il traite du rapport entre la musique rock et sa représentation visuelle.

En 2005, il fait ses premiers pas dans le monde de l'art avec la performance 3x15 *Minutes of Fame* tirée de son projet Raftside au Casino Luxembourg – Forum d' art contemporain. À l'invitation du Frac Alsace, il réalise une performance similaire lors du vernissage d'une exposition de l'artiste Jan Kopp.

Invité en 2007 par l'AICA à investir le Kiosk Luxembourg et l'espace public, il y réalise l'installation *Zollzeit*, une mise en scène prenant pour thème l'immigration et le lien entre la Pologne des années 1970 et le Luxembourg des années 2000.

Il est membre fondateur du magazine culturel *Salzinsel* pour lequel il écrit des textes et crée une signature graphique. À partir de 2008, il se consacre principalement au dessin, d'un point de vue social et politique.

Il est nominé au Prix d'Art Robert Schuman en 2009. Un an plus tard, les dessins de l'exposition «Alterviolence» à la galerie Beaumontpublic entrent dans la Collection Mudam Luxembourg.

Le Ministère de la Culture luxembourgeois l'invite à réaliser une performance guitare-voix-vidéo d'une semaine intitulée *Dreaming Golden Lady* au pavillon luxembourgeois de l'Exposition Universelle de Shanghaï 2010. Son dessin *Mao Dollar*, représentant un billet de banque monumental, est présenté lors de l'exposition «I've dreamt about. Collection Mudam».

En 2012, il présente l'exposition « Silentio Delicti » sur le thème de la montée des extrêmes et l'histoire de la seconde guerre mondiale à l'Abbaye de Neumünster à Luxembourg. La même année, il réalise pour le hall du Ministère de la Culture à Luxembourg la série de dessins grand format *You are an image* traitant du rapport entre spectateurs et acteurs de la scène culturelle luxembourgeoise.

Début 2013, il participe à l'exposition de dessin «Ricochet» à Vitry-sur-Seine (Paris) avec notamment les artistes Robert Longo, Emmanuel Régent et Alain Declercq. L'historien d'art Paul Ardenne écrit le texte pour le catalogue, définissant le dessin comme «une forme de résistance». Depuis 2013, il collabore régulièrement avec l'hebdomadaire *d'Lëtzebuerger Land* pour lequel il réalise des dessins et rédige des essais.

En 2014, Filip Markiewicz est invité à passer deux mois en résidence à la Fondation Biermans-Lapôtre à Paris. Il y prépare son exposition monographique «Le Retour du Plombier Polonais», présentée au Centre d'art Nei Liicht à Dudelange, et réalise la première partie de son projet de film de docu-fiction *Low Cost Symphony* avec les acteurs Luc Schiltz et Laure Roldan. Il participe la même année, avec son installation de dessin *The Limbic System* et la vidéo *Streik*, à l'exposition collective «Angste Povera» au Carré Rotondes à Luxembourg.

Pour la collection permanente de l'Œuvre Nationale de Secours Grande-Duchesse Charlotte, il réalise un portrait en néon de la Grande-Duchesse Charlotte. La même année, il est nominé par Enrico Lunghi, directeur du Mudam Luxembourg, pour le Prix Canson 2014. En 2015, il présente un show solo avec la galerie bruxelloise ÆROPLASTICS contemporary à la foire Art Brussels.

PAUL ARDENNE

Paul Ardenne is a French curator, critic, writer, lecturer, and professor (UFR Arts, Amiens). He has curated the exhibitions "Micropolitiques" (Grenoble, 2000), "Expérimenter le réel" (Albi-Montpellier, 2001 and 2002), and "Working Men" (Geneva, 2008). He was one of the guest curators of "La Force de l'art" at the Grand Palais in Paris (2006). Other curatorial projects include "Ailleurs" (Paris, 2011), "Art et bicyclette" (with Fabienne Fulchéri, Mouans-Sartoux, 2011), "WANI" (with Marie Maertens, Paris, 2011), "L'Histoire est à moi !" (Printemps de Septembre in Toulouse, 2012), "Aqua Vitalis" (with Claire Tangy, Caen, 2013), "Motopoétique" (Lyon, 2014), "L'oiseau volé" (Paris, 2014), and "Économie humaine" (Paris, 2014).

A regular contributor to specialist magazines such as *Art Press* and *Archistorm*, he has authored numerous publications on contemporary art and aesthetics, including *Art, l'âge contemporain* (1997), *L'Art dans son moment politique* (2000), *L'Image Corps* (2001), *Un art contextuel* (2002), and *Portraiturés* (2003). Other publications include *Extréme. Esthétiques de la limite dépassée* (2006), *Images-Monde. De l'événement au documentaire* (with Régis Durand, 2007), *Art, le présent. La Création plastique au tournant du xxie siècle* (2009), *Moto, notre amour* (2010), *Corpopoétiques 1* (2011), and *Cent artistes du Street Art* (2011).

Besides his novels *La Halte* (2003), *Nouvel Âge* (2007), *Sans visage* (2012), and *Comment je suis oiseau* (2014), he has also published on architecture and urbanism, including *Terre habitée. Humain et urbain à l'ère de la mondialisation* (2005), an essay on contemporary urban life, as well as monographies and surveys of the work of Rudy Ricciotti, Alain Sarfati, Philippe Gazeau, Brunet & Saunier, Jacques Ferrier, FGPa, 5+1AA, Franklin Azzi, and others. In 2012 he co-organized (with Barbara Polla) the international symposium "Architecture émotionnelle" in Geneva.

Paul Ardenne est curateur en art contemporain, critique, romancier, conférencier et universitaire (UFR Arts, Amiens). Il a conçu les expositions « Micropolitiques » (Grenoble, 2000), « Expérimenter le réel » (Albi-Montpellier, 2001 et 2002) et « Working Men » (Genève, 2008). Il a été l'un des commissaires invités de l'exposition « La Force de l'art », au Grand Palais, à Paris, en 2006. Autres commissariats d'exposition : « Ailleurs » (Paris, 2011), « Art et bicyclette » (avec Fabienne Fulchéri, Mouans-Sartoux, 2011), « WANI » (avec Marie Maertens, Paris, 2011), « L'Histoire est à moi! » (Printemps de Septembre à Toulouse, 2012) « Aqua Vitalis » (avec Claire Tangy, Caen, 2013), « Motopoétique » (Lyon, 2014), « L'oiseau volé » (Paris, 2014) et « Économie humaine » (Paris, 2014).

Collaborateur, entre autres, des revues *Art Press* et *Archistorm*, Paul Ardenne est l'auteur de plusieurs ouvrages ayant trait à l'esthétique actuelle : *Art, l'âge contemporain* (1997), *L'Art dans son moment politique* (2000), *L'Image Corps* (2001), *Un art contextuel* (2002), et *Portraiturés* (2003). Autres publications : *Extrême – Esthétiques de la limite dépassée* (2006), *Images-Monde. De l'événement au documentaire* (avec Régis Durand, 2007), *Art, le présent. La Création plastique au tournant du xxie siècle* (2009), *Moto, notre amour* (2010), *Corpopoétiques 1* (2011) et *Cent artistes du Street Art* (2011).

En plus des romans *La Halte* (2003), *Nouvel Âge* (2007), *Sans visage* (2012), *Comment je suis oiseau* (2014), Paul Ardenne est aussi l'auteur, dans le domaine de l'architecture et de l'urbanisme de l'essai sur l'urbanité contemporaine *Terre habitée – Humain et urbain à l'ère de la mondialisation* (2005, rééd. augmentée 2010), ainsi que de plusieurs monographies et études, dont Rudy Ricciotti, Alain Sarfati, Philippe Gazeau, Brunet & Saunier, Jacques Ferrier, FGPa, 5+1AA, Franklin Azzi… Il a coorganisé (avec Barbara Polla) en 2012, à Genève, le colloque international « Architecture émotionnelle ».

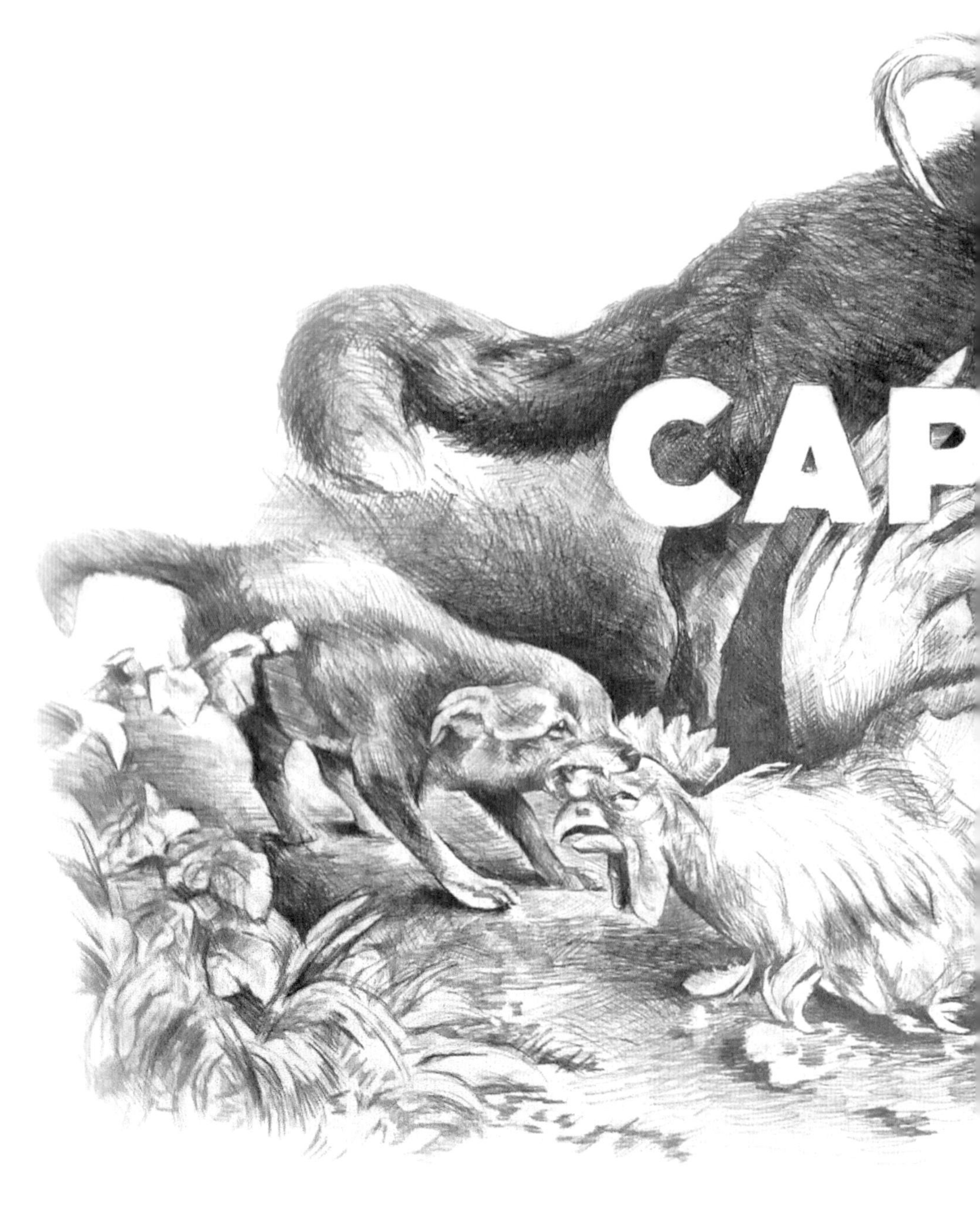
CAP

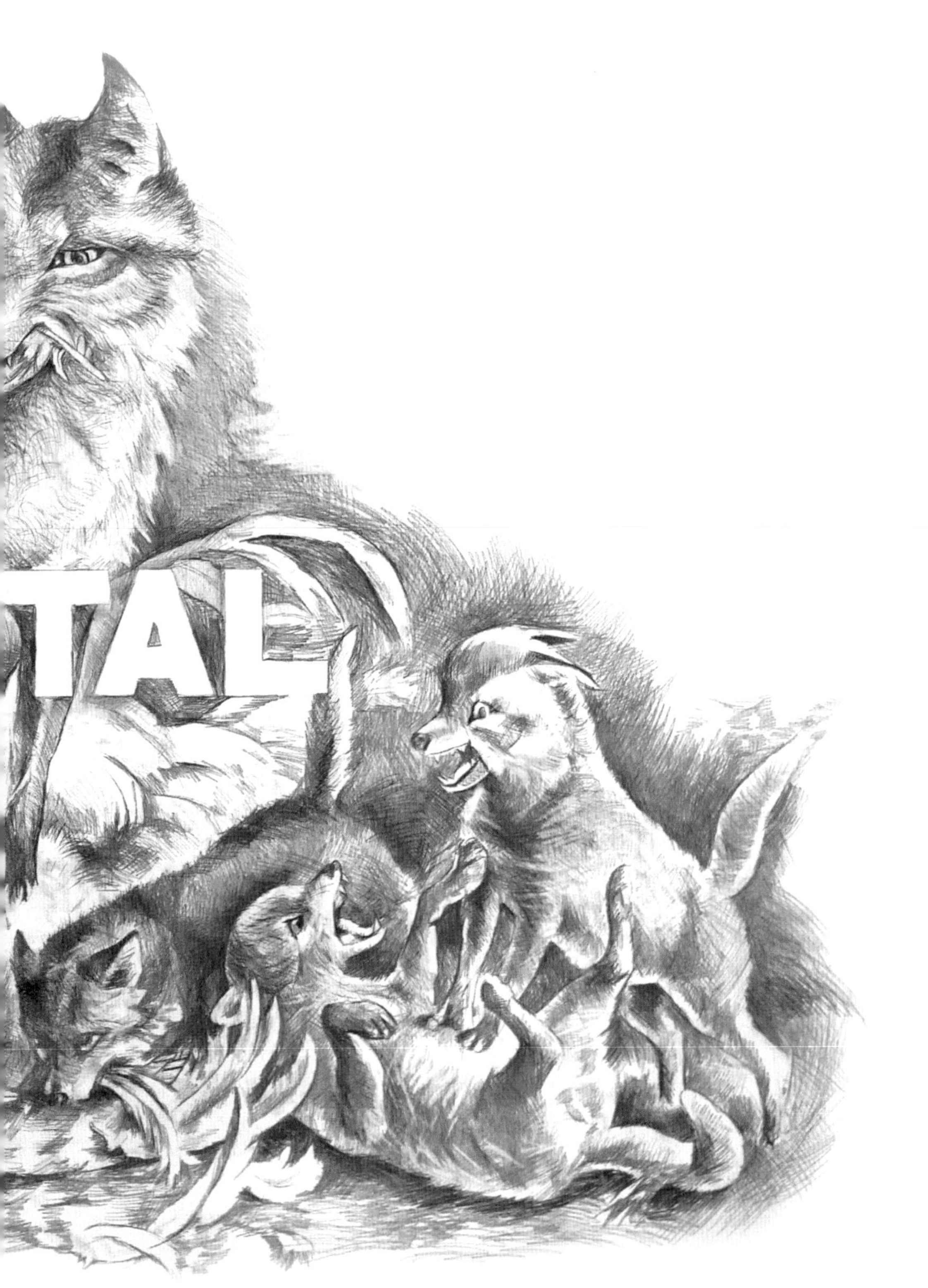

Works in the exhibition and captions for illustrations |
Œuvres dans l'exposition
et légendes des illustrations

All the works | Toutes les œuvres
Filip Markiewicz

Advertisement wall, 2015
Black wooden wall, bulbs
580 x 230 cm

Alterbourgeois, 2015 (p. 12–13)
Pencil on paper
30 x 21 cm

And tears are history…, 2015 (p. 38)
Pencil on paper
30 x 21 cm

Auschwitz selfies, 2015 (p. 158)
Pencil on paper
30 x 21 cm

Capital Fox, 2015 (p. 216–217)
Pencil on paper
212 x 150 cm

Challenger, 2015 (p. 67)
Pencil on paper
30 x 21 cm

Copyright Copy, 2015 (p. 122)
Pencil on paper
30 x 21 cm

Dancing like Nauman, 2015
Full HD video 16:9, 4 minutes loop
Variable dimensions

Drink our tears, 2015
Pencil on paper
30 x 21 cm

Duke & Duchess (Stay Behind), 2013
Pencil on paper
30 x 21 cm

Elle aime la vie, 2015
Pencil on paper
30 x 21 cm

Espulsione dal Paradiso, 2015
Pencil on paper
30 x 21 cm

Etterno Dollore, 2015
Pencil on paper
30 x 21 cm

Euro Zoo, 2015 (inside back cover)
Pencil on paper
295 x 150 cm

Eurocracy, 2015 (p. 37)
Pencil on paper
30 x 21 cm

Europe Love, 2015 (p. 31)
Pencil on paper
30 x 21 cm

Faith, 2015 (p. 151)
Pencil on paper
30 x 21 cm

Fake Protest Songs Karaoke, 2015
Speakers, microphone, mixing
table, flat screen, bricks,
Full HD video, 40 minutes loop
Variable dimensions

Festung Europa, 2015
(p. 110–111, middle · p. 115, top)
Cardboard model, gold leaf,
pencil drawing, LED writings, base
with mirror, (architectural model
produced by Tom Bleser)
Variable dimensions

For the Record, 2015 (p. 97)
Pencil on paper
30 x 21 cm

Forever Offshore, 2015 (p. 149)
Pencil on paper
30 x 21 cm

GD Charlotte & Walesa, 2015
Pencil on paper
30 x 21 cm

Golden Empire Fox, 2015 (p. 118–119, detail)
Stuffed fox, gold leaf, silver chain
Variable dimensions

Grand-Duc Jean, 2015 (p. 145)
Pencil on paper
30 x 21 cm

History Silence, 2015 (p. 111, left · p. 115, bottom)
Cardboard model, gold leaf, pencil
drawing, LED writings, base
with mirror, (architectural model
produced by Tom Bleser)
Variable dimensions

Jobs Putin, 2015 (p. 63)
Pencil on paper
30 x 21 cm

John F. Luxembourg, 2015 (p. 29)
Pencil on paper
30 x 21 cm

Journey to the End of an Identity,
2015 (p. 108–109, p. 116–117, p. 166–207)
Full HD film installation
synchronized on 3 x projectors,
format 2.35 :1
35 minutes, variable dimensions

Karl x 3, 2015 (p. 71)
Pencil on paper
30 x 21 cm

La Marche, 2015 (p. 61)
Pencil on paper
30 x 21 cm

Lassana Bathily, 2015 (p. 65)
Pencil on paper
30 x 21 cm

Lotus, 2015 (p. 79)
Pencil on paper
30 x 21 cm

Madonna Le Pen, 2015 (p. 73)
Pencil on paper
30 x 21 cm

Memoire Majerus, 2015 (p. 157)
Pencil on paper
30 x 21 cm

Nature morte, 2015 (p. 46–47)
Installation, neon, European map
wall drawing, bricks
400 x 300 cm

Negative Brad, 2015
Pencil on paper
30 x 21 cm

Paradiso Del Duca, 2015 (p. 111, right)
Cardboard model, gold leaf,
pencil drawing, base with mirror,
(architectural model produced
by Tom Bleser)
Variable dimensions

Passion Fruit, 2015 (p. 132)
Pencil on paper
30 x 21 cm

Pause to Reflect (Stay Behind), 2013
Pencil on paper
30 x 21 cm

RTL (Stay Behind), 2013 (p. 112–113, middle)
Pencil on paper
30 x 21 cm

RTL Wedding, 2015 (p. 103, p. 113, right)
Pencil on paper
30 x 21 cm

School System, 2015 (p. 75)
Pencil on paper
30 x 21 cm

Silence is louder, 2015 (p. 7)
Pencil on paper
30 x 21 cm

Slaughterhouse, 2015
Pencil on paper
30 x 21 cm

Sorry, 2015 (p. 152–153)
Pencil on paper
250 x 150 cm

Statue of Liberty, 2015
Pencil on paper
30 x 21 cm

Stay Behind, 2013
Pencil on paper
30 x 21 cm
Taxrulings, 2015
Pencil on paper
30 x 21 cm

Team Luxembourg, 2015 (p. 69)
Pencil on paper
30 x 21 cm

The Empty Sound of Europe, 2015 (p. 56)
Broken drum, coal writings,
silver chain
Variable dimensions

The Life and Death of The Forest,
2015 (p. 49, detail)
Artificial roses with pump
system, stuffed fox, bathtub, base,
red-tinted water
Variable dimensions

The Limbic System (Apple Religion),
2015 (p. 161)
Printed model, wooden bases
(Amazon.god), mirror
Variable dimensions

*The Limbic System (Google
Warsaw)*, 2015 (p. 48, detail · p. 162)
Printed model, wooden bases
(Amazon.god), mirror
Variable dimensions

*The Limbic System (Nevermind
Acropolis)*, 2015 (p. 163)
Printed model, wooden bases
(Amazon.god), mirror
Variable dimensions

*The world is a stage but the play
is badly cast*, 2015 (p. 41)
Neon
26 x 200 cm

Theodor Paradiso Carpet, 2015
(p. 14–15)
Printed carpet
1000 x 144 cm

Thin White Duke, 2015 (p. 98)
Pencil on paper
30 x 21 cm

Tout est pardonné, 2015 (p. 110, p. 114, right)
Cardboard model, gold leaf, pencil
drawing, LED writings, base
with mirror, (architectural model
produced by Tom Bleser)
Variable dimensions

Very Important Boat People, 2015
(p. 52–53, p. 120)
Boat model, human figures,
silver chains
Variable dimensions

Vianden Biker, 2015
Pencil on paper
30 x 21 cm

Violent Silence, 2015
Coal on canvas, gold leaf
200 x 260 cm

*We have the disco in order not
to die of the truth*, 2015
Wall drawings, LED video dance
floor, drums, disco-mirrorball
Full HD video, 50 minutes
Variable dimensions

*We want everything in order not to
die of the truth*, 2015 (inside front cover)
Coal on paper
500 x 150 cm

ZDF Juncker, 2015 (p. 92, p. 112)
Pencil on paper
30 x 21 cm

Captions for illustrations |
Légendes des illustrations

p. 41–56, p. 106–120
Views of the exhibition "Paradiso
Lussemburgo," Filip Markiewicz
56. Espozione Internationale
d'Arte – la Biennale di Venezia,
09.05.2015–22.11.2015

p. 124, p. 139
Filip Markiewicz, concert, pop rock
festival in Strassen, Luxembourg,
2004

p. 125
Filip Markiewicz, Raftside release
party at Rockhal, Luxembourg,
2009

p. 126 (on the left)
Opening performance in
the framework of the exhibition
"Silentio Delicti" by Filip
Markiewicz at Neumünster
Abbey, 2012

p. 126 (on the right)
Filip Markiewicz, *Occupy History*,
2012, videostill, video HD (16:9),
7 minutes

p. 127
Filip Markiewicz, *Alterviolence*,
2009 (detail), pencil on paper,
150 x 700 cm, Collection Mudam
Luxembourg

p. 128
Filip Markiewicz, *Empire of Dirt*,
2007, videostill, video dv cam,
10 minutes

p. 129 (on the left)
Filip Markiewicz, *Low Cost
Symphony (Part 1)*, 2014, videostill,
full HD, 17 minutes

p. 129 (on the right), p. 130, 139 (on the left)
Filip Markiewicz, *9/11*, 2011,
drawings for 9/11 tenth anniversary
edition of the Austrian newspaper
Die Presse

p. 133
Filip Markiewicz, *3x15 Minutes
of Fame*, performance at Casino
Luxembourg – Forum d'art
contemporain, 2005

p. 134
Filip Markiewicz, *Disco
Guantanamo*, 2008, neon

p. 135
Performance by Filip Markiewicz
in the framework of the exhibition
"Fail" at Nosbaum Reding Gallery,
Luxembourg, 2014

p. 137 (on the left)
View of the exhibition "Empire
of Dirt" by Filip Markiewicz at
Beaumontpublic, 2007

p. 137 (on the right)
Filip Markiewicz, *The Limbic
System*, 2014 (detail), charcoal on
paper, walldrawing, 1000 x 150 cm

p. 138
Filip Markiewicz, *Empire of Dirt*,
2007, videostill, video dv cam,
10 min

Credits | Crédits

All the works | Toutes les œuvres
© Filip Markiewicz

p. 41–56, 106–120
© Photo: Christian Mosar
p. 124, p. 133, p. 139, left
© Photo: Trash Picture Company
p. 125
© Photo: Joaquim Valente
p. 135, p. 137, left
© Photo: Patrick Galbats /
artcontemporain.lu
p. 161–163
© Photo: Serge Ecker

Journey to the End of an Identity,
2015
Soundtrack: "La Poule"
performed by Cathy Krier,
composed by Jean-Philippe Rameau
© & ℗ 2014 Deutschlandfunk /
Avi-Service for music

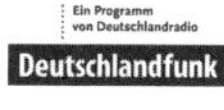

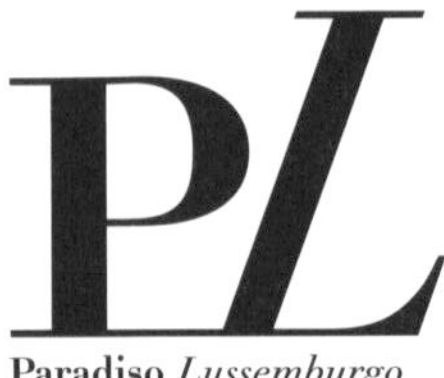

Paradiso *Lussemburgo*

artist .... Filip Markiewicz
curator .... Paul Ardenne
architect .... Tom Bleser
actor .... Luc Schiltz
actress .... Leila Schaus
photographer .... Sven Becker
dancer .... Tania Soubry
drummer .... Nuno Brito
graphic designer .... Mich Welfringer

ACKNOWLEDGMENTS

The artist would like to thank | L'artiste souhaite remercier

Maggy Nagel,
Minister for Culture | Ministre de la Culture
Luxembourg

Enrico Lunghi,
director | directeur
Mudam Luxembourg

Paul Ardenne,
Marie-Claude Beaud,
Sven Becker,
Sylvia Beder,
Tom Bleser,
Henrique Boto,
Nuno Brito,
Guy de Muyser,
Mars Di Bartolomeo,
Paul di Felice,
S.E.M. Paul Dühr,
Guy Düsseldorf,
Serge Ecker,
Garlone Egels,
Martine Feipel &
Jean Bechameil,
Henri Hamus,
Josée Hansen,
Heike Hartmann,
Claudine Hemmer,
Danielle Igniti,
Nuredin Ismajli,
Jérôme Jacobs,
S.E.M. Bartosz Jalowiecki,
Laure Junio,
Jo Kox,
Cathy Krier,

Barbara & Carsten Langeloh,
Inga Langeloh,
Theodor Langeloh
Markiewicz,
Wiebke Langeloh,
Lidia & Eugène Markiewicz,
Krzysztof Markowski,
Yvette Martin,
Maurice Molitor,
Christian Mosar,
Ann Muller,
Ingo Niermann,
Valérie Quilez,
Jochen Rapp,
Emmanuel Régent,
Gino Ricca,
Jean-Philippe Robert,
Ryszard Ryczyński,
S.E.M. Georges Santer,
Leila Schaus,
Luc Schiltz,
Caroline Schneider,
Pit Simon,
Tania Soubry,
Kirsten Soyke,
Friedi Stegmüller,
Aymeric Thuault,
Virginie Torra,
Fred Treffel,
Ute Weingarten,
Mich Welfringer,
Charles Wennig & his
Kangoo,
Marcin Wierzbicki,
Agnieszka Wierzchucka,

Brasserie Alfa,
Café Chez Nadia,
Evoreal,
Le Restaurant Lao,
Schumacher-Knepper

The sponsors | Les mécènes
SJL | Sedlo Jimenez Lunz,
Law Firm Luxembourg
OEuvre Nationale de
Secours Grande-Duchesse
Charlotte, start up
LE FREEPORT
Luxembourg

Mudam Luxembourg Team
and particularly |
L'équipe du Mudam Luxembourg
et en particulier
Thomas Bautier,
Louis Bestgen,
Valério D'Alimonte,
Thierry Gratien,
Germain Kerschen,
Henriette Larbière,
Anna Loporcaro,
Marc Lulling,
Clément Minighetti,
Isabelle Piton,
Boris Reiland,
Jean-Jacques Schaeffer,
Annick Spautz,
Pascale Staes,
Magali Weirich

COLOPHON

This publication was produced
on the occasion of the exhibition
Cette publication a été réalisée
à l'occasion de l'exposition

P*L*

"Paradiso Lussemburgo"
Filip Markiewicz

56. Esposizione Internazionale
d'Arte – la Biennale di Venezia
09.05.2015–22.11.2015

www.paradisolussemburgo.lu
info@paradisolussemburgo.lu

www.filipmarkiewicz.com

Location | Lieu
Luxembourg Pavilion
Ca' del Duca
Corte del Duca Sforza
San Marco 3052, Venice
Tel. / Fax +39 0415207534

Curator | Commissaire
Paul Ardenne

Commissioner | Commanditaire
Ministry of Culture of Luxembourg

Deputy Commissioner | Organisateur
Mudam Luxembourg
Musée d'Art Moderne Grand-Duc Jean

Coordination
Anna Loporcaro, Mudam Luxembourg

Mudam Team
Enrico Lunghi, director | directeur
Karine Albert, Felisberto Almada, Laëtitia
Arnoult, Pascal Aubert, Elisa Baiocchi,
Lisa Baldelli, Thomas Bautier, Lidia Bento,
Louis Bestgen, Dany Bianchini, David
Celli, Vincent Crapon, Valerio D'Alimonte,
Véronique De Alzua, Cindy Einsweiler,
Nadine Erpelding, Zuzana Fabianova,
Marie-Noëlle Farcy, Sandra Fernandes,
Stina Fisch, Christophe Gallois,
Charlotte Giallombardo, Palmira Gomes
da Silva, Danielle Gottal, Thierry Gratien,
Henri Grün, Germain Kerschen, Christine
Klein, Henriette Larbière, Laurence Le Gal,
Anna Loporcaro, Renato Luchini, Marc
Lulling, Frédéric Maraud, Charlotte Masse,
Céline Merhand, Bob Mersch, Mélanie
Meyer, Clément Minighetti, Carole Miny,
Claude Moyen, Véronique Petit, Markus
Pilgram, Isabelle Piton, André Reicher,
Boris Reiland, Florence Richard, Susana
Rodrigues, Jean Sampaio, Jean-Jacques
Schaeffer, Annick Spautz, Pascale Staes,
Danielle Stammet, Valérie Tholl, Julia Wack,
Magali Weirich, Sam Wirtz
Nuredin Ismajli (Casino Luxembourg)

Under the patronage of | Sous le patronage de
Ministry of Culture of Luxembourg

With the support of | Avec le soutien de
SJL | Sedlo Jimenez Lunz, Law Firm Luxembourg
Œuvre Nationale de Secours Grande-Duchesse Charlotte, stART up
LE FREEPORT Luxembourg

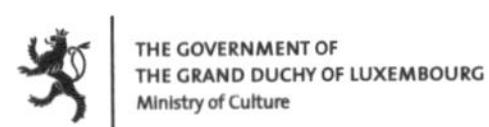

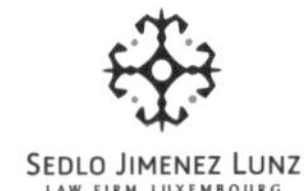

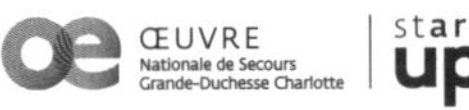

Publisher | Éditeur
Mudam Luxembourg and Sternberg Press

Editor | Conception éditoriale
Filip Markiewicz

Graphic design | Conception graphique
Michel Welfringer ℳ
assisted by Maxime Dendraën

Editorial coordination | Coordination éditoriale
Pascale Staes

Authors | Auteurs
Paul Ardenne, Marie-Claude Beaud,
Josée Hansen, Filip Markiewicz,
Maggy Nagel, Ingo Niermann

Proofreading | Relecture
Aurélie Argellis, Les Pointilleuses
(p.30–39, p.78–81, p.133–139, p.154–160)

Translations | Traductions
Patrick (Boris) Kremer, Amy Patton
(p.84–91), Simon Welch (p.212–213)

Exhibition views | Vues d'exposition
Christian Mosar

Photoengraving | Photogravure
Olivier Dengis / Mistral sprl

Printed by | Impression
Snel Grafics sa

Typography | Typographie
Didot Elder, Fedra Sans, Fakt Pro, Pitch

Paper | Papier
Olin Rough, Magno Satin

ISBN 978-3-956791-33-8
Price | Prix
20 €
Legal deposit | Dépôt légal
May, 2015

MUDAM
LUXEMBOURG

Mudam Luxembourg
Musée d'Art Moderne Grand-Duc Jean
3, Park Dräi Eechelen
L-1499 Luxembourg-Kirchberg
www.mudam.lu

Sternberg Press
Caroline Schneider
Karl-Marx-Allee 78
D-10243 Berlin
www.sternberg-press.com

The artwork of Filip Markiewicz is
represented by the gallery | Le travail artistique
de Filip Markiewicz est représenté par la galerie
ÆROPLASTICS contemporary, Brussels

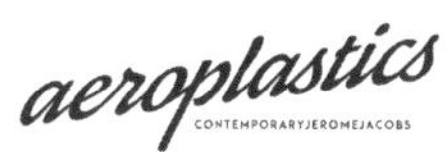

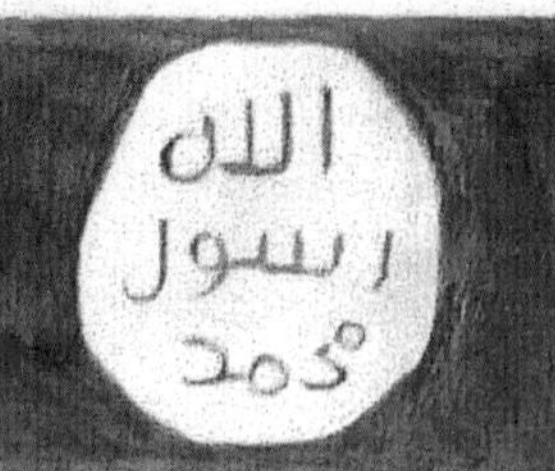
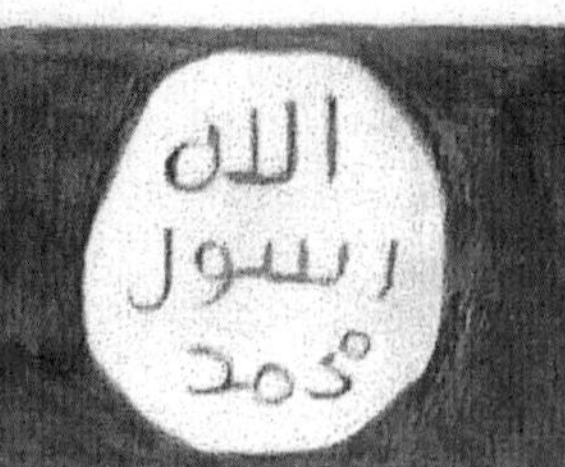
الله
رسول
محمد
دولة الخلافة الاسلامية
© BCE
REAL
LIES
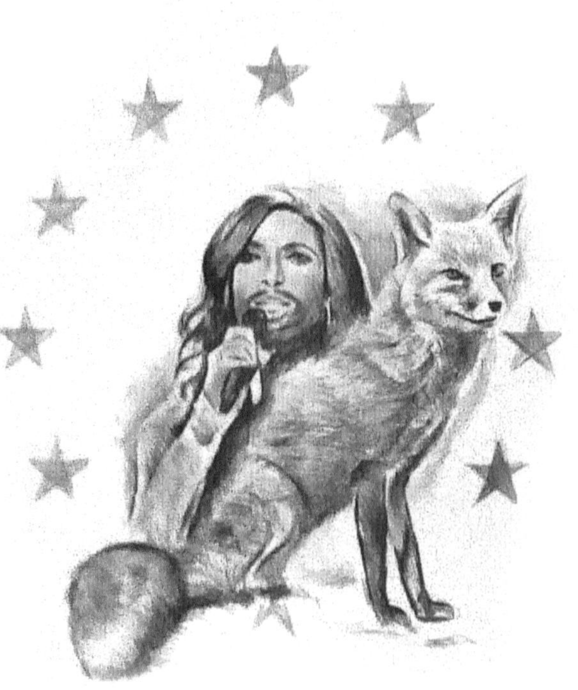
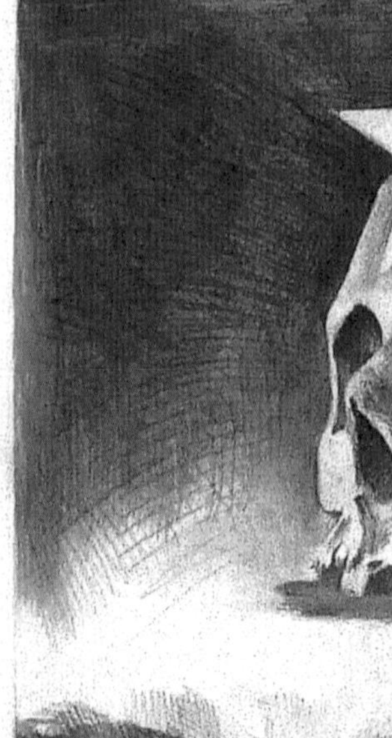
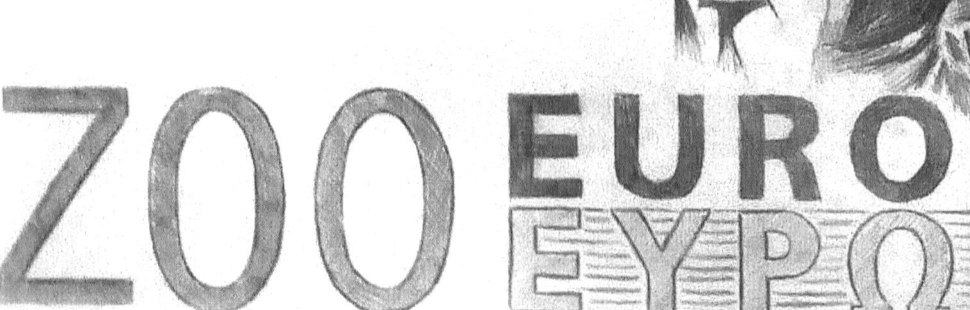
ZOO EURO
EYPΩ